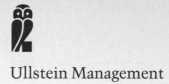

Ullstein Management

ÜBER DAS BUCH:

Werden Probleme und Konflikte in Form eines Kompromisses gelöst, dann gibt es Sieger und Verlierer, oder es sind alle gleichermaßen unzufrieden. Die Autoren sehen den Konflikt als eine Zusammensetzung aus Krise und Chance, auf die jeder kreativ einwirken kann. Daraus entwickeln sie ein verblüffendes Konzept, das neue Wege im Konflikt- und Problemmanagement beschreitet. Ihr Fazit: Nicht jedes Problem muß zum Konflikt auswachsen. Und Konflikte kann man so lösen, daß am Ende alle Beteiligten gewinnen.

DIE AUTOREN:

Dr. Joern J. Bambeck und Dr. Antje Wolters sind niedergelassene Psychotherapeuten und Lehrtherapeuten in München. Beide waren langjährige Lehrbeauftragte an der Universität München und sind seit 1977 in den Bereichen Managementtraining, Organisationsberatung und Coaching im In- und Ausland tätig.
Beide Autoren haben zahlreiche Fachartikel in psychologischen und betriebswirtschaftlichen Fachzeitschriften veröffentlicht.

Weitere Veröffentlichungen von Joern J. Bambeck: *Seminar* (1988); *Softpower* (1989); *PST. Der Persönlichkeits-Struktur-Test* (1991). Zusammen mit Dr. A. Wolters: *Brainpower* (1990).

Joern J. Bambeck
Antje Wolters

Jeder kann gewinnen

Kreatives Konflikt- und
Problemmanagement

Ullstein Management

Ullstein Management
Ullstein Buch Nr. 34911
im Verlag Ullstein GmbH,
Frankfurt/M–Berlin

Ungekürzte, leicht
überarbeitete Ausgabe

Umschlagentwurf:
Hansbernd Lindemann
Alle Rechte vorbehalten
© 1990 by Wirtschaftsverlag
Langen Müller Herbig in
F. A. Herbig Verlagsbuchhandlung
GmbH, München
Printed in Germany 1992
Druck und Verarbeitung:
Clausen & Bosse, Leck
ISBN 3 548 34911 0

September 1992

Gedruckt auf Papier mit
chlorfrei gebleichtem
Zellstoff

Die Deutsche Bibliothek –
CIP-Einheitsaufnahme

Bambeck, Joern J.:
Jeder kann gewinnen: kreatives
Konflikt- und Problemmanagement /
Joern J. Bambeck; Antje Wolters. –
Ungekürzte, leicht überarb. Ausg. –
Frankfurt/M; Berlin: Ullstein, 1992
  (Ullstein-Buch; 34911:
  Ullstein Management)
  ISBN 3-548-34911-0
NE: Wolters, Antje:; GT

Inhalt

Vorwort 7

Teil I
Konfliktmanagement

1.	Was sind Konflikte, wodurch entstehen sie?	17
2.	**Konflikttypologien**	21
2.1	Latente und offene Konflikte	21
2.2	Intrapersonale und interpersonale Konflikte	22
2.3	Mikro-, Meso- und Makrokonflikte	22
2.4	Die Lewin-Miller-Konflikttypologie	23
3.	**Bewertungs-, Beurteilungs- und Verteilungskonflikte** ...	28
3.1	Die Unterscheidung von Bewertungs-, Beurteilungs- und Verteilungskonflikten	28
3.2	Ein Anwendungsbeispiel	37
4.	**Generelle und spezielle Konfliktkommunikation**	45
5.	**Die Jeder-gewinnt-Technik**	46
6.	**Weitere Softpower-Techniken**	58
7.	**Kleine Konfliktmathematik**	61
7.1	Die KOKO-Formel	61
7.2	Das Z-Modell	70
8.	**Methoden der Konfliktsteuerung**	75
9.	**Konfliktmanager-Test**	82

Teil II
Kreativitätssteigerung

1.	**Ein wenig Erkenntnistheorie**	90
2.	**Der menschliche Weltbildapparat**	93
2.1	Angeborene Beschränktheiten	96
2.2	Erworbene Beschränktheiten (Bezugssysteme)	100
3.	**Was ist überhaupt Kreativität?**	110
4.	**Kreativitätstests**	114
4.1	Test 1	115
4.2	Test 2	119
4.3	Test 3	124
5.	**Kreatives Denken ist dreidimensional**	128
6.	**A-Methoden zur Kreativitätssteigerung**	132
6.1	Gehirnstürme und ihre Ableger	132
6.2	Unterschätzte Verwandlungskünstler	139
6.3	Hilfreiche Schubladen	144
6.4	Synektik und Bionik	146
6.5	De Bono zuviel?	147
7.	**B-Methoden zur Kreativitätssteigerung**	159
7.1	Ver-Braem-te Methoden	159

7.2	Esoterik kontra Wissenschaft	180
7.3	Im Reich des Unbewußten	185
7.4	Imaginationsmethoden	188
7.5	Affirmationsmethoden	193
7.6	Entspannungsmethoden	196
7.7	Traumhafte Methoden	200
8.	**Konflikte und Kreativität**	212

Teil III
Problemmanagement

1.	**Probleme und Konflikte**	221
2.	**Hilfen zur Bewältigung von Problemen**	223
3.	**Der Problemlöse-Test (PLT)**	225
3.1	Test-Durchführung	225
3.2	Fünf Denk- und Problemlösestile	232
4.	**Zur Vorgeschichte der Problemlösungskonferenz (PLK)**	235
5.	**Der Einfluß von Bezugssystemen auf das Lösen von Problemen**	239
5.1	Der Einfluß von Bezugssystemen auf das Wahrnehmen, Bewerten und Definieren von Problemsituationen	239
5.2	Techniken zur Reduktion der Wirkung von Bezugssystemen bei der Wahrnehmung, Bewertung und Definition von Problemsituationen	246
5.3	Der Einfluß von Bezugssystemen auf die übrigen Phasen des Problemlösungsprozesses	249
5.4	Techniken zur Reduktion der Wirkung von Bezugssystemen auf die Bewertung und Auswahl von Lösungsideen	250
6.	**Die PLK im Seminar**	256
7.	**Beispiel einer »PLK im Seminar«**	262
7.1	Der erste Anlauf	262
7.2	Zwischenbilanz	276
7.3	Der zweite Anlauf	282
7.4	Endbilanz	290
7.5	Statistische Daten zur PLK im Seminar	294
8.	**Die PLK als Führungsinstrument**	297
9.	**Bericht über eine »PLK im Betrieb«**	307
10.	**Makro-Methoden des kreativen Problemmanagements**	313
10.1	Die Z.A.K.-Methode	313
10.2	Die P.I.S.C.O.-Methode	316
10.3	Die VI.E.R.-Methode	317
11.	**Das Große-Problem-Management**	320
Literaturverzeichnis		323

Vorwort

Der **erste Teil** dieses Buches befaßt sich mit Grundlagen und Methoden des Konfliktmanagements.
Er enthält zwei Tests, einen zur Diagnosefähigkeit bestimmter Konflikttypen und einen über Zusammenhänge, die für das Konfliktmanagement relevant sind.

Im **zweiten Teil** dieses Buches werden Hintergründe und Möglichkeiten der Kreativitätssteigerung dargestellt. Dieser Teil besitzt hohe Relevanz für den ersten und mehr noch für den dritten Buchteil.
Er enthält drei Tests zur Bestimmung des eigenen Kreativitätspotentials.

Im **dritten Teil** dieses Buches geht es um Grundlagen und Methoden des Problemmanagements.
Er enthält einen Test zur Bestimmung der eigenen Präferenz hinsichtlich verschiedener Denk- und Problemlösestile.

Vorab noch zwei Sätze über die Beziehung zwischen Konflikten und Problemen aus unserer Sicht:

> **Das Verhältnis von Konflikten und Problemen stellt sich für uns so dar, daß ein Konflikt zwar stets auch ein Problem ist, aber ein Problem nicht unbedingt ein Konflikt sein muß.**

Oder anders ausgedrückt:

> **Es gibt viele Arten von Problemen, eine davon – wenn auch eine sehr gewichtige – sind Konflikte.**

Teil I:
KONFLIKTMANAGEMENT

von Joern J. Bambeck

Als ich mir erste Gedanken zu diesem Buchteil machte, kamen mir spontan zwei Aussprüche in den Sinn, wie das Bild zweier höchst ungleicher Brüder. Der erste Ausspruch wird dem berühmten französischen Politiker Aristide Briand zugeschrieben:

Ein Kompromiß ist dann vollkommen, wenn alle unzuffieden sind.

Der zweite stammt von der FDP-Politikerin Hamm-Brücher. Sie erzählte vor Jahren in einem Fernsehinterview, dessen Anlaß wie auch sonstiger Inhalt mir längst entfallen sind, daß ihr ein chinesischer Politiker einmal erklärt habe, daß das Wort »Konflikt« sich im Chinesischen aus zwei Wörtern zusammensetze:

Konflikt = Krise + Chance

Obwohl den meisten der zweite Ausspruch besser gefallen dürfte, verhält sich merkwürdigerweise die Mehrheit der Menschen – zumindest in den Industrienationen – nach dem ersten Ausspruch. Einäugig starren wir nur auf die Krisenseite von Konflikten, auf das Auseinandersetzen, Streiten, Kämpfen.
Gelohnt hat sich der ganze Streß nur, wenn wir als Sieger aus der Konfrontation hervorgehen; da jedoch keiner Verlierer sein will, wird als beste Konfliktlösung ein Kompromiß propagiert, dessen Ziel es ist, die notwendigen Verzichte möglichst gleichmäßig auf alle Kontrahenten zu verteilen. So gesehen, ließe sich durchaus sagen, daß ein Kompromiß dann vollkommen ist, wenn alle gleichermaßen Verzicht leisten müssen, das heißt gleichermaßen unbefriedigt sind. Und so gesehen, klingt Briands Ausspruch mit einemmal gar nicht mehr wie ein sarkastisches Bonmot; sondern wie eine durchaus realistische Beurteilung von Konfliktlösungen.

Gehen wir noch einen Schritt weiter und betrachten wir alltägliche Konfliktverläufe verschiedener Größenordnungen, dann erscheint Briands Kompromiß womöglich gar als erstrebenswert:

Da liebt einer die Musik und spielt möglichst häufig auf seinem geliebten Flügel, der nur mit größter Mühe in den dritten Stock transportiert werden konnte. Unser Musikliebhaber lebt nämlich als Untermieter in einem Altbau. Die angrenzenden Mieter (einer davon bin übrigens ich) fühlen sich weitgehend ungestört, bis auf ein älteres Ehepaar über ihm, das es mittlerweile mit Wilhelm Busch hält: »Musik wird störend oft empfunden, derweil sie mit Geräusch verbunden (frei zitiert)«, besonders wenn man im Laufe einer eskalierenden zehnjährigen Auseinandersetzung zunehmend empfindlicher und unduldsamer geworden ist. Ü (der besonders enervierte Mann des älteren Ehepaares) klingelte vor Jahren mehrmals bei M (dem Musikliebhaber) und verlieh seinem Unmut zunehmend deutlicheren Ausdruck, den M zunehmend harscher als unbegründet zurückwies. Ü beschwert sich bei H (dem Hauseigentümer), der vorgibt, sich aus der Sache heraushalten zu wollen, in Wirklichkeit jedoch voll auf seiten von M steht und ihm auch weiterhin erlaubt zu spielen, wann es diesem beliebt.
Aus der Sicht von Ü ist M ein bösartiger Dilettant, der mit nervtötenden Kaskaden von Dacapos Üs ohnehin angeschlagene Gesundheit rücksichtslos weiter ruiniert und jede Beschwerde mit um so lauteren Fortissimos quittiert. Aus der Sicht von M und H ist Ü ein Fall für den Nervenarzt.

Vor Monaten sprach mich Ü im Treppenhaus an – obwohl ich seit einigen Jahren in diesem Hause wohne, hatte ich von alledem nichts mitbekommen – und machte seinem Ärger Luft, in der Hoffnung, ich würde eindeutig seine Partei ergreifen. Am Ende teilte er mir mit, daß er nun, nachdem die Beschwerde bei der Polizei ohne Konsequenzen geblieben sei (da M, als die Kripo kam, besonders leise gespielt hätte), einen Brief an die Staatsanwaltschaft geschrieben habe. Mein

Angebot, zwischen ihm und M zu vermitteln, schlug er aus, da es absolut zwecklos sei, mit M zu reden.
Leider ist noch ein Nachtrag zu dieser Geschichte zu vermerken, womit ich nicht rechnete, als ich sie niederschrieb. Der Konflikt hat sich inzwischen auf drastische Weise von selbst erledigt. Jener Nachbar, den das Klavierspiel störte, ist kürzlich verstorben.

Weitere alltägliche Beispiele sind das erpressungs- und verletzungsreiche Auseinandergehen zweier Menschen, die sich einst in ewiger Liebe verbunden fühlten.
Noch häufiger ergeben sich Konflikte zwischen Eltern und Kindern, Lehrern und Schülern, Vorgesetzten und Untergebenen.
Als alltäglich werden Konflikte zwischen Stab und Linie, Geschäftsleitung und Betriebsrat, Arbeitgeberverbänden und Gewerkschaften erachtet.
Ebenfalls an der Tagesordnung scheinen Kämpfe zwischen Firmen um größere Marktanteile, zwischen und innerhalb politischer Parteien um Positionen und Stimmen.
Und kein Tag vergeht, an dem auf der Erde nicht innerhalb vieler Staaten und zwischen Nationen Konflikte mit Waffengewalt ausgetragen werden.

Und nun die Gretchenfrage: Wäre es nicht in dem verfahrenen und zementierten Konflikt zwischen dem Musikliebhaber und seinem Nachbarn erstrebenswert gewesen, daß ein gerichtlicher Entscheid die Bedürfnisse von M (unlimitiertes Klavierspielen) wie auch von Ü (kein Klavierspielen) möglichst gleichermaßen beschnitten hätte?
Und wäre nicht in all den anderen Konflikten ebenfalls ein freiwilliger oder verfügter Kompromiß erstrebenswert, der, wenn auch für die jeweiligen Kontrahenten unbefriedigend, all den leidigen bis fürchterlichen Auseinandersetzungen weitere Eskalationen ersparen würde?

Wer ist hier nicht versucht mit ›Ja‹ zu antworten und obigen Ausspruch folgendermaßen zu verbessern:

Ein Konflikt ist dann vollkommen gelöst, wenn alle *gleichermaßen* unzufrieden sind.

Dies ist die verführerische Konsequenz aus Briands Ausspruch, aus seinem einäugigen Blick auf die Negativaspekte eines Konfliktes: Die beste Lösung eines Konflikts besteht in der möglichst gleichen Verteilung der scheinbar unvermeidlichen Verzichte auf alle Beteiligten.
Dabei ist kaum zu überhören, daß in Briands amüsantem Aphorismus viel Bitterkeit und Resignation mitschwingt.

Welch ein Gegensatz hierzu die chinesische Sicht von Konflikten. Mit beiden Augen werden sowohl die Negativseite, die Krise, als auch die Positivseite, die Chance, eines Konfliktes gesehen.
Ich machte mich auf die Suche nach jenem chinesischen Doppelzeichen, das mir wie kein anderes Symbol das Wesen und das Potential eines Konfliktes zu erfassen scheint. Gefunden habe ich dies:

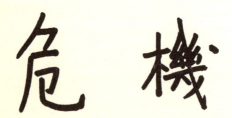

Folgende Fragen stellten sich mir aus der Gegenüberstellung dieser beiden Konfliktauffassungen:
Geht es bei Konflikten nur um ein mehr oder weniger belastendes Streiten und Kämpfen? Besteht eine optimale Konfliktlösung nur in einer Gleichverteilung von Verlusten, also dessen, was unbefriedigend ist? Oder geht es auch oder gar vornehmlich um das Auffinden von Bewältigungsstrategien, welche die scheinbar unvermeidlichen Verluste für alle Beteiligten vermeiden können, zumindest eine teilweise oder gar völlige Kompensation ermöglichen?
Meine Antwort auf diese Fragen findet sich in den Kapiteln dieses ersten Buchteils:

Kapitel 1 beschäftigt sich mit der Frage, was ein Konflikt ist und wie er entsteht.

Kapitel 2 beschreibt die gebräuchlichsten Konflikttypologien.

Kapitel 3 behandelt die für die Praxis wohl relevanteste Konflikttypologie, die Unterscheidung zwischen Bewertungs-, Beurteilungs- und Verteilungskonflikten.
Zur Prüfung der eigenen Unterscheidungsfähigkeit dieser Konflikttypen enthält dieses Kapitel einen Test.

Kapitel 4 Hier geht es um die Unterscheidung zwischen genereller und spezieller Konfliktkommunikation.

Kapitel 5 behandelt die Jeder-gewinnt-Methode.

Kapitel 6 Hier werden weitere Softpower-Methoden angesprochen.

Kapitel 7 Hier wird eine ›kleine Konfliktmathematik‹ sowie deren praktische Relevanz dargestellt.

Kapitel 8 befaßt sich mit den verschiedenen Methoden der Konfliktsteuerung.

Kapitel 9 bietet abschließend die Möglichkeit, seine Kenntnis einiger für das Konfliktmanagement relevanter Zusammenhänge mittels des Konfliktmanager-Tests zu prüfen.

1. Was sind Konflikte, wodurch entstehen sie?

Bittet man Seminarteilnehmer, alle Einfälle niederzuschreiben, die sie mit dem Wort ›Konflikt‹ assoziieren und jeden dieser Einfälle anschließend entweder als positiv, negativ oder neutral zu bewerten, so erfährt man:

1. Der Konfliktbegriff erzeugt insgesamt in etwa ebenso viele negative Assoziationen wie positive und neutrale zusammengenommen.
2. Die Anteile der als positiv, negativ oder neutral bewerteten Einfälle variieren unter den Teilnehmern ganz erheblich.
3. Die gleichen Assoziationen werden von dem einen als positiv und vom anderen als negativ oder neutral bewertet.
4. Mit dem Begriff ›Konflikt‹ verbinden die Teilnehmer zum Teil höchst unterschiedliche Assoziationen.

Fazit: Das Wort ›Konflikt‹ hat nicht einmal für eine kleine Gruppe von Menschen, trotz sehr ähnlicher soziokultureller Prägung, dieselbe Bedeutung.

Diese Erfahrung machte mich natürlich neugierig auf die Versuche, eine allgemein akzeptable Definition eines Konfliktes zu formulieren. Mit Konflikten hat es nämlich eine merkwürdige Bewandtnis: Obwohl jeder von uns genau zu unterscheiden weiß, wann er sich in einer Konfliktsituation befindet und wann nicht, bereitet es anscheinend Schwierigkeiten, das Wesen eines Konfliktes einheitlich zu definieren.
Konsultiert man allgemeine Lexika, Fachlexika und Konfliktbücher, so findet man sehr vielfältige Definitionen und

Begriffsabgrenzungen. Einige beschränken das Konfliktgeschehen auf Vorgänge innerhalb einer Person, andere auf den zwischenmenschlichen Bereich. Im letzteren Fall werden einmal Meinungsverschiedenheiten unter die Konflikte subsumiert, bei anderen müssen es gegensätzliche Handlungsabsichten sein, ohne daß es deswegen bereits zum Streit gekommen sein müßte, während wiederum andere erst beim Ausbruch von Streitigkeiten bzw. von negativen Verhaltensweisen den Konfliktfall als gegeben sehen. Hierin zeigt sich erneut, daß Menschen den Konfliktbegriff mit zum Teil recht unterschiedlichen Inhalten füllen.

Angesichts dieses Widerspruchs zwischen einem unproblematischen intuitiven Verständnis dieses Begriffs und seinen recht unterschiedlichen, sich teilweise gegenseitig widersprechenden Präzisierungen stellt sich die Frage, ob es überhaupt möglich und vor allem ob es notwendig ist, einen Konflikt in einer allgemein akzeptablen Form zu definieren. Interessant ist in diesem Zusammenhang, daß einige ›Konfliktlöser‹ sich offensichtlich Ähnliches gefragt haben und deshalb sowenig Wert auf eine präzise – wenn überhaupt eine – Bestimmung des Konfliktbegriffs in ihren Büchern legten (z. B. Gordon, Schwäbisch/Siems, Antons). Das Gros der Konfliktbücher präsentiert jedoch eine Konfliktdefinition und beschränkt sich in der Regel auf die Behandlung zwischenmenschlicher Konflikte bestimmter Größenordnungen (z. B. Pikas, Rüttinger, Aschenbach et al.), seltener auf Konflikte in einer Person (z. B. Lewin, Miller), doch manchmal werden auch beide Bereiche, allerdings meist mit sehr unterschiedlichem Gewicht, behandelt (z. B. Berkel, Huber).

Die offensichtlich bemühtesten und detailliertesten dieser Definitionen befriedigen mich am wenigsten und erinnern an die Geschichte vom sibirischen Ziegenhirten, der, um die wahre Natur des Lichts zu ergründen, so lange in die Sonne starrte, bis er blind war.

Oder noch pointierter: Ist eine Situation nur dann ein Konflikt, wenn sie die Bedingungen einer bestimmten (willkürlichen) Definition erfüllt, oder vielmehr dann, wenn sie ein Betroffener als Konflikt empfindet und bezeichnet?

Deshalb meine ich: Wir sollten uns nicht auf jene Situationen beschränken, die nur einer bestimmten (willkürlichen) Begriffsabgrenzung genügen. Es gilt vielmehr, Erkenntnisse und Denkanstöße zu vermitteln, die es einem ermöglichen, mit Situationen besser fertig zu werden, die man persönlich als konflikt- und problemhaft erlebt, wobei es völlig egal ist, ob sie einer bestimmten Definition entsprechen!

Diese Überlegungen wie auch die Absicht, mich nicht vor einer Begriffsbestimmung zu drücken, veranlaßten mich, drei weitere Definitionsansätze zu entwickeln und die Wahl des geeignetsten der Kritik und dem Geschmack des Lesers zu überantworten. Alle drei Definitionsversuche umfassen sowohl Konflikte in einer Person als auch solche zwischen Personen:

Ein Konflikt ist eine von Betroffenen subjektiv empfundene Spannungssituation, die aus der Absicht der Betroffenen entsteht, tatsächlich oder scheinbar gegensätzliche bzw. unvereinbare Ziele zu verwirklichen.

Folgende, erheblich saloppere Version für den Regelfall von zwei Konfliktbeteiligten gebrauche ich viel häufiger, weil ihre sofortige Verständlichkeit die gehaltlichen Abstriche mehr als wettmachen dürfte:

Ein Konflikt besteht, wenn der (die, das) eine Hü will und der (die, das) andere Hott, oder beide etwas wollen, das nur einer haben kann.

Meine dritte, völlig ernst gemeinte Lieblingsdefinition lautet jedoch:

Eine Situation ist dann ein Konflikt, wenn sie von einem Betroffenen als Konflikt empfunden wird.

Die letzte Definition spiegelt am deutlichsten meine Absicht wider, Denkanstöße und Methoden zu vermitteln, die geeignet sind, insbesondere jene zwischenmenschlichen Situationen befriedigender zu meistern und zu erleben, die von Menschen als konfliktträchtig oder bereits als Konflikt **empfunden** werden. Und zwar ungeachtet dessen, ob diese Situationen einer noch so bemühten, aber letztlich willkürlichen und anfechtbaren Abgrenzung des Konfliktbegriffs genügen.

2. Konflikttypologien

Mit welchen Attributen versehen Laien wie auch Konfliktforscher Konflikte, um die Unterschiedlichkeit von Konfliktarten zu kennzeichnen? Man spricht von ›persönlichen Konflikten‹, von ›Ziel-‹ und ›Interessenkonflikten‹, von ›Gewissens-‹ und ›Triebkonflikten‹, von ›inneren‹ und ›äußeren Konflikten‹, von ›intrapersonalen‹ und ›interpersonalen Konflikten‹, von ›latenten‹ und ›offenen Konflikten‹; von ›internationalen Konflikten‹, von ›pragmatischen Konflikten‹, von ›militärischen Konflikten‹, von ›Mikro-‹, ›Meso-‹ und ›Makrokonflikten‹ und so weiter. Die Aufzählung ließe sich noch eine ganze Weile fortsetzen. Es liegt jedoch nicht in meiner Absicht, einen Überblick über alle nur erdenklichen Konflikttypologien zu geben, sondern nur auf jene näher einzugehen, die für die Zielsetzung dieses Buches von praktischer Relevanz sind. Wobei für alle Konflikte gilt, daß sie von den Betroffenen oder Beteiligten (in der Regel) als belastend empfunden werden.

2.1 Latente und offene Konflikte

Als **latente Konflikte** bezeichne ich noch nicht ausgebrochene Konflikte, die unterschwellig bereits vorhanden sind oder deren Entstehung zumindest wahrscheinlich ist.

Die Bezeichnung **offene Konflikte** spricht für sich selbst.

Diese Unterscheidung ist insofern von praktischer Relevanz, als dem frühzeitigen Erkennen latenter Konflikte und Konfliktpotentiale entscheidende Bedeutung für deren Beseitigung und damit auch für die Vermeidung offener Konflikte zukommt.

2.2 Intrapersonale und interpersonale Konflikte

Diese Klassifikation wurde bereits angesprochen:

Bei **intrapersonalen Konflikten** (oft auch als intrapersonelle, intraindividuelle oder innere Konflikte bezeichnet) spielt sich das ›Hü‹ und ›Hott‹ in einer Person ab.

Bei **interpersonalen Konflikten** (auch als interpersonelle, soziale oder äußere Konflikte bezeichnet) spielt sich der Konflikt zwischen Einzelpersonen bis hin zu mehr oder weniger großen Personenkollektiven (Gruppen bis Nationen) ab.

2.3 Mikro-, Meso- und Makrokonflikte

Diese Klassifikation bezieht sich auf die Anzahl der Konfliktbeteiligten:

Bei **Mikrokonflikten** sind entweder Einzelpersonen oder kleinere Personengruppen betroffen.

Bei **Mesokonflikten** sind größere Personenkollektive (Abteilungen, Betriebe, Firmengruppen);

bei **Makrokonflikten** noch größere (internationale Firmengruppen, Nationen, Nationengruppen) betroffen.

Mittels dieser Einteilungen läßt sich Art und Umfang, der in diesem Buch vornehmlich behandelten Konflikte als der Bereich der offenen wie auch latenten, interpersonalen Mikrokonflikte spezifizieren. Kleine Abstecher – wie der folgende – in andere Konfliktbereiche scheinen mir jedoch sinnvoll, um nicht zu sagen unvermeidlich.

Obwohl die folgende Typologie – trotz gegenteiliger Ansicht anderer Autoren – nur sehr geringen praktischen Wert für den interpersonalen Konfliktbereich hat, möchte ich dennoch kurz auf sie eingehen, weil sie der meistzitierte Klassiker unter den Konflikttypologien ist und weil sich aus ihr Lösungshilfen für intrapersonale Konflikte ableiten lassen.

2.4 Die Lewin-Miller-Konflikttypologie

Ein intrapersonaler Konflikt entsteht durch den Wunsch einer Person, zwei (oder auch mehrere) scheinbar oder tatsächlich unvereinbare Ziele zu verwirklichen. Unter ›Ziel‹ wird in der Psychologie meist das Eintreten (mindestens) eines erwünschten Ereignisses bzw. das Nichteintreten (mindestens) eines unerwünschten Ereignisses verstanden. Wobei die Erwünschtheit oder Unerwünschtheit eines Ereignisses personen- und situationsbezogen ist: Dasselbe Ereignis kann für eine Person erwünscht und für eine andere unerwünscht sein, ja es kann für ein und dieselbe Person unter bestimmten Umständen erwünscht und unter anderen unerwünscht sein. In der Ökonomie spricht man im gleichen Sinn von ›Gewinnmaximierung‹ bzw. ›Kostenminimierung‹.

Ein erster Ansatz dieser Typologie geht auf Lewin zurück. Weiterentwickelt wurde er insbesondere von Miller.

Die folgende Form ist eine etwas verallgemeinerte Darstellung:

a) Der **Annäherungs-Annäherungs-Konflikt (AA-Konflikt):**
   Er liegt vor, wenn man sich zwischen gleichermaßen erwünschten Ereignissen entscheiden muß.
   Beispiele: Entweder ein Eis oder eine Zupa romana oder eine Mousse au chocolat oder ... als Nachtisch.
   Entweder Urlaub in den Bergen oder am Meer.

b) Der **Annäherungs-Vermeidungs-Konflikt (AV-Konflikt):**
Er liegt vor, wenn das Eintreten eines erwünschten Ereignisses (erwünschter Ereignisse) gekoppelt ist mit dem Eintreten eines annähernd gleich starken unerwünschten Ereignisses (unerwünschter Ereignisse).
Beispiele: Wenn ich viel esse, werde ich dick.
Höherer Lohn und Titel bedeuten mehr Arbeit und Umzug.

c) Der **Vermeidungs-Vermeidungs-Konflikt (VV-Konflikt):**
Er liegt vor, wenn man sich zwischen gleichermaßen unerwünschten Ereignissen entscheiden muß.
Beispiele: Entweder Diät oder nur die Hälfte oder nur Obst essen.
Entweder eine beschwerliche Autofahrt oder hohe Flugkosten.

Durch kleinere Variationen (wie **doppelte AV-Konflikte**) und Kombinationen dieser drei Grundtypen lassen sich auch erheblich komplexere Konfliktsituationen beschreiben und analysieren.

Für die Psychotherapie intrapersonaler Konflikte ist diese Typologie von großer Bedeutung, insbesondere wenn es sich darum handelt, neurotisches Vermeidungsverhalten, das durch neurotische (unangemessen hohe) Ängste verursacht wird, abzubauen und damit neurotische Konflikte zu lösen. Da es in diesem Buch jedoch nicht um die Bewältigung neurotischer Konflikte geht, möchte ich mich auf die Darstellung des praktischen Nutzens der Lewin-Miller-Typologie für nichtneurotische intrapersonale Konflikte beschränken.

Ganz allgemein läßt sich sagen, daß AA-Konflikte in der Regel zu einer geringeren inneren Belastung führen als AV-Konflikte, während der Streß bei VV-Konflikten relativ am größten ist.

Zu den drei Konflikttypen kommt es natürlich nur, wenn die konkurrierenden Ereignisse annähernd gleichgewichtig sind. Nur wenn zum Beispiel ein Ereignis in etwa so stark erwünscht ist, wie ein anderes unerwünscht ist, kommt es zu einem AV-Konflikt. Aus dieser Bedingung der Gleichgewichtigkeit der Hü- und der Hott-Seite ergibt sich ein naheliegender Lösungsansatz für intrapersonale Konflikte:

Das Gleichgewicht muß in ein Ungleichgewicht verwandelt werden!

Was natürlich viel leichter gesagt als getan ist. Eine Möglichkeit besteht darin, erwünschte wie auch unerwünschte Ereignisse genauer und aus neuen Blickwinkeln zu betrachten, was zu einer Umdeutung und Umbewertung der Ereignisse und damit auch zu einem Ungleichgewicht führen kann.
Ist das Gleichgewicht primär durch rationale Überlegungen verursacht, lohnt es sich oft, nach weiteren Gründen für beide Seiten zu suchen, bis ein erleichterndes Übergewicht für eine Seite erreicht ist. Meist ist der Konflikt jedoch nur scheinbar rationaler Natur bzw. ein Konflikt zwischen Vernunft und Gefühl. In diesem Fall versuchen viele, ebenfalls über zusätzliche Vernunftgründe, ein Ungleichgewicht herbeizudenken. Wodurch meist wenig gewonnen ist, und man nur Gefahr läuft, sich für die scheinbar vernünftigste Möglichkeit zu entscheiden, obwohl sie vom Gefühl nicht mitgetragen wird. Bei primär emotionalen (nichtneurotischen) Konflikten rate und helfe ich meinen überraschten Patienten, solange die Spannungssituation zu ertragen, bis sich ein gefühlsmäßiges Ungleichgewicht einstellt. Was oft besonders schwerfällt, weil ›sich nicht zu entscheiden‹ für die meisten Menschen unseres Kulturkreises als moralisch verwerflich gilt, weshalb der Betroffene durch sich und durch andere unter hohen Entscheidungsdruck gesetzt wird.

Testen Sie sich selbst:
Ist es möglich, gleichzeitig zwei Menschen (ohne Ausklammerung der Erotik) zu lieben? –
Und wenn es möglich wäre, wäre es dann nicht äußerst unmoralisch? –
Es wurde und wird teilweise auch heute noch für unmöglich oder zumindest für hochgradig unmoralisch gehalten, weshalb immer wieder behauptet wird, man könne nicht zwei Menschen gleichzeitig lieben. Tatsache ist, daß es Männer wie Frauen gab und gibt, die gleichzeitig zwei Menschen liebten. Und Tatsache ist auch, daß die Mehrzahl dieser Menschen größte Schuldgefühle hat. Schuldgefühle, die so stark sein können, daß wir von vornherein versuchen, eine solche Situation möglichst zu vermeiden, oder eine unserer Lieben vor uns selbst verleugnen und verdrängen. Nur, was ist gewonnen, wenn sich eine Person aus Schuldgefühlen (die sie meist ›Vernunftgründe‹ nennt) von einer seiner Lieben trennt? Ich habe in der Thearpie zu oft erlebt, daß letztlich jeder verliert, solange keine emotional tragfähige Entscheidung möglich ist. Es verliert die Person, die sich gezwungenermaßen entschied, es verliert die Person, die verlassen wird, und es verliert der scheinbare Gewinner. Deshalb mein Rat und meine Hilfe in der Therapie, an einer unentschiedenen Gefühlssituation solange emotional zu arbeiten und sie durchzustehen, bis ein Ungleichgewicht eintritt. Dies birgt natürlich das Risiko in sich, daß eine der geliebten Personen, die sich ihrerseits in einem AV-Konflikt befinden, ihren Konflikt früher löst und sich abwendet. Immer wieder werden in derartigen Situationen von den geliebten Personen Ultimaten gestellt. Ich kann es verstehen, aber nicht gutheißen. Was hilft ein Ultimatum, wenn die geforderte Person emotional noch unentschieden ist? Entweder verliert man sein Gesicht oder die geliebte Person. Und wenn man sich gefühlsmäßig entschieden hat, ist ein Ultimatum überflüssig.

Viel mehr an praktischem Erkenntnisgewinn für die Bewältigung eigener nichtneurotischer intrapersonaler Konflikte ist meines Erachtens nicht aus der Lewin-Miller-Typologie zu ziehen. Für das Lösen nichtneurotischer interpersonaler Konflikte sieht es hinsichtlich des praktischen Nutzens noch schlechter aus; weshalb ich mich nun der letzten und zugleich interessantesten Typologie zuwende.

3. Bewertungs-, Beurteilungs- und Verteilungskonflikte

3.1 Die Unterscheidung von Bewertungs-, Beurteilungs- und Verteilungskonflikten

Die Unterscheidung dieser drei Konflikttypen ist anfangs nicht ganz einfach; später bereitet sie kaum mehr Probleme. Ihr hoher praktischer Wert wird es dem Leser lohnen, sich mit ihr auseinanderzusetzen und die vorgeschlagene Übung zu machen.

Rüttinger, bei dem sich diese Klassifizierung findet, bezieht sie ausschließlich auf interpersonale Konflikte (Rüttinger 1977). Durch folgende Umformulierung wird diese Typologie auch auf intrapersonale Konflikte ausgedehnt:

Ein *Bewertungskonflikt* **basiert auf (tatsächlich oder scheinbar) unvereinbaren subjektiven Bewertungen, deren Richtigkeit oder Falschheit prinzipiell unbeweisbar ist.**

Ein *Beurteilungskonflikt* **basiert auf (tatsächlich oder scheinbar) unvereinbaren Beurteilungen, deren Richtigkeit oder Falschheit prinzipiell beweisbar ist.**

Ein *Verteilungskonflikt* **basiert auf einer (tatsächlich oder scheinbar) notwendigen Einschränkung der erwünschten Anzahl von Realisationsmöglichkeiten.**

Eine der Unterscheidung zwischen Beurteilungen und Bewertungen entsprechende Differenzierung findet sich bei Watzlawick, der von den Wirklichkeiten erster und zweiter Ordnung spricht. Bei der **Wirklichkeit erster Ordnung** (= Beurteilungen) handelt es sich um objektiv feststellbare, meßbare und beweisbare Tatsachen. Als Beispiel hierfür nennt er das spezifische Gewicht von Gold. Bei der **Wirklichkeit zweiter Ordnung** (= Bewertungen) handelt es sich um subjektive Meinungen und Wertvorstellungen. Beim Gold wäre dies der Wert, den es für den einzelnen besitzt, bzw. auch sein Kurs, der täglich neu fixiert wird (Watzlawick 1985).

Beispiel für einen interpersonalen Konflikt:
Ein Ehepaar beabsichtigt, sich ein neues Auto zu kaufen. Er möchte jedoch ein anderes Modell als sie.
Basiert der Konflikt auf unterschiedlichen ästhetischen Wünschen wie Farbe oder Design, handelt es sich um einen Bewertungskonflikt mit zugrundeliegenden Bewertungsunterschieden.

>(Es ist nicht beweisbar, daß eine bestimmte Farbe oder ein bestimmtes Design schöner ist!)

Basiert der Konflikt auf unterschiedlichen Ansichten hinsichtlich der Pannenhäufigkeit, des Benzinverbrauchs oder des Wiederverkaufswertes, handelt es sich um Beurteilungskonflikte mit zugrundeliegenden Beurteilungsunterschieden.

>(Es ist beweisbar, welches Modell weniger Pannen hat, weniger Benzin verbraucht oder [bislang] einen höheren Wiederverkaufswert besitzt!)

Basiert der Konflikt auf der Notwendigkeit, sich für ein Auto aus mehreren von Ehemann und Ehefrau gleich bewerteten und gleich beurteilten Autos zu entscheiden – oder zwischen einem Auto, das ihm besser gefällt, und einem, das ihr besser gefällt –, so handelt es sich um einen Verteilungskonflikt.

>(Es besteht nur die Möglichkeit, ein Auto aus einer größeren Anzahl Autos zu kaufen!)

Beispiel für einen intrapersonalen Konflikt:
Jemand möchte ein Auto kaufen und muß sich zwischen einer größeren Zahl Autos entscheiden, wovon ihm an jedem etwas anderes gefällt.

>(Es liegt ein Bewertungskonflikt vor.)

Jemand hat sich für einen bestimmten Autotyp entschieden. Verschiedene Firmen, die dieses Modell verkaufen, behaupten in Anzeigen, die besten Kaufbedingungen zu bieten.
> (Es liegt ein Beurteilungskonflikt vor.)

Jemand muß sich für ein Auto aus einer Vielzahl von Autos entscheiden, die ihm alle gut gefallen (aus welchen Bewertungs- oder Beurteilungsgründen auch immer), weil er sich nur den Kauf eines Autos leisten kann.
> (Es liegt ein Verteilungskonflikt mit oder ohne implizierten Bewertungs- und/oder Beurteilungskonflikten vor.)

Um praktischen Nutzen aus dieser Typologie ziehen zu können, ist es notwendig, das Vorliegen von Bewertungs-, Beurteilungs- und Verteilungskonflikten einigermaßen sicher diagnostizieren zu können. Anhand der folgenden Übung kann der Leser seine Diagnosefähigkeit überprüfen:

TEST: *Notieren Sie hinter jedem der 10 Konfliktbeispiele, um welche Konfliktart es sich Ihrer Meinung nach in erster Linie handelt:*
> *A = Bewertungskonflikt*
> *B = Beurteilungskonflikt*
> *C = Verteilungskonflikt*

KONFLIKT   *KONFLIKT-
ART*

1. *Der eine Teil der Familie möchte einen Urlaub am Meer verbringen; der andere Teil zieht einen Urlaub in den Bergen vor.*   _____

2. *Die ganze Familie hat sich auf einen Urlaub am Meer geeinigt, vorausgesetzt die Wassertemperatur beträgt mindestens 20° Celsius. Ein Teil der Familie ist der Ansicht, daß diese Bedingung in der Region A am ehesten erfüllt ist. Ein anderes Familienmitglied spricht sich aus denselben Gründen für die Region B aus, und wiederum ein anderes für die Region C.*

3. *Die gesamte Familie ist für einen Urlaub am Meer, aber ein Teil legt größeren Wert auf möglichst sauberes Wasser und würde dafür kühlere Wassertemperaturen in Kauf nehmen. Die andere Partei legt größeren Wert auf höhere Wassertemperaturen und würde dafür einen stärkeren Verschmutzungsgrad hinnehmen.*

4. *Ein Ehepartner würde bei einer Kreditaufnahme lieber auf einen guten Service als auf die besten Konditionen verzichten. Dem anderen ist ein guter Service wichtiger und er würde dafür etwas schlechtere Konditionen akzeptieren.*

5. *Ein Ehepaar möchte einen möglichst günstigen Kredit aufnehmen. Der Ehemann versichert, daß die Bank A die besten Konditionen hätte, die Ehefrau ist sicher, daß dies bei der Bank B der Fall wäre.*

6. *Die Sportredaktion würde gerne länger als vorgesehen auf Sendung bleiben, weil das Tennisspiel noch nicht entschieden ist. Welchen Konflikt hat der Sendeleiter?*

7. Ein Vorstandsmitglied fordert die Einrichtung von Großraumbüros, um die Arbeitsleistung zu erhöhen. Ein anderes Vorstandsmitglied behauptet, Großraumbüros würden die Arbeitsleistung mindern. _____

8. Viele Politiker meinen, daß vorerst nicht auf Kernkraftwerke verzichtet werden kann. Andere vertreten jedoch die Auffassung, daß schon heute ein Verzicht dringend erforderlich wäre. _____

9. Eine Frau liebt zwei Männer, kann aber nur einen heiraten. _____

10. Soll man sein Geld in erster Linie sparen oder ausgeben? _____

Auswertung: Vergleichen Sie Ihre Antworten mit der folgenden Tabelle, um die von Ihnen erreichte Punktzahl zu ermitteln.

Konflikt	4 Punkte	1 Punkt
1.	A	C
2.	B	C
3.	A	C
4.	A	C
5.	B	C
6.	C	A/B
7.	B	C
8.	A/B	C
9.	C	–
10.	A	C

35–40 Punkte: Sie blicken (fast) voll durch.
27–34 Punkte: Sie blicken schon ganz gut durch.
18–26 Punkte: Sie blicken zeitweise durch.
9–17 Punkte: Sie scheinen im Nebel zu stehen.
0– 8 Punkte: Vergessen Sie diesen Test (vorerst).

Falls Sie mit Ihrem Ergebnis oder mit meiner Punktevergabe unzufrieden sind, so denken Sie bitte jetzt nicht weiter darüber nach. Ich werde am Ende dieses Abschnitts noch mal auf diese Übung zu sprechen kommen und mich dem berechtigten wie auch beabsichtigten Widerspruch stellen.

Zuvor die naheliegenden Konsequenzen und Nutzanwendungen dieser Typologie für den Umgang mit interpersonalen Konflikten:

Da Beurteilungskonflikte durch eine prinzipiell beweisbare Fehlbeurteilung zumindest eines Konfliktbetroffenen verursacht sind, erfordert die Konfliktlösung nur die Korrektur der Fehlbeurteilung durch Einholung entsprechender Informationen bei einer von allen Konfliktbeteiligten als verläßlich erachteten Quelle. Häufig wird nicht erkannt, daß ein Beurteilungskonflikt vorliegt, und es wird nutzlos weiter debattiert oder gestritten, anstatt auf die Gemeinsamkeit im Bewertungsbereich hinzuweisen und eine Überprüfung der unterschiedlichen Beurteilungsgrundlagen vorzuschlagen.

Im Beispiel 5. der obigen Übung braucht das Ehepaar sich nur in Erinnerung zu rufen, daß beide ja das gleiche wollen, nämlich einen möglichst günstigen Kredit (= keine Bewertungsunterschiede), und eine Anfrage bei den Banken klären würde, bei welcher der Kredit am wenigsten kostet (= Beseitigung der Beurteilungsunterschiede).

Dieses Vorgehen bei einem Beurteilungskonflikt ist nur aufgrund dieser Typologie so offensichtlich. Denken Sie einmal nach, wann es Ihnen zuletzt passiert ist, daß Sie unnötig Kraft und Zeit mit nutzlosen Debatten vergeudet haben, weil

Sie das Vorliegen eines Beurteilungskonflikts zu spät oder gar nicht erkannten, und sich der Konflikt ausgeweitet oder auf andere Gebiete verschoben hat.

Die Zeit und Mühe, die man sich bei Beurteilungskonflikten sparen könnte, sollte man doppelt und dreifach in den Umgang mit Bewertungs- und Verteilungskonflikten investieren, um jene Strategie zu realisieren, die durch diese Typologie nahegelegt wird:

In den weitaus meisten Fällen handelt es sich bei unseren inter- wie auch intrapersonalen Konflikten letztlich um Verteilungskonflikte.

Sind diese mit einem Beurteilungskonflikt gekoppelt, so gilt es, diesen durch bloße Informationseinholung zu lösen, womit meistens auch der Verteilungskonflikt gelöst ist.

Beispiel: Man kann nur ein Auto kaufen (Verteilungsproblem). Laut Prospekten verkaufen mehrere Händler das gewünschte Auto am günstigsten (Beurteilungskriterium). Durch Rückfragen bei den Händlern ist das tatsächlich günstigste Angebot herauszufinden.

Liegt dem Verteilungskonflikt ein Bewertungskonflikt zugrunde, sollten sich unsere Anstrengungen auf das Überführen und Ersetzen von (unentscheidbaren) Bewertungskriterien durch (entscheidbare) Beurteilungskriterien konzentrieren.

Beispiel: Es ist nur ein Urlaub in den Bergen oder am Meer durchführbar (Verteilungskonflikt). Die Frage, wo es schöner ist (Bewertungskriterium), könnte ersetzt werden durch Fragen wie: Wo ist die Sonneneinstrahlung weniger schädlich, wo ist die Luft reiner, wo regnet es weniger, was kostet weniger, etc. (Beurteilungskriterien).

Sind interpersonale Bewertungskonflikte nicht in Beurteilungskonflikte überführbar oder verbleibt ein Verteilungskonflikt trotz ausgeräumter Bewertungs- und/oder Beurteilungsdifferenzen, ist ein wertschätzendes Kommunikationsverhalten, das sich um Verständnis für die Sichtweisen, Beweggründe und Gefühle des anderen bemüht und es zum Ausdruck bringt, von entscheidender Bedeutung. Ein solches Verhalten kann viel dazu beitragen, Konfliktausweitungen oder -verschiebungen zu verhindern und die Auswirkungen einer von Konfliktbetroffenen als unbefriedigend empfundenen Konfliktbeilegung zu lindern.

Beispiel: Zur Testung der Kandidaten für eine Bereichsleiterstelle einigte man sich auf bestimmte Beurteilungskriterien. Zwei Kandidaten erzielen jedoch ein gleichermaßen gutes Testergebnis, aber nur einer kann Bereichsleiter werden. (Verteilungskonflikt ohne Bewertungs- oder Beurteilungsdifferenzen).

Alles schön und gut, wird vielleicht die eine oder der andere denken, wenn man immer klar sagen könnte, mit welcher Konfliktart man es im gegebenen Fall zu tun hat. Genau dies ist oftmals ein Problem und erfordert einiges Üben, weshalb ich jedem, der in obiger Übung weniger als 27 Punkte erzielte, raten möchte, sich aufzuraffen und sie gleich noch einmal zu wiederholen, und ich bin sicher, daß er/sie diesmal erheblich besser abschneiden wird.

Wie gesagt, ohne eine ausreichend gute Unterscheidung dieser drei Konfliktarten ist kein Nutzen aus dieser Typologie zu ziehen. Also tapfer zurückgeblättert und die Übung ein zweites Mal gemacht, bevor Sie weiterlesen. Ich weiß, es kostet einige Überwindung, aber Sie schaffen es, oder?

Fast jeder der zehn Konflikte enthält zwei Konfliktarten. Im 6. und vor allem im 8. Übungsbeispiel läßt die Formulierung sogar Raum für alle drei Konflikttypen. Diese Mehrdeutigkeit der Beispiele ist beabsichtigt, um auf die Komplexität realer Konfliktsituationen hinzuweisen, die sich höchst selten als alleinige Bewertungs-, Beurteilungs- oder Verteilungskonflikte entpuppen. In realen Konflikten sind oft alle drei Konfliktarten in unterschiedlichen Anteilen und Wertigkeiten vertreten. Aus dieser Tatsache ergibt sich als weitere praktische Konsequenz:

> **Zuerst alle beteiligten Konfliktarten in Ausmaß und Wertigkeit identifizieren (bzw. abschätzen), um sie in der Reihenfolge ihrer Wertigkeiten einer sukzessiven Konfliktbewältigung zugänglich zu machen!**

Die wichtigste praktische Regel jedoch stammt von meiner Kollegin und Ko-Autorin dieses Buches:

> **Behandle Bewertungsunterschiede (Bewertungskonflikte) nicht als Beurteilungsunterschiede (Beurteilungskonflikte) und umgekehrt!**

Abschließend möchte ich die strategischen Implikationen dieser Konflikttypologie in einem verkürzten schematischen Überblick zusammenfassen (Grafik S. 37).

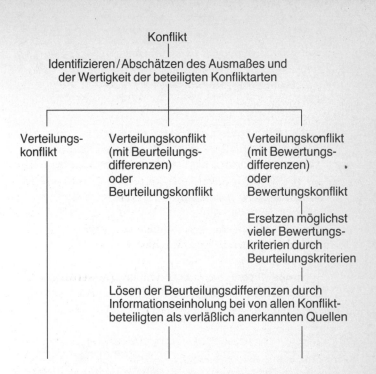

Versuch einer sukzessiven Konfliktbewältigung mittels einer angemessenen generellen und speziellen Konfliktkommunikation (s. Kap. 4)

3.2 Ein Anwendungsbeispiel

Revisoren zählen nicht unbedingt zu den beliebtesten Kollegen. Dies ist jedoch nur zum Teil durch ihre Prüfungsaufgabe bedingt. Überprüft zu werden, empfinden wohl die meisten von uns als unangenehm; doch die Notwendigkeit regelmäßiger Revisionen wird andererseits von allen anerkannt. Die häufig auftretenden Ängste, Verärgerungen und Irritationen bei Revidierten sind aber nur selten durch die befürchtete

Aufdeckung verschuldeter Fehler verursacht, sondern durch das Revisorenverhalten. Diese Erkenntnis führte in den letzten Jahren zu einem ständig wachsenden Interesse an verhaltensorientierten Seminaren für Revisoren. Die Erfahrungen, die ich mit derartigen Seminaren an verschiedenen großen Banken sammeln konnte, machten deutlich, wieviel Ärger und Frust bei einer Revision – für den Geprüften wie auch für den Prüfer – nicht zuletzt durch die Unterscheidung zwischen Bewertungs- und Beurteilungskonflikten vermieden werden kann.

Erst wollte ich ein typisches Revisionsgespräch nachzeichnen, doch dann entschied ich mich für ein untypisches, von Revisorenseite durchaus freundlich gemeintes Gespräch, weil ich hoffe, hieran den zusätzlichen Gewinn durch die Berücksichtigung der Unterschiede zwischen Bewertungen und Beurteilungen überzeugender vermitteln zu können.

R = Revisor
KS = Kreditsachbearbeiter

R: Ich wollte Sie noch kurz bezüglich der erhöhten Kreditlinie bei der Firma Vortex sprechen. Da wäre als erstes, daß die letzte vorliegende Bilanz bereits drei Jahre alt ist. Wieso haben Sie nicht versucht, eine aktuellere zu beschaffen? Außerdem besteht die Firma aus vier Gesellschaftern, die offensichtlich nicht hinter ihrem Unternehmen stehen.

KS: Ich habe mit allen vier Gesellschaftern gesprochen und weiß, daß alle hinter der Firma stehen.

R: Es besteht aber keinerlei persönliche Haftung, was beweist, daß sie nicht wirklich hinter der Firma stehen.

KS: Ich weiß, daß alle vier unheimlich viel Zeit in ihre Arbeit stecken, sogar am Wochenende.

R: Auch die Geschäftsentwicklung der letzten vorliegenden Jahre sieht nicht toll aus.

KS: Das täuscht, weil der größte Teil in neue Maschinen für den Ausbau der Produktpalette investiert wird.
R: Wenn die wirklich hinter ihrer Firma stünden, das müssen Sie doch zugeben, würden sie eine persönliche Haftung nicht scheuen.
KS: Sie vertreten aber den Standpunkt, prinzipiell keine persönliche Haftung zu übernehmen. Ich kann Ihnen versichern, daß sich die Vortex besonders in letzter Zeit ausnehmend gut entwickelt hat. Weshalb sie auch die Kreditaufstockung für weitere Investitionen braucht.
R: Das ändert leider nichts an den Tatsachen, daß die Gesellschafter nicht hinter ihrer Firma stehen und neuere Bilanzen fehlen. Ich muß deshalb dieses Engagement im Revisionsprotokoll anführen.
KS: In zwei Monaten bekomme ich die neueste Bilanz, und Sprechzahlen, Mehrwertaufstellung sowie Zahlen über die voraussichtliche Geschäftsentwicklung liegen Ihnen ja vor. Der Kunde versteht nicht, warum wir ständig neue Bilanzen fordern, die andere Kreditinstitute nicht von ihm verlangen. Und mit persönlicher Haftung darf ich denen schon gar nicht kommen. Ständig wird mir vorgehalten, daß es bei anderen Banken viel weniger Papierkram gibt und die Zusagen viel schneller als bei uns erfolgen.
R: Ich bin davon überzeugt, wenn Sie die Sache richtig anpacken, dann gibt Ihnen der Kunde, was wir brauchen.
KS: Wir sollen Geschäfte machen, aber wie Sie sich das vorstellen, funktioniert das nicht. Sicherheiten sind notwendig, das sieht jeder ein, aber Doppel- und Dreifachsicherheiten nicht, da werden die Leute sauer.
R: Tut mir sehr leid, ohne neuere Bilanz ist mir eine Beurteilung des Engagements unmöglich. So wie der Fall steht, muß ich ihn leider ins Protokoll nehmen.
KS: Ich kann Sie nicht verstehen. Diese Firma ist gesund, die Leute stehen hinter ihr, investieren eine Menge; die bisherigen Bilanzen, die Mehrwertaufstellung, die Auswei-

tung der Produktpalette und nicht zuletzt die Zahlen über die weitere Geschäftsentwicklung beweisen das. Und die neueste, ebenfalls sehr positive Bilanz bekomme ich in zwei Monaten. Mehr kann man wirklich nicht verlangen. Außerdem, was glauben Sie, was die an Tafelgeschäften in ihren Schließfächern liegen haben; und da wollen Sie die weiß Gott nicht dramatische Krediterhöhung um 200.000 DM ins Protokoll nehmen. Wenn wir in diesen Dingen stur sind, verlieren wir den Kunden, das garantiere ich Ihnen.

R: Sie kennen doch den Paragraphen 18 des KWG (Kreditwesengesetz), der die Bilanz, zumindest die Einsichtnahme in sie, fordert. Die Wirtschaftsprüfer verstehen in diesen Dingen keinen Spaß. Ich mach' Ihnen ein faires Angebot. Wir sind noch mindestens zehn Tage mit der Revision beschäftigt. Wenn Sie mir bis dahin die noch fehlenden Unterlagen beschaffen, wird das Engagement nicht im Protokoll erscheinen.

KS: Ich habe Ihnen doch erklärt, warum das nicht möglich ist, aber ich glaube, es hat gar keinen Sinn, noch weiter darüber zu sprechen.

Dieser relativ freundliche Revisor ist, wie gesagt, nicht unbedingt der Normalfall, und viele Unternehmensleitungen wären froh, wenn ihre Revisoren sich in dieser Weise verhalten würden.

Dennoch endet das Gespräch für beide Seiten nicht sehr befriedigend. Der Kreditsachbearbeiter ist frustriert, weil seine Sicht der Dinge nicht akzeptiert, ja als falsch eingestuft wird. Und den Revisor enttäuscht (oder ärgert sogar) die Uneinsichtigkeit des Sachbearbeiters. Beide glauben sich im Recht und den anderen im Unrecht. Aufgrund der verständlichen, aber dennoch falschen Ansicht, die eigene Position durch die Anerkennung von Argumenten des Gesprächspartners zu schwächen, läßt keiner die Meinung des anderen gelten.

Trotz der Bemühungen des Revisors um ein freundliches Verhalten führt ein derartiges Gespräch zu einer mehr oder weniger starken Störung der Beziehung, was sich auch auf die weiteren Gespräche zwischen ihnen auszuwirken droht.
Erst die Kenntnis und die Berücksichtigung des Unterschieds zwischen Bewertungen und Beurteilungen ermöglichen dem Revisor ein Kommunikationsverhalten, das einen erheblich weniger frustrierenden Gesprächsverlauf für beide Beteiligten erlaubt, und zwar ohne daß der Revisor Abstriche von seinen als notwendig erachteten Forderungen macht.
Befolgt der Revisor auch noch die generellen Anforderungen für ein gutes Kommunikationsverhalten (s. Kap. 4), könnte es zu folgendem – keineswegs längerem – Gespräch kommen:

R: Ich wollte Sie noch kurz bezüglich der erhöhten Kreditlinie bei der Firma Vortex sprechen. Die Firma besitzen vier Gesellschafter, von denen keine persönliche Haftung vorliegt, was für mich bedeutet, daß sie nicht voll hinter dem Unternehmen stehen. Die Geschäftsentwicklung davor sieht auch nicht sehr toll aus, und die letzte vorliegende Bilanz ist bereits drei Jahre alt. Wie sehen Sie die Situation?

KS: Ich weiß, daß keine persönliche Haftung übernommen wurde. Aber ich weiß auch, daß alle vier Gesellschafter unheimlich viel Zeit in ihre Arbeit stecken, sogar am Wochenende. Ich kenne die Firma, und Sie können mir glauben, daß es sich um ein gesundes Unternehmen handelt.

R: Selbstverständlich haben Sie den besseren Einblick. Aber worauf gründet sich Ihr positiver Eindruck?

KS: Zur Geschäftsentwicklung zum Beispiel ist zu sagen, daß die Zahlen täuschen, weil der größte Teil des Gewinns seit Jahren in neue Maschinen für den Ausbau der Produktpalette investiert wird.

R.: Aber wenn die Gesellschafter wirklich hinter ihrer Firma stünden, würden sie doch eine persönliche Haftung nicht scheuen!?

KS: Das sieht nur so aus, weil sie den Standpunkt vertreten, prinzipiell keine persönliche Haftung zu übernehmen. Dafür liegt eine Analyse der zukünftigen Geschäftsentwicklung vor, die positiver kaum sein könnte, und eine Mehrwertaufstellung.

R.: Die Analyse ist in der Tat sehr positiv. Doch im vorliegenden Fall ersetzen Analysedaten und Mehrwertaufstellung leider nicht die Erfordernisse nach Paragraph 18.

KS: In zwei Monaten ist mir die neueste Bilanz fest zugesagt. Der Kunde versteht nicht, warum wir ständig neue Bilanzen fordern, wenn die vorliegenden einen eindeutigen Aufwärtstrend ausweisen. Und mit persönlicher Haftung darf ich denen schon gar nicht kommen. Ständig wird mir vorgehalten, daß andere Banken keine Bilanzen fordern und außerdem die Anträge viel schneller bearbeiten.

R: Ich weiß, daß Ihre Arbeit nicht leicht ist, und daß es oft sehr schwer ist, die geforderten Sicherheiten zu bekommen. Aber bitte verstehen Sie auch meine Situation. Ich muß prüfen, ob die Kreditunterlagen für eine Prüfung ausreichend sind und den Forderungen des Paragraphen 18 entsprechen. Bei unzureichenden Unterlagen muß ich das Engagement ins Revisionsprotokoll nehmen. Denn falls etwas schiefgeht, und es zur Abwicklung kommt, wird mir zu Recht vorgeworfen, daß ich nicht auf die fehlenden Unterlagen hingewiesen habe.

KS: Das verstehe ich schon. Sicherheiten sind natürlich notwendig, aber bei Doppel- und Dreifachsicherheiten werden die Leute sauer. Ich garantiere Ihnen, mit diesem Kredit bekommen wir bestimmt keine Probleme. Dieses Unternehmen ist kerngesund: Die Gesellschafter stehen wirklich hinter ihrer Firma und investieren eine Menge; die bisherigen Bilanzen, die Ausweitung der Produktpalette, die Mehrwertaufstellung und nicht zuletzt die Zahlen über die weitere Geschäftsentwicklung beweisen das. Und ich weiß außerdem, was die an Tafelgeschäften in ihren Schließfächern haben. Mehr kann man doch wirklich nicht verlangen.

R: An Ihrer Stelle würde ich die Sachlage vielleicht genauso sehen. Und ich akzeptiere auch Ihre Einschätzung der Kreditsicherheit. Dies enthebt mich aber leider nicht meiner Aufgabe, fehlende geforderte Unterlagen oder Sicherheiten im Protokoll zu vermerken. Dabei werde ich selbstverständlich auf Ihre Einschätzung der Situation und die positiven Analysedaten zur Geschäftsentwicklung hinweisen.

KS: Damit kann ich leben. Ich darf aber vorher sehen, was Sie ins Protokoll schreiben wollen.

R: Selbstverständlich.

Nach diesem Gespräch dürfte der Revisor keine Unzufriedenheit und der Kreditsachbearbeiter zumindest erheblich weniger Ärger als beim ersten verspüren. Dieser Effekt wird durch folgende Mechanismen erzielt:

A) Der Revisor hat und zeigt Verständnis für die Meinung (Kreditbewertung) des Sachbearbeiters.

B) Der Revisor bittet um Verständnis für seine Aufgabe, die er dem Sachbearbeiter darstellt (Beurteilung).

C) A+B fördern das Verständnis seitens des Sachbearbeiters für die Aufgabe (Beurteilung) und die Krediteinschätzung (Bewertung) des Revisors.

D) A+B+C motivieren den Revisor, eine optimale Protokollformulierung zu suchen, die sowohl seiner Aufgabe als auch dem Bemühen des Sachbearbeiters gerecht wird.

E) A+B+C+D minimieren die Negativauswirkungen eines Revisionsgesprächs, insbesondere für den Revidierten (wie Streß, Unzufriedenheit, Angst, Verärgerung), aber auch für den Revisor, ohne daß der Revisor unzulässige Konzessionen eingeht.

4. Generelle und spezielle Konfliktkommunikation

Unter **genereller Konfliktkommunikation** verstehe ich ein Kommunikationsverhalten, das der Entstehung von Kommunikations- und Beziehungsstörungen entgegenwirkt.
Die Mechanismen, die zu derartigen Störungen führen, wie auch Methoden zu ihrer Vermeidung bzw. Beseitigung habe ich an anderer Stelle ausführlich behandelt (Bambeck 1988). Hier sei nur auf die Binsenweisheit hingewiesen, daß vermeidbare Kommunikations- und Beziehungsstörungen häufig eine Konfliktausweitung nach sich ziehen, zumindest eine Konfliktbewältigung unnötig erschweren oder gar verhindern. Da das generelle Kommunikationsverhalten nicht Thema dieses Buches ist, möchte ich auf eines der folgenden Bücher verweisen, die mir alle geeignet erscheinen, eigene Kommunikationsmuster zu überprüfen und zu verbessern:

J. J. Bambeck   (1988)
F. Schulz v. Thun (1987)
F. V. Birkenbihl   (1987)

Ein angemessenes generelles Kommunikationsverhalten ist die notwendige Voraussetzung für das Gelingen eines Konfliktgesprächs. Für eine erfolgreiche oder gar optimale Konfliktbewältigung reicht es jedoch nicht immer aus. Oft sind zusätzliche **spezielle Kommunikationstechniken** und -strategien (wie sie in den folgenden Kapiteln sowie in meinem Buch ›Softpower – Gewinnen statt Siegen‹ [Bambeck 1989] dargestellt sind) ebenso wie Kreativitätstechniken erforderlich.
Der Einsatz spezieller Kommunikations- und Kreativitätstechniken garantiert zwar nicht das Erreichen der jeweils besten Konfliktlösung, aber man erhöht damit die Chance erheblich, optimale Lösungen zu finden.

5. Die Jeder-gewinnt-Technik

In den 70er Jahren präsentierte der Amerikaner Thomas Gordon seine Vorschläge zur Verbesserung zwischenmenschlicher Kommunikation in einer Reihe von Büchern, die wenige Jahre später in deutscher Übersetzung erschienen und für berechtigtes Aufsehen sorgten: ›Familienkonferenz‹ (1972), ›Familienkonferenz in der Praxis‹ (1978), ›Lehrer-Schüler-Konferenz‹ (1977) und ›Managerkonferenz‹ (1979) (im folgenden MK).

Aus der Vielzahl der Bücher, die bezüglich eines optimalen Konfliktmanagements ähnliche Positionen wie Gordon vertreten, möchte ich die Bücher von Denis Waitley hervorheben (bislang meines Wissens noch nicht in deutscher Übersetzung erschienen), in denen er ein ähnliches Gedankengut wie Gordon entwickelt:

The Psychology of Winning (1979)
The Winner's Edge (1980)
The Double Win (1986)
Being the Best (1987)

Inzwischen hat dieser ›Softpower-Ansatz‹ auch Eingang in die Mehrzahl amerikanischer Verkaufs-, Verhandlungs- und allgemeiner Erfolgsbücher gefunden; zum Beispiel in:

H. Cohen: You Can Negotiate Anything (1980)
R. Fisher und W. Ury: Getting to Yes – Negotiating Agreement Without Giving in (1981)
R. R. Reck und G. G. Long: The Win Win Negotiator (1985)
A. Kohn: No Contest – The Care Against Competition (1986)
R. Dawson: You can get anything you want (1986)
R. Willingham: Integrity Selling (1987)
L. Wilson und H. Wilson: Changing the Game – The New Way to Sell (1987)

K. Aaronson: Selling on the Fast Track (1989)

Gordons Jeder-gewinnt-Methode setzt die Kenntnis zweier anderer Kommunikationstechniken voraus, die er als ›aktives Zuhören‹ und ›Ich-Botschaften‹ bezeichnet:

›Aktives Zuhören‹:

»Die ganze Kunst des ›aktiven Zuhörens‹ besteht darin«, schreibt Gordon, »daß der Empfänger dem Sender die Ergebnisse seiner Decodierung häufig und fortlaufend zurückmeldet. Wir können nie ganz sicher sein, daß wir einen anderen vollständig oder genau verstanden haben. Deshalb müssen wir die Genauigkeit unseres Verstehens unbedingt überprüfen, um so die Gefahr der in der interpersonellen Kommunikation üblichen Mißverständnisse und Verzerrungen so gering wie möglich zu halten. Türöffner, passives Zuhören und Aufmerksamkeitsreaktionen zeugen nur von der Absicht ... zu verstehen. Das aktive Zuhören liefert den Beweis, daß der Hörer wirklich verstanden hat. Dieser Beweis veranlaßt den Sender weiterzusprechen, um tiefer in das Problem einzudringen. Aktives Zuhören ist ganz gewiß nicht schwierig. Der Hörer braucht nur in eigenen Worten seinen Eindruck vom Ausdruck des Senders wiederzugeben« (Gordon MK, S. 65)

Die Bezeichnung ›aktives Zuhören‹ wurde von Gordon in einer ganz bestimmten Bedeutung in die Literatur eingeführt, die der Begründer der nondirektiven Psychotherapie (Gesprächstherapie) Carl Rogers bereits in den 50er Jahren mit dem Begriff ›Empathie‹ verband. Seither findet sich das ›aktive Zuhören‹ in jedweden populärwissenschaftlichen Büchern über Kommunikation, Konfliktlösen, Psychologie u. a. m., in der Regel jedoch ohne eine angemessene Beschreibung dessen, was Gordon mit diesem Begriff meint. Das Ergebnis ist, jeder glaubt zu wissen, was Gordon mit ›aktivem

Zuhören‹ gemeint habe, und glaubt, es auch zu können. Dieser Glaube ist leider – sowohl das Wissen als auch das Können betreffend – schierer Aberglaube. Aktives Zuhören ist in der Tat nicht schwierig, aber viele haben große Schwierigkeiten, es zu erlernen. Und außerdem wird es ständig mit dem verwechselt, was Gordon als ›passives Zuhören‹ und ›Aufmerksamkeitsreaktionen‹ bezeichnet.

Fassen wir zusammen:
> ›Aktives Zuhören‹ ist die Zurückmeldung meines Verstehens des anderen!
> ›Aktives Zuhören‹ sollte mehr sein als die bloße Wiederholung dessen, was der andere sagte. Es soll die Gründe und vor allem die Gefühle ansprechen, die hinter dem Gesagten vermutet werden!
> ›Aktive Zuhörreaktionen‹ haben meist die Form von Feststellungen, seltener von Fragen, werden jedoch fast immer wie Fragen ausgesprochen!

›Ich-Botschaften‹:

Ich-Botschaften nach Gordon enthalten in der Regel folgende drei Elemente:

1. Beschreibung des Empfänger-Verhaltens, das den Sender stört (= **Verhalten**)
2. Aussprechen der tatsächlichen Sendergefühle (= **Gefühl**)
3. Beschreibung der Folgen des Empfänger-Verhaltens für den Sender (= **Folgen**)

Wobei die Reihenfolge der drei Elemente keine entscheidende Rolle spielt.

Zwei Beispiele hierzu:

ICH-BOTSCHAFT: Ich war ehrlich ärgerlich (**Gefühl**), als ich in Ihrem Bericht auf einige schwerwiegende Fehler gestoßen bin (**Verhalten**). Ich habe auf der Vorstandssitzung bei der Vorlage des Berichts sehr dumm dagestanden (**Folgen**).

ICH-BOTSCHAFT: Wenn sich Patienten bei mir beklagen, daß Sie auf ihr Klingeln nicht sofort reagieren (**Verhalten**), regt mich das auf (**Gefühl**), weil ich nicht dafür verantwortlich gemacht werden möchte, daß einem Patienten etwas zustößt (**Folgen**).

Eine ausführlichere Darstellung des ›aktiven Zuhörens‹ sowie der ›Ich-Botschaften‹ inklusive zahlreicher Übungs- und Anwendungsbeispiele findet der interessierte Leser in Gordons Büchern sowie in meinem Buch ›Softpower – Gewinnen statt Siegen‹ (Bambeck 1989).

Die Jeder-gewinnt-Technik:

»Die ausnahmslos negative Erfahrung mit Konflikten«, heißt es bei Gordon, »läßt sich leicht erklären. Ihr ganzes Leben lang haben Menschen in den meisten ihrer Beziehungen Methoden der Konfliktlösung mit Gewinnern und Verlierern verwendet (oder haben solche Methoden am eigenen Leib erfahren). Tatsächlich gibt es zwei Methoden mit Gewinnern und Verlierern, und die meisten Menschen bedienen sich der einen oder der anderen:
  METHODE I: Ich gewinne, du verlierst.
  METHODE II: Du gewinnst, ich verliere.
Den meisten Vorgesetzten (sowie Eltern und Lehrern) unbekannt und in Organisationen kaum verwendet, gibt es nun eine dritte Methode zur Lösung von Konflikten zwischen Menschen: die Jeder-gewinnt-Methode« (Gordon MK, S. 156; Einschub von mir.)
Zur leichteren Unterscheidung dieser drei Methoden habe ich eigene Bezeichnungen gewählt.

GORDON	WAITLEY	MEINE BEZEICHNUNG
Methode III	Double winners	Jeder-gewinnt-Technik
Methode II	Loosers	Ich-verliere-Technik
Methode I	One-way-winners	Du-verlierst-Technik

Der Übersichtlichkeit halber beschränke ich mich bei der Beschreibung der Wirkungen dieser Konfliktbewältigungstechniken weitgehend auf berufliche Situationen.

Die negativen Auswirkungen der Du-verlierst-Technik auf die Bereiche Arbeitsklima (Zunahme von Mißtrauen, Angst, Intrigen, Rivalitäten), Information (Zunahme von Verzerrung und Zurückhaltung von Informationen, Zunahme von Gerüchten), Arbeitszufriedenheit und Arbeitsleistung sind offensichtlich. Die Kosten der Du-verlierst-Technik für den Vorgesetzten sind ebenfalls enorm, auch wenn sie nicht so ins Auge springen: Autoritäres Verhalten kostet Zeit, Beliebtheit, Streß und überraschenderweise auch Einfluß, denn es erzeugt häufig passiven oder gar aktiven Widerstand (z. B. ›innere Kündigung‹ und Sabotage), was die Einflußmöglichkeiten des Vorgesetzten erheblich beeinträchtigen kann.

Der Preis der Ich-verliere-Technik ist eine Unterminierung des eigenen Selbstwertgefühls, weil man aus Angst vor dem anderen oder um die Gunst des anderen zu gewinnen bzw. zu behalten auf die Verfolgung eigener Ziele verzichtet. Ein weiterer Preis dieser Technik ist, daß nicht nur Kinder und Schüler sich zunehmend egoistischer, rücksichtsloser und unkooperativer zeigen. Auch bei Mitarbeitern verstärken sich diese Tendenzen, was meist auch eine Minderung der Arbeitsleistung zur Folge hat.

Die Nachteile der Du-verlierst-Technik sind sowohl immens als auch leicht erkennbar, und man fragt sich, wieso sie dennoch allerorten anzutreffen ist.

»Dafür lassen sich zahlreiche Erklärungen finden«, meint Gordon, wobei ihm folgende am wahrscheinlichsten erscheinen: »Die Menschen haben wenig oder keine Erfahrung mit irgendeinem anderen Verfahren zur Konfliktlösung, und nach Auffassung der meisten Menschen heißt die größte Macht besitzen zugleich, den größten Einfluß zu haben.« (Gordon MK, S. 179)

Andererseits finden sich genügend Beispiele für die Jeder-gewinnt-Technik zwischen Kindern, Freunden und vielen Ehepaaren, das heißt zwischen gleichberechtigten Partnern. Dies legt den Schluß nahe, daß insbesondere dann, wenn Menschen Macht über andere besitzen (Eltern, Lehrer, Vorgesetzte, Vertreter von Staatsorganen), sie allzu geneigt sind, diese auch in Form der Du-verlierst-Technik zu gebrauchen.

Wie sehen die wesentlichen Unterschiede zwischen der Jeder-gewinnt-Technik und der Du-verlierst-Technik aus?

1. Die Konfliktbeteiligten sehen sich als Partner im Gegensatz zu Rivalität bis Gegnerschaft unter den Beteiligten
2. Machtverzicht im Gegensatz zu Machteinsatz
3. Gemeinsame Suche nach einer für alle Konfliktbeteiligten akzeptablen Lösung im Gegensatz zu Machtkämpfen mit vorprogrammierten Lösungen
4. Kreatives Denken im Gegensatz zu Schnellschuß-Lösungen
5. Benutzung eines bestimmten Problemlöseschemas im Gegensatz zu einem Konfliktverhalten ohne Problemlöseschema

Von dem folgenden Lösungsschema, das auf den amerikanischen Philosophen John Dewey zurückgeht, der ein sehr ähnliches bereits Anfang dieses Jahrhunderts vorschlug, wird im dritten Buchteil noch die Rede sein.

Gordon bezeichnet es als ›Problemlösungsschema‹, obwohl mir für seine Verwendung dieses Schemas die Bezeichnung ›Konfliktlösungs-‹ oder besser noch ›Konfliktbewältigungsschema‹ angemessener erscheint.

(›A‹ steht im folgenden für ›der andere‹.)

Schritt 1: Das Problem wird erkannt und definiert

»Dabei handelt es sich um einen entscheidenden Schritt des Problemlösungsprozesses. Erstens müssen Sie das Problem so formulieren, daß es weder Vorwurf noch Wertung zum Ausdruck bringt. Ich-Botschaften eignen sich immer am besten zur Formulierung eines Problems. Wenn Sie Ihren Standpunkt dargelegt haben, versuchen Sie zweitens zu verbalisieren, wie A den Konflikt sieht. Wenn Sie das nicht wissen, fordern Sie A auf, seinen Standpunkt darzulegen.

Häufig dauert es eine Zeitlang, das Problem oder den Konflikt genau zu umreißen. Vielleicht braucht A länger dazu, seine Auffassung zu offenbaren. A kann sich anfangs auch ärgerlich oder abwehrend verhalten. Dann sollten Sie aktiv zuhören. A muß Gelegenheit haben, seinen Gefühlen Luft zu machen, sonst wird er nicht in der richtigen Verfassung für die folgenden Schritte sein. Haben Sie es nicht eilig, zu Schritt 2 zu gelangen. Gehen Sie ganz sicher, daß Sie den Standpunkt von A verstanden haben und daß Sie den Ihren genau und vollständig dargelegt haben ... Oft wird es im Laufe der Diskussion notwendig sein, ein Problem umzudefinieren.« (Gordon MK, S. 195)

Schritt 2: Alternative Lösungen werden entwickelt

»Damit kommen wir zum kreativen Teil der Problemlösung. Meist läßt sich nicht auf Anhieb mit einer guten Lösung aufwarten. Die ersten Lösungen werden dem Problem selten gerecht, aber sie können durchaus bessere anregen. Fragen Sie zuerst A nach möglichen Lösungen – Sie werden noch genügend Zeit haben, Ihre vorzuschlagen. Vermeiden Sie unter allen Umständen jede Wer-

tung und Kritik gegenüber den Lösungen von A. *Denken Sie ans aktive Zuhören.*
Nehmen Sie die Ideen des A ernst.
Versuchen Sie erst einmal, eine Reihe möglicher Lösungen zu sammeln, bevor Sie zur Wertung und Erörterung einzelner übergehen. Unterbinden Sie alle Kritik, bis eine ausreichende Zahl möglicher Lösungen vorgeschlagen worden ist. Denken Sie daran, daß Sie nach guten Lösungen suchen, nicht nach irgendeiner beliebigen.« (Gordon MK, S. 196)

Schritt 3: Die alternativen Lösungen werden bewertet
Die Bewertung der verschiedenen Lösungsideen erfolgt gemeinsam und unter Einsatz des ›aktiven Zuhörens‹. Nicht selten führt die gemeinsame Pro-und-Kontra-Diskussion der gesammelten Vorschläge zu verbesserten oder zu gänzlich neuen, noch besseren Ideen.

Schritt 4: Die Entscheidung wird getroffen
»Es ist von entscheidender Bedeutung, daß beide Seiten sich zu einer Lösung bekennen ... Machen Sie nicht den Fehler, A zu einer Lösung überreden oder drängen zu wollen. Wenn A sich nicht freiwillig dazu entschließt, eine Lösung zu wählen, die für ihn akzeptabel ist, besteht die Möglichkeit, daß er sie nicht ausführt.« (Gordon MK, S. 197)

Schritt 5: Die Entscheidung wird ausgeführt
Im allgemeinen ist es notwendig, sich über die Realisierung der getroffenen Entscheidung zu verständigen und gemeinsam festzulegen, *wer was wann* tut.

Schritt 6: Anschließende Bewertung der Lösung
Es ist durchaus möglich, daß sich die ausgewählte Lösungsidee als nicht ideal oder gar unrealisierbar herausstellt.

In diesem Fall sollten Sie mit A die Lösungsidee anpassen bzw. erneut *gemeinsam* nach einem realisierbaren Lösungsweg suchen.

Gordons durchgängiges Plädoyer für Softpower-Methoden finden wir auch in seiner Aufzählung jener Instrumente wieder, die er als die wichtigsten für eine erfolgreiche Anwendung der Jeder-gewinnt-Technik erachtet:

- Aktives Zuhören
- Offene und ehrliche Botschaften
- Achtung der Bedürfnisse des anderen
- Vertrauen
- Offenheit für neue Informationen
- Beharrlichkeit
- Die Entschlossenheit, sein Möglichstes zur Bewältigung des Konflikts beizutragen
- Die Weigerung, auf die Du-verlierst- oder die Ich-verliere-Technik zurückzugreifen

Die Nachteile der Jeder-gewinnt-Technik:

— Die Beziehungen zum anderen werden ehrlicher und offener. Scheinbar ein ausschließlich begrüßenswerter Effekt. In Wahrheit verträgt wohl niemand völlige Offenheit und Ehrlichkeit. Versuchen Sie deshalb vorab herauszufinden, wieviel Offenheit und Kritik Sie tatsächlich ohne Abwehr, Aggressionen oder gar Vergeltungsmaßnahmen annehmen können.

— Es ist manchmal schwer, allgemein akzeptable Lösungen zu finden, allerdings nicht so schwer, wie allgemeinhin von Softpower-Ungeübten vermutet wird. Es gilt dann, eventuell das Problem anders zu definieren, die Sache noch einmal zu überschlafen, zusätzliche Fakten einzuholen, eine zeitlich begrenzte Lösung zu probieren. Der Kreativität ist hier keine Grenze gesetzt. Nur eines sollte auf keinen Fall geschehen, der Rückfall in die Ich-verliere- oder die Du-verlierst-Technik oder das Ausweichen auf Mehr-

heitsentscheidungen, bei denen die Minorität zum Verlierer wird.
- Die Jeder-gewinnt-Technik kann im Einzelfall erheblich mehr Zeit und psychische Energie kosten als die üblichen Konfliktbehandlungen im Berufsalltag (Mehrheitsbeschlüsse, Verfügungen, Drohungen, Überrollen und dergleichen mehr).
- Wenn Sie die Jeder-gewinnt-Technik beherrschen und anwenden, gibt es kein Zurück mehr. Diese Technik ist ein bewußter Machtverzicht, was zu Irritationen, Abwehr und Aggressionen seitens der anderen führt, wenn der ›Machthaber‹ (Eltern, Lehrer, Vorgesetzte) aus welchen Gründen auch immer sich erneut autoritär verhält.

Die Vorteile der Jeder-gewinnt-Technik:

- Auch wenn diese Technik im Einzelfall viel Zeit kosten kann, führt sie auf längere Sicht zu erheblicher Zeitersparnis (durch eine Erhöhung des Kooperationsverhaltens und durch Verhinderung von zeitraubendem Widerstands- und Sabotageverhalten seitens des anderen).
- Größere Verpflichtung und Motivation zur Ausführung der gemeinsam akzeptierten Lösung seitens aller Konfliktbeteiligten.
- Diese Technik profitiert von der Mitarbeit, Kreativität und Erfahrung aller Beteiligten und erhöht die durchschnittliche Qualität der Entscheidungen.
- Diese Technik verbessert Beziehungen, macht sie offener, vertrauensvoller und herzlicher.

Zum Abschluß möchte ich das komplexe Ineinanderspiel von ›aktivem Zuhören‹, ›Ich-Botschaften‹ und der ›Jeder-gewinnt-Technik‹ an der Situation veranschaulichen, wenn der andere, egal ob Untergebener, Kind, Schüler oder gleichgestellter Partner, gegen eine Regel verstößt. Die Adaptierungen, die nötig sind, um die folgenden Schritte auch gegenüber Vorgesetzten anzuwenden, überlasse ich dem Leser.

1. Bei Regelverstoß vergewissern Sie sich, daß der andere (A) die Regel kennt und verstanden hat. Ist dies nicht der Fall, erklären Sie die Regel und Ihre Pflicht, für die Regelbeachtung zu sorgen.
2. Wenn A meint, er könne sich nicht an die Regel halten oder sie nicht akzeptieren, hören Sie ihm mit Empathie (aktiv) zu; aber erklären Sie ihm, daß Sie nicht die Befugnis haben (bzw. aus Gründen der Verantwortung), ihn von der Regelbeachtung zu entbinden (Ich-Botschaft).
3. Wenn A danach weiterhin gegen die Regel verstößt, müssen Sie entscheiden, ob sein Verhalten wirklich ein Problem für Sie bedeutet oder nicht.

    Wenn es letztlich nicht Ihr Problem ist, ergreifen Sie keine weiteren Maßnahmen und lassen ihn die Folgen seines Verhaltens ausbaden. (Beispiel: Ein Untergebener stellt seinen Pkw auf dem Platz eines anderen ab. Sie könnten entscheiden, daß Sie die Angelegenheit nicht betrifft und nichts weiter zu unternehmen ist.)

    Wenn As Verhalten für Sie ein Problem darstellt, senden Sie dies in einer eindeutigen Ich-Botschaft. (Beispiel: Der Untergebene unterläßt es, vertrauliche Unterlagen wegzuschließen. Ich-Botschaft: »Mein Vorgesetzter ist in diesen Dingen zu Recht sehr genau, und ich möchte nicht von ihm dafür verantwortlich gemacht werden oder gar meinen Job verlieren. Deshalb möchte ich, daß Sie die vertraulichen Unterlagen wegschließen!« Unter Umständen müssen Sie anschließend auf ›aktives Zuhören‹ umschalten.)
4. Wenn A daraufhin sein Verhalten noch immer nicht ändert, besteht nicht nur ein offener Konflikt, es weist auch auf gewichtige Gründe sowie Bedürfnisse von A hin, die Regel nicht zu beachten. In diesem Fall gilt es, die Jeder-gewinnt-Technik mit ihren sechs Konfliktlöseschritten anzuwenden.
5. Führt auch die Jeder-gewinnt-Technik zu keiner für beide akzeptablen Konfliktlösung, sollten Sie als erstes überle-

gen, ob die Regel verändert oder gar abgeschafft werden könnte (oder gar sollte).

Sollte Ihrer Meinung nach die Regel beibehalten werden oder aber haben Sie keine Möglichkeiten, die Regel zu ändern, können Sie Konsequenzen bei weiteren Regelverstößen androhen oder bereits beim jetzigen Verstoß in Anwendung bringen.

6. Weitere Softpower-Techniken

Die Bezeichnungen ›Softpower‹ und ›Hardpower‹ habe ich zur Unterscheidung von kommunikativen Verhaltensweisen sowie bestimmter Kommunikationstechniken gewählt:

- **Softpower-Methoden** sind kooperativ und intendieren eine Gewinnmaximierung für alle Kommunikations-, Konflikt- oder Problembeteiligten und damit nur Gewinner.

- **Hardpower-Methoden** sind offen oder verdeckt unkooperativ und intendieren nur die eigene Gewinnmaximierung in Kommunikations-, Konflikt- oder Problemsituationen und damit einen Sieger und einen oder mehrere Verlierer.

Eine genauere Beschreibung dieser beiden Begriffe, eine Begründung der grundsätzlichen Überlegenheit von Softpower-Methoden gegenüber Hardpower-Methoden sowie die ausführliche Darstellung verschiedener Softpower-Techniken findet sich in meinem Buch ›Softpower – Gewinnen statt Siegen‹. Alle dort beschriebenen Kommunikationstechniken besitzen hohe Relevanz für das Nichtentstehen und Deeskalieren von interpersonalen Konfliktsituationen, insbesondere jedoch die Jeder-gewinnt-Methode von Gordon.

Da auch die **Rapoport-Technik** primär dem interpersonalen Konfliktmanagement dient, sei auch sie hier wiederholt:
»Bereits 1960 empfahl Rapoport in seinem Buch ›Fights, Games and Debates‹ dieses Vermittlerverhalten bei Konflikten. Was tun Vermittler (V), und was würden Sie tun?
Ganz klar, man bittet die Konfliktbeteiligten zuerst einmal, ihre bekannten Standpunkte nochmals zu erläutern. Haben Sie je ein anderes Vorgehen erlebt?

Rapoport hingegen schlägt folgendes Vorgehen vor:

1. V bittet die Partei A in Gegenwart von Partei B, den Standpunkt der Partei B darzustellen und so lange zu präzisieren und zu korrigieren, bis die Partei B der Darstellung uneingeschränkt zustimmt.

2. V bittet anschließend die Partei B, den Standpunkt der Partei A so lange zu präzisieren und zu korrigieren, bis Partei A der Darstellung uneingeschränkt zustimmt.

Rapoport nahm zu Recht an, daß es allein durch dieses Vorgehen zu einer mehr oder weniger großen Entschärfung, eventuell sogar zur Auflösung des Konflikts durch die Beseitigung von Mißverständnissen kommt. Höchst selten, daß in emotionalisierten Situationen keine Mißverständnisse entstehen. Nicht selten beruht der ganze Konflikt auf einem solchen.

Eine naheliegende Übertragung der Rapoport-Technik auf Konfliktsituationen ohne Vermittler stelle ich mir so vor:

1. Ich schlage meinem/meinen Kontrahenten die Rapoport-Technik vor.

2. Ich präzisiere und korrigiere meine Darstellung der Position meines/meiner Kontrahenten so lange, bis dieser/diese meiner Darstellung uneingeschränkt zustimmt (zustimmen).

3. Ich bitte den/die anderen, in gleicher Weise zu verfahren.

Kaum auszudenken, wieviel Schaden allein durch diese einfache und dennoch sehr wirkungsvolle Minitechnik verhütet werden könnte.« (Bambeck 1989, S. 77 f.)

Bezüglich weiterer Softpower-Techniken, die zwar primär andere Zielrichtungen verfolgen, wie konstruktiv zu kritisieren (›**Kritik-ABC**‹), sich durchzusetzen (›**VW-Technik**‹), andere zu überzeugen (›**Überzeugungstechnik**‹) oder erfolgreicher zu verhandeln (›**Kritische Kooperation**‹), die jedoch zusätzlich große Potenz für das Nichtentstehen und Deeskalieren von Konflikten besitzen, sei der interessierte Leser an mein genanntes Buch verwiesen.

7. Kleine Konfliktmathematik

Keine Angst, mehr als einfaches Addieren, Multiplizieren und Dividieren ist nicht verlangt.
Ursprünglich suchte ich nur nach einer simplen Formel, mittels der ich die Gesprächszufriedenheit der Kommunikationspartner vergleichen könnte; und zwar unabhängig davon, ob es sich um ein belangloses Partygespräch, ein Konfliktgespräch, ein Verkaufsgespräch, eine wichtige Verhandlung oder was für ein Gespräch auch immer handelte.
Die Formel, die ich jetzt gebrauche, beinhaltet längst nicht alle Variablen, die unsere Zufriedenheit mit einem Gespräch beeinflussen können, aber meine erste, viel genauere Version erfordert für die in den meisten Fällen nur geringe Ergebnispräzisierung einen abschreckend hohen Rechenaufwand.
So hilfreich ein Instrument zur besseren Vergleichbarkeit von Gesprächszufriedenheiten auch sein kann, den größten Nutzen dieser simplen Formel sehe ich darin, daß sich aus ihr Regeln und Anregungen ableiten lassen, die meines Erachtens für eine optimale Konfliktbewältigung oder Verhandlungsführung von großer Wichtigkeit sein können.

7.1 Die KOKO-Formel

Nehmen wir an, daß ein Kunde 10 % Preisnachlaß haben will, während der Verkäufer keinen gewähren möchte. Symbolisieren wir den Kunden als K und den Verkäufer als V und unterstellen wir, der Verkäufer bliebe unnachgiebig, so ließe sich schreiben:

K	erreicht sein Ziel zu	0 %
V	erreicht sein Ziel zu	100 %

Summe der Zielerreichungsprozente 100 %

Oder in Kurzform:

ZE % (K)	0 %
ZE % (V)	100 %
Summe ZE %	100 %

Fragt man Seminarteilnehmer, wie dieser Konflikt – und Konflikte überhaupt – am besten gelöst werden könnte(n), so erhält man so gut wie ausnahmslos die Antwort:
Man solle sich in der Mitte bei einem fünfprozentigen Preisnachlaß treffen.
Hand aufs Herz; hätten Sie anders geantwortet?

In Kurzform:

ZE % (K)	50 %
ZE % (V)	50 %
Summe ZE %	100 %

Erinnern Sie sich? Diese so naheliegende ›beste Lösung‹ ist nichts anderes als Aristide Briands ›vollkommener Kompromiß‹, der uns in der Form eines sarkastischen Bonmots zum Schmunzeln animiert und den wir, ohne den geringsten Widerspruch zu verspüren, im Alltag mit voller Überzeugung als die ›beste Lösung‹ erachten und erstreben.
Es läßt sich sogar noch ein wenig paradoxer formulieren: Es befriedigt einen, daß der andere mit dem Kompromiß genauso unzufrieden ist wie man selbst.
Diese scheinbar beste Lösung, dieser scheinbar optimale Kompromiß wird in der Konfliktliteratur häufig provozierend

als sogenannter ›fauler Kompromiß‹ bezeichnet. Ich möchte ihn lieber als den ›**denkfaulen Kompromiß**‹ bezeichnen. Die Gründe hierfür lassen sich anhand einer einfachen Konflikt-Kommunikation-Formel (**KOKO-Formel**) aufzeigen. Wobei nicht geleugnet werden soll, daß ein Fifty-fifty-Kompromiß unter bestimmten Umständen auch sinnvoll oder gar notwendig sein kann. Beispielsweise strebte die CDU in Schleswig-Holstein nach der Barschel-Affäre Neuwahlen im Juni 1988 an, die SPD im April '88. Der Kompromiß, im Mai '88 zu wählen, war unter den gegebenen Umständen vielleicht nicht nur naheliegend, sondern auch optimal.

$$\text{KOKO-FORMEL:} \quad \frac{ZE\% \times \text{Gew} + ZK\%}{\text{Gew} + 1} = ZG\%$$

Definitionen der Symbole der KOKO-Formel:

ZE % = Zielerreichungsprozent
 = Erzieltes Gesprächsergebnis in Prozenten, im Verhältnis zum ursprünglichen Gesprächsziel
Gew = Gewichtsfaktor für ZE % (0.1 ≦ Gew ≦ 9)
ZK % = Zufriedenheit mit dem Kommunikationsverhalten des (der) Gesprächspartner in Prozenten
ZG % = Zufriedenheit mit dem (Konflikt-, Verhandlungs-, Beurteilungs- ...)Gespräch in Prozenten

Anmerkungen:

Zum ZE %: Wir sind insbesondere bei Konfliktgesprächen derart starr auf das Erreichen eines ›denkfaulen Kompromisses‹ fixiert, daß wir uns meist gar nicht vorstellen können, daß die Summe der ZE % aller Beteiligten, ja sogar das ZE % jedes Beteiligten theoretisch 100 % überschreiten kann! Theoretisch könnte ein Mitarbeiter das Ziel gehabt haben, sein Gehalt um DM 200,– zu verbessern. Sollte er eine Gehaltserhöhung um DM 400,– erzielen, so beträgt sein ZE% 200%. Gemessen am ursprünglichen Ziel hat er das Doppelte erreicht. Theoretisch ist dem ZE% nach oben keine Grenze gesetzt.

Zum Gew: Es ist eine Erfahrungstatsache, daß für den Gewichtungsfaktor eine Spannweite zwischen 0.1 und 9 ausreicht. Dieser Faktor drückt das Verhältnis zwischen ZE% und ZK% aus. Ist einem das ZE% beispielsweise fünfmal so wichtig wie das Kommunikationsverhalten des anderen, so ist der Gewichtungsfaktor 5 (= 5:1). Erachtet man in einem bestimmten Gespräch das ZK% als rund viermal so wichtig wie das ZE%, so muß für Gew der Wert 0,25 (= 1:4) eingesetzt werden! Bei Bedarf können selbstverständlich auch größere Werte als 9 (und damit auch kleinere als 1:9 = 0.1) für den Gewichtungsfaktor Verwendung finden.

Zum ZK%: Die Zufriedenheit mit dem Kommunikationsverhalten des Gesprächspartners (!) wird im Maximalfall auf 100% und im Minimalfall auf 0% begrenzt. Ist man mit dem Kommunikationsverhalten des anderen voll zufrieden, setzt man für das ZK% 100% ein; ist man völlig unzufrieden, setzt man 0% ein. Diese Begrenzung zwischen 0% und 100% erscheint mir sinnvoller, weil einfacher, als das ZK% wie das ZE% abzuschätzen.

Zum ZG%: Das ZG% ist in dieser Formel abhängig von mehreren Variablen und nicht nur von der Höhe der Zielerreichung, was auch der Realität besser zu entsprechen scheint. Somit können auch die ZG% der Kontrahenten den Wert von 100% übertreffen.

Spielt in einem Gespräch die Zielerreichung keine Rolle, wird Gew einfach 0 gesetzt, damit das ZG% gleich dem ZK% ist:

$$\frac{ZE\% \times 0 + ZK\%}{1} = \frac{ZK\%}{1} = ZK\% = ZG\%$$

Anwendungsbeispiele:

1. Die Tochter (T) möchte bei einem feierlichen Anlaß ihre Jeans anziehen. Die Mutter (M) möchte, daß die Tochter ein Kleid oder einen Rock anzieht. Nach einem gut geführten Konfliktgespräch einigen sich beide darauf, daß die Tochter eine schwarze Samthose anzieht.

T: ZE% = 60%   (subjektive Einschätzung durch T)
     ZK% = 100% (subjektive Zufriedenheit von T mit dem Kommunikationsverhalten von M)
     Gew = 3   (subjektive Einschätzung durch T)

$$ZG\% \,(T) = \frac{60\% \times 3 + 100\%}{4} = 70\%$$

M: ZE% = 70%; ZK% = 80% (T war etwas aufmüpfig); Gew = 7

$$ZG\% \,(M) = \frac{70\% \times 7 + 80\%}{8} = 71\%$$

Gesamtergebnis: ZG% (T)   70%
                    ZG% (M)   71%
                    Summe ZG% 141%

2. Ein Kunde (K) hat sich einen zehnprozentigen Preisnachlaß erhofft, doch der Verkäufer (V) erklärt ihm in freundlichen Worten, daß er einzig 2 % Skonto bei Zahlungseingang innerhalb von zehn Tagen gewähren kann.

K: ZE% = 20%; ZK% = 100%; Gew = 2

$$ZG\%\,(K) = \frac{20\% \times 2 + 100\%}{3} = 47\%$$

V: ZE% = 100%; ZK% = 60%; Gew = 0.1

$$ZG\%\,(V) = \frac{100\% \times 0{,}1 + 60\%}{1.1} = 64\%$$

Gesamtergebnis: ZG% (K)   47%
                 ZG% (V)   64%
                 Summe ZG% 111%

---

3. Drei Einkäufer (E1, E2, E3) verschiedener Raffinerien sind am Kauf eines bestimmten Erdölkontingents interessiert, das vom Verkäufer (V) auf einer Verhandlungsbasis von fünf Millionen Dollar angeboten wird.
E1 geht trotz optimaler Kommunikation und eines Gebots von 5,5 Mio. $ leer aus.
E2 erhält trotz überheblicher Kommunikation den Zuschlag aufgrund seines Gebots von sechs Millionen Dollar.
E3 zeigt das beste Kommunikationsverhalten und erhält für 100.000 $ die verbindliche Zusage, in zwei Wochen ein gleich großes Kontingent für 5,4 Mio. $ zu erhalten.

E1: ZE% = 0%; ZK% = 100%; Gew = 20

$$ZG\%\,(E1) = \frac{0\% \times 20 + 100\%}{21} = 5\%$$

E2: $ZE\% = 90\%$; $ZK\% = 100\%$; $Gew = 30$

$$ZG\% \,(E2) = \frac{90\% \times 30 + 100\%}{31} = 90\%$$

E3: $ZE\% = 80\%$; $ZK\% = 100\%$; $Gew = 20$

$$ZG\% \,(E3) = \frac{80\% \times 20 + 100\%}{21} = 81\%$$

V: $ZE\% = (6 + 5.4 + 0.1) : 10 = 115\%$
$ZK\% = ((85\% + 25\% + 100\%) : 3) = 70\%$; $Gew = 5$

$$ZG\% \,(V) = \frac{115\% \times 5 + 70\%}{6} = 108\%$$

Gesamtergebnis (ohne V):

ZG % (E1)	5 %
ZG % (E2)	90 %
ZG % (E3)	81 %
Summe ZG %	176 %

Gesamtergebnis (mit V):

ZG % (E123)	176 %
ZG % (V)	108 %
Summe ZG %	284 %

Diese drei erfundenen Beispiele mögen zur Demonstration der Vielfalt der Formelanwendung genügen.

Die ›Mathematik der denkfaulen Kompromisse‹ hätte in diesen drei Beispielen so ausgesehen:

1.	ZE% (T)	50%		2.	ZE% (K)	50%
	ZE% (M)	50%			ZE% (V)	50%
	Summe ZE%	100%			Summe ZE%	100%
3.	ZE% (E1)	33%		4.	ZE% (E123)	100%
	ZE% (E2)	33%			ZE% (V)	100%
	ZE% (E3)	33%			Summe ZE%	200%
	Summe ZE%	100%				

Schon die bloße Gegenüberstellung der Zahlen zeigt, daß die Ergebnisse des ›denkfaulen Kompromisses‹ deutlich unter denen der KOKO-Formel liegen.

Warum die Beachtung der Regeln, die sich aus der KOKO-Formel für eine Optimierung des eigenen Konfliktverhaltens ableiten lassen, fast immer bessere Ergebnisse und nie schlechtere Ergebnisse als die eines ›denkfaulen Kompromisses‹ ergibt, zeigen folgende Überlegungen:

- Jeder Verhandlungserfahrene weiß, daß man den eigenen Verhandlungsspielraum vor dem Gespräch möglichst weit absteckt, etwa durch die Entwicklung von Minimal- und Maximalzielen. Die KOKO-Formel beinhaltet in dieser Hinsicht sehr konkrete Hinweise:
Da sich ein hohes ZE% nicht nur aus der Erreichung des ursprünglichen Gesprächsziels ergibt, sondern auch aus der Erreichung anderer Ziele, legt es die Vorbereitung geeigneter Kompensationsziele vor dem Gespräch und eine hohe Zielflexibilität im Gespräch nahe!

- Da unabhängig von der Zielerreichung (ZE%) der Gesprächspartner deren Zufriedenheit mit dem Gespräch (ZG%) mehr oder weniger stark durch mein Kommunikationsverhalten erhöht werden kann, ergibt sich aus der KOKO-Formel die Forderung nach einem optimalen, wertschätzenden Kommunikationsverhalten! Im günstigsten

Fall kann man das ZG% des Partners (bei einem Gew zwischen 0.1 und 9) immerhin um 90 Prozent steigern (ZE% = 0; ZK% = 100; Gew = 0.1)!

- Des weiteren läßt sich aus der KOKO-Formel die Aufforderung ableiten, daß die Summe der ZG% 100% möglichst weit übertreffen soll!

Aber nicht nur diese und weitere Optimierungsregeln ergeben sich aus der KOKO-Formel, sie legt auch eine logische Reihenfolge der Regeln nahe, wie sie im folgenden Überblick dargestellt ist:

1
Vorbereitung von Kompensationszielen
(vor dem Gespräch)

2
Wertschätzendes Kommunikationsverhalten
gegenüber dem/den Gesprächsteilnehmer(n)

3
Zielflexibilität während des Gesprächs

4
Die Summe der ZG% aller Gesprächsteilnehmer soll 100% möglichst weit übertreffen

5
Das ZE% jedes Gesprächsteilnehmers soll den Wert 100% geteilt durch die Anzahl der Gesprächsteilnehmer möglichst weit übertreffen

6
Die Differenz(en) zwischen den ZE% der einzelnen Gesprächsteilnehmer soll(en) möglichst klein sein

Je mehr dieser Regeln erfüllt sind, desto positiver sind die Auswirkungen auf eine langfristige (Geschäfts-)Beziehung der Gesprächsteilnehmer

Weitere, mehr indirekt aus der KOKO-Formel abzuleitende Implikationen wären:

> Insbesondere bei Konflikten und Verhandlungen ist **Kreativität** von großer Bedeutung.
> Vor dem Gespräch erleichtert sie das Auffinden geeigneter Kompensationsziele.
> Im Gespräch fördert sie das Erkennen und Realisieren unvorhergesehener Lösungswege.
> Die sieben Regeln beinhalten unausgesprochen auch die Forderung nach **Kooperation** mit dem/den Gesprächspartner(n).

Die KOKO-Formel erlaubt außerdem den quantitativen Vergleich verschiedener Konfliktbewältigungsstrategien sowie eine quantifizierbare Antwort auf die Frage nach der besten Bewältigungsmethode.

7.2 Das Z-Modell

Verstehen wir ›Lenkung‹ als den Versuch, eigene Interessen, Wünsche und Bedürfnisse zu befriedigen, und ›Wertschätzung‹ als den Versuch, die Interessen, Wünsche und Bedürfnisse unseres Gesprächspartners (Kind, Lebenspartner, Mitarbeiter, Verhandlungspartner) ernst zu nehmen, so ergeben sich folgende vier Extremkombinationen dieser beiden Variablen:

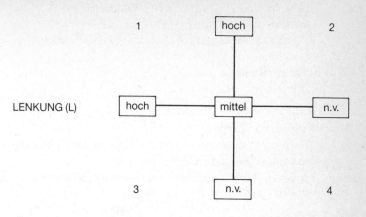

n.v. = nicht vorhanden

An anderer Stelle habe ich die Implikationen dieser vier Extremkombinationen für Erziehungs- und Führungsfragen dargestellt (Bambeck 1988), hier soll mittels der KOKO-Formel das durchschnittliche ZG% der vier Extrempositionen geprüft werden.

Der Einfachheit halber verzichte ich auf den Gewichtungsfaktor und setze den Maximalwert für das ZE% wie für das ZK% auf 100% fest. Die Berücksichtigung des Gewichtungsfaktors und eines nach oben offenen ZE% würde nur den Rechenumfang vergrößern, aber am Endergebnis wenig ändern.

Gehen wir von dem Konflikt aus, der Vater möchte, daß die Tochter zu einem feierlichen Anlaß (Kindstaufe) ein Kleid anzieht, während die Tochter ihre Jeans anziehen möchte.

Die maximale ZG%-Summe der Extremkombination 4:
4er-Kommuniqué des Vaters (resignativ):
»Mach', was du willst, es ist zwecklos, mit dir zu reden.« ...

Maximal-ZG % des Vaters = 0 % (ZE%) + 0 % (ZK%): 2 = 0 %
Maximal-ZG % der Tochter = (100 % + 0 %): 2 = 50 %
Maximale 4er-ZG %-Summe = 0 % + 50 % = 50 %

Die maximale ZG%-Summe der Extremkombination 3:
3er-Kommuniqué des Vaters (autoritär):
»Du ziehst ein Kleid an, basta.« ...

Maximal-ZG % des Vaters = (100 % + 100 %): 2 = 100 %
Maximal-ZG % der Tochter = (0 % + 0 %): 2 = 0 %
Maximale 3er-ZG %-Summe = 100 % + 0 % = 100 %

Die maximale ZG%-Summe der Extremkombination 2:
2er-Kommuniqué des Vaters (antiautoritär):
»Klar kannst du die Jeans anziehen, wenn es dir lieber ist.«

Maximal-ZG % des Vaters = (0 % + 100 %): 2 = 50 %
Maximal-ZG % der Tochter = (100 % + 100 %): 2 = 100 %
Maximale 2er-ZG %-Summe = 50 % + 100 % = 150 %

Die maximale ZG%-Summe der Extremkombination 1:
1er-Kommuniqué des Vaters (partnerschaftlich):
»Ich verstehe, daß du lieber die Jeans anziehen willst, aber ich hätte lieber, daß du das Kleid anziehst. Wie können wir unser Problem lösen?« ...

Maximal-ZG % des Vaters = (100 % + 100 %): 2 = 100 %
Maximal-ZG % der Tochter = (100 % + 100 %): 2 = 100 %
Maximale 1er-ZG %-Summe = 100 % + 100 % = 200 %

Es sind, wie schon erwähnt, auch andere Berechnungsmodelle denkbar, am Gesamtergebnis, daß die Extremkombinationen in der Rangreihe 1, 2, 3, 4 abschneiden, ändert dies nichts. Wählt man das Achsenkreuz und die Einteilungen wie geschehen, so ergibt die Verbindung von 1–4 ein Z, daher Z-Modell.

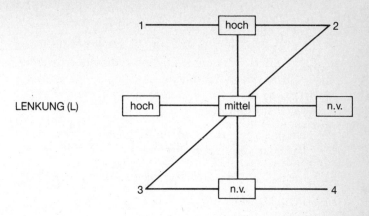

Die Gordonschen drei Konfliktbewältigungsmethoden korrespondieren folgendermaßen mit den vier Extrempositionen des Z-Modells:

Maximale ZG %-Summe	Z-Modell	Gordon
200 %	Z1-Position	Jeder-gewinnt-Technik
150 %	Z2-Position	Ich-verliere-Technik
100 %	Z3-Position	Du-verlierst-Technik
50 %	Z4-Position	Ich-verliere-Technik

Dieser Vergleich zeigt die Überlegenheit des Z-Modells gegenüber dem Gordonschen Drei-Methoden-Modell in mehrfacher Hinsicht:

- Es erlaubt eine viel größere (im Prinzip sogar unbegrenzte Anzahl von Lenkungs-Wertschätzungs-Kombinationen beziehungsweise von Konfliktbewältigungsmethoden.

- Es erlaubt eine einfache Quantifizierung der Methoden, die durch die vier Extrempositionen symbolisiert werden. (Eine Quantifizierung anderer Positionen ist ebenfalls möglich, allerdings mit einem mehr oder weniger erhöhten Rechenaufwand.)

- Es erlaubt einen quantitativen Vergleich verschiedener Methoden der Konfliktbewältigung.

8. Methoden der Konfliktsteuerung

Mit Methoden der **Konfliktsteuerung** sollen in erster Linie Strategien zur Behandlung von Konflikten zwischen Personen bezeichnet werden, deren direkte(r) Vorgesetzte(r) man ist. Das Wort ›Strategie‹ ist im Sinne eines ›geplanten Vorgehens‹ gemeint.

Selbstverständlich können und sollen diese Methoden oder Strategien auch Anregungen zur Bewältigung von Konflikten geben, bei denen man einer der Kontrahenten ist.

Auf den ersten Blick scheint es eine ideale Methode der Konfliktsteuerung zu geben: die Konfliktlösung. Bei näherer Betrachtung zeigt sich jedoch, daß es die eine, ideale Methode nicht geben kann, sondern nur optimale Methoden, die unter bestimmten Umständen am geeignetsten erscheinen:

A) Konfliktprophylaxe:

Sie ist häufig die Methode der Wahl im Falle eines vorhersehbaren Konflikts oder eines latenten Konflikts, insbesondere wenn eine Lösung dieses Konflikts sehr aufwendig oder unmöglich erscheint.

Beispiel: Wahrscheinliche Konflikte zwischen Angehörigen verfeindeter Volksgruppen (derzeit z. B. Araber und Israelis, Iraker und Iraner etc.) bei direkter Zusammenarbeit.

Maßnahmen zur K.-Prophylaxe:
- Die potentiellen Kontrahenten werden von vornherein getrennt (z. B. verschiedenen Abteilungen oder Schichten zugeteilt)

- Unmißverständliche Kompetenzregelungen
- Einstellung qualifizierter Führungskräfte
- Teilnahme an Seminaren zur Verbesserung der Kommunikation und zur Konfliktbewältigung

u. a. m.

B) Konfliktlösung:

Im Falle einer **indirekten Konfliktlösung** fungiert die/der Vorgesetzte ausschließlich als ›Katalysator‹; d. h., sie/er versucht, eine Gesprächsatmosphäre herzustellen und aufrechtzuerhalten, die es den Kontrahenten ermöglicht, ihren Konflikt selbst zu lösen.

Versucht die/der Vorgesetzte darüber hinaus, zwischen den Kontrahenten durch Einbringen eigener Lösungsvorschläge aktiv zu vermitteln, handelt es sich um eine **direkte Konfliktlösung.**

Beachte: Die indirekte K.-Lösung hat stets Vorrang!

Begründung: Konfliktbeteiligte sind in der Regel zufriedener, akzeptieren eine Lösung mehr und halten etwaige getroffene Vereinbarungen besser ein, wenn die Lösung von ihnen selbst erarbeitet wurde.

Die Erfahrung lehrt, daß Vorgesetzte im allgemeinen und Männer im besonderen fast ausschließlich einen Verschnitt der direkten K.-Lösung versuchen, indem sie es als ihre primäre Aufgabe ansehen, Lösungsvorschläge zu entwickeln. Anschließend sind sie verwundert und enttäuscht, daß keiner der Kontrahenten sich so recht für die Vorschläge erwärmt, mehr noch, daß wenigstens einer der Kontrahenten sich nicht selten von dem/der Vorgesetzten übervorteilt fühlt.

Nochmals: Nur wenn eine indirekte K.-Lösung unmöglich scheint, ist eine direkte K.-Lösung angezeigt, bei der die Schaffung einer guten Gesprächsatmosphäre und nicht die Entwicklung von Lösungsvorschlägen im Vordergrund stehen soll!

C) Konfliktvertagung:

Obwohl die indirekte K.-Lösung im Falle eines offenen Konflikts meist die Methode der Wahl ist, gibt es Umstände, unter denen eine K.-Vertagung das kleinere Übel ist.

Gründe für eine K.-Vertagung:

- Die/der Vorgesetzte hat erst später Zeit für die Austragung des Konflikts.
- Die Kontrahenten sind zu erregt, um eine konstruktive Gesprächatmosphäre zu erreichen.
- Die Konfliktaustragung vor anderen Personen (Klienten, Kollegen) ist unerwünscht.
- Bei fehlender Aktualität. (Z. B. wenn zwei Mitarbeiter im Mai avisieren, daß sie zur gleichen Zeit im September Urlaub nehmen wollen, obwohl nur einer der beiden aus Firmensicht gehen kann. Bis September kann viel geschehen, was zur Auflösung des Konflikts führt.)
- Wenn Informationen zur Beilegung eines Beurteilungskonflikts eingeholt werden müssen

u. a. m.

Beachte: Die K.-Vertagung soll möglichst kurz sein und nur im Falle des geringeren Übels angewandt werden!

D) Konfliktbeseitigung:

Wenn wiederholte Versuche einer K.-Lösung gescheitert sind, und der Konflikt sich als unlösbar erweist, bleibt oft nur die Möglichkeit einer K.-Beseitigung. Sie darf nicht mit einer Konfliktlösung verwechselt werden. Sie stellt vielmehr eine Art Kapitulation dar, indem der Konflikt entweder mittels einer Verfügung (z. B. Versetzung, Kündigung) oder mittels eines Angebots (z. B. höhere Abfindung bei vorzeitiger Pensionierung, Outplacement) durch die Entfernung eines oder mehrerer Kontrahenten beseitigt wird.

> ***Beachte: Maßnahmen zur K.-Beseitigung sind erst in Erwägung zu ziehen, wenn keine Aussicht mehr auf eine Konfliktlösung besteht!***

E) Konfliktunterdrückung:

In manchen Fällen ist bei einer Unlösbarkeit eines Konflikts nicht einmal eine K.-Beseitigung möglich, die, so schlimm sie für einen Betroffenen sein kann, für die restlichen Beteiligten wieder Frieden einkehren läßt. In einem solchen Fall bleibt letztlich nur die K.-Unterdrückung, um eine weitere fruchtlose und nicht selten auch verletzende Austragung des Konflikts zu unterbinden.

> ***Beachte: Maßnahmen zur K.-Unterdrückung sind erst zu ergreifen, wenn keine Aussicht mehr auf eine Konfliktlösung besteht und selbst Versuche einer K.-Beseitigung gescheitert sind!***

Die Reihenfolge der dargestellten Methoden der Konfliktsteuerung ist nicht zufällig. Wenn auch keine einzige dieser Strategien für jeden Konfliktfall als die beste gelten kann, so soll diese Reihenfolge doch folgende Entscheidungshilfe für eine(n) Vorgesetzte(n) zur Bewältigung von Mitarbeiterkonflikten signalisieren:

Konfliktentstehung vorbeugen!

Falls nicht möglich:

Konflikt gleich indirekt lösen!

Falls nicht möglich:

Konflikt gleich direkt lösen!

Falls nicht möglich:

Konflikt vertagt indirekt lösen!

Falls nicht möglich:

Konflikt vertagt direkt lösen!

Falls Konflikt unlösbar

Konflikt beseitigen!

Falls nicht möglich:

Konflikt unterdrücken!

Beispiel: In einer Wertpapierabteilung einer Bank war die Stelle eines Gruppenleiters (GL) zu besetzen. Der Abteilungsleiter (AL) und sein Vertreter (AL-V) einigten sich schnell auf einen jungen Mann unter den Mitarbeitern, der beiden für diesen Posten sehr geeignet erschien. Schon bald zeigte sich jedoch, daß der neue GL oft ein recht herablassendes, unduldsames und autoritäres Verhalten seinen Mitarbeitern und selbst Gleichgestellten gegenüber an den Tag legte. Hier stellt sich die Frage, ob durch eine vorhergehende sorgfältigere Prüfung der Eignung des jungen Mannes für diesen Posten diese Verhaltensneigung im Sinne einer **K.-Prophylaxe** nicht hätte erkannt werden können.

Da der junge Mann insbesondere durch die Fürsprache des AL-V die Gruppenleitung erhielt, sah dieser es als seine Aufgabe an, mit dem GL zu sprechen. Was, soweit mir bekannt, eher dem Versuch einer **direkten K-Lösung** als dem einer **indirekten** entsprach (die als nächster Schritt angemessener gewesen wäre).

Da diese zunehmend deutlicheren Aufforderungen seitens des AL-V wie auch des AL (die teilweise auch **vertagt** erfolgten) keine dauerhaften Erfolge zeitigten, beschlossen AL und AL-V, dem jungen Mann das Ultimatum zu stellen, innerhalb eines festgesetzten Zeitraums sein Fehlverhalten gegenüber Mitarbeitern und Filialkollegen abzustellen (= Versuch einer **direkten K.-Lösung**) oder die Gruppenleitung zu verlieren.

Da der junge Mann sein Fehlverhalten trotz mehrfacher Verlängerung der gesetzten Frist und trotz wiederholter Einzel- wie auch Gruppengespräche nicht abstellen konnte, entschied man, ihm die Gruppenleitung wieder zu entziehen, wobei man – was leider keine Selbstverständlichkeit ist – nach einem Weg suchte, ihm die Blamage vor den Mitarbeitern zu ersparen. Da die Fähigkeiten des Mitarbeiters primär im analytischen und organisatorischen Bereich lagen, entschieden sich AL, AL-V und der GL nach einer Reihe von Gesprächen gemeinsam, daß der junge Mann sich mit Unterstützung des AL und des AL-V für eine geeignet erscheinende GL-Position im Bereich Organisation bewerben solle (= **K.-Beseitigung** sowie Versuch einer **K.-Prophylaxe** für die zukünftige Tätigkeit).

Bis die neue Stelle besetzt werden konnte, dauerte es noch fast zwei Monate, in denen sich der GL bemühte, möglichst wenige Ausrutscher zu produzieren, und in denen AL wie AL-V auf weitere Kritikgespräche fast ganz verzichteten (= **K.-Unterdrückung**).
In diesem tatsächlichen Fall wurden so gut wie alle Methoden der Konfliktsteuerung sukzessive, zum Teil auch gleichzeitig und im großen ganzen wohl richtig angewandt; was allerdings nicht besagt, daß eine Konfliktlösung nicht hätte erreicht werden können.

Manchmal sehen Seminarteilnehmer in der K.-Beseitigung das größte Übel, worauf ich mit folgendem Vergleich zu antworten pflege: Die K.-Beseitigung gleicht einer schmerzhaften Operation mit anschließender Aussicht auf Heilung, während die K.-Unterdrückung einer Schmerzbetäubung gleichkommt, die keine Aussicht auf Heilung bietet.
Oder, um es noch drastischer zu formulieren:
Die K.-Beseitigung ist ein Ende mit Schrecken, die K.-Unterdrückung hingegen ein Schrecken ohne Ende.

9. Konfliktmanager-Test

Für den Fall, daß Sie zum Abschluß dieses Buchteils über Konflikte testen wollen, wie gut oder wie schlecht Sie nun (zumindest theoretisch) mit Zusammenhängen, die für das Konfliktmanagement Relevanz besitzen, vertraut sind, habe ich einen nicht gerade leichten Test entwickelt.

Kreuzen Sie die Ihrer Meinung nach zutreffende Antwort an. Bitte entscheiden Sie sich nur für eine der drei Antwortmöglichkeiten.

---

1. Bei einer offenen Konfliktaustragung
    - (A) überwiegen in der Regel die positiven Auswirkungen
    - (B) überwiegen in der Regel die negativen Auswirkungen
    - (C) halten sich – zumindest auf längere Sicht – die positiven und die negativen Auswirkungen die Waage

2. Bei wachsender Mitbestimmung der Mitarbeiter
    - (A) treten in der Regel mehr Konflikte auf
    - (B) treten in der Regel weniger Konflikte auf
    - (C) gleichen sich die konflikterhöhenden und die konfliktreduzierenden Wirkungen in etwa aus

3. Die Konflikthäufigkeit
    - (A) ist in größeren Gruppen meist höher als in kleineren Gruppen
    - (B) ist in größeren Gruppen meist niedriger als in kleineren Gruppen

(C) steht in der Regel in keinem direkten Zusammenhang mit der Gruppengröße

4. Die Entstehung von Konflikten in der Arbeit
   (A) hängt vor allem von Persönlichkeitseigenschaften ab
   (B) hängt vor allem von Arbeitsbedingungen ab
   (C) ist – zumindest auf längere Sicht gesehen – in gleicher Stärke persönlichkeits- und situationsbedingt

5. Ein gutes Team
   (A) zeichnet sich in der Regel durch eine hohe Konfliktrate aus
   (B) zeichnet sich in der Regel durch eine niedrige Konfliktrate aus
   (C) hat – auf längere Sicht gesehen – in etwa die gleiche Konfliktrate wie ein schlechtes Team

6. Eine offene Konfliktbehandlung
   (A) beeinflußt die Arbeitszufriedenheit eher positiv
   (B) beeinflußt die Arbeitszufriedenheit eher negativ
   (C) hat sowohl positive wie negative Auswirkungen auf die Arbeitszufriedenheit, die sich – auf längere Sicht gesehen – die Waage halten

7. Konfliktunterdrückung
   (A) bringt in der Regel mehr Vorteile als Nachteile
   (B) bringt in der Regel mehr Nachteile als Vorteile
   (C) bringt auf längere Sicht in etwa ebenso viele Vorteile wie Nachteile

8. *(A) Je mehr Kommunikation, desto mehr Konflikte*
   (B) Je mehr Kommunikation, desto seltener Konflikte
   (C) Zwischen Kommunikationshäufigkeit und Konflikthäufigkeit besteht kein direkter Zusammenhang

9. (A) Innerbetriebliche Konkurrenz ist eher leistungsfördernd
   (B) Innerbetriebliche Konkurrenz ist eher leistungsmindernd
   (C) Die positiven und die negativen Auswirkungen innerbetrieblicher Konkurrenz halten sich die Waage

10. (A) Je größer die Befugnisse einer Führungskraft, desto mehr kooperatives Verhalten kann sie sich leisten
    (B) Je größer die Befugnisse einer Führungskraft, desto weniger kooperatives Verhalten kann sie sich leisten
    (C) Das Maß an kooperativem Verhalten, das sich eine Führungskraft leisten kann, ist unabhängig vom Umfang ihrer Befugnisse

AUSWERTUNG

Frage	Antwort	Punkte	Frage	Antwort	Punkte
1	(A)	15	6	(A)	15
	(B)	0		(B)	0
	(C)	0		(C)	0
2	(A)	0	7	(A)	0
	(B)	0		(B)	10
	(C)	0		(C)	0
3	(A)	10	8	(A)	0
	(B)	0		(B)	10
	(C)	0		(C)	0
4	(A)	0	9	(A)	5
	(B)	15		(B)	15
	(C)	0		(C)	0
5	(A)	0	10	(A)	0
	(B)	0		(B)	0
	(C)	0		(C)	10

über 90 Punkte:	Ausgezeichnet
80–90 Punkte:	Sehr gut
66–79 Punkte:	Gut
51–65 Punkte:	Durchschnittlich
36–49 Punkte:	Schwach
Unter 35 Punkte:	Sehr schwach

Teil II

KREATIVITÄTS-STEIGERUNG

von J. J. Bambeck und Antje Wolters

Bevor wir uns einen Überblick über die Entwicklung der verschiedenartigen Techniken zur Steigerung der Kreativität verschaffen, scheint es uns sinnvoll, ein paar grundlegende Dinge über unsere Art wahrzunehmen, zu denken und zu handeln, vorzuschalten. Eigentlich müßten wir sagen: ein paar der uns grundlegend erscheinenden Dinge, da die ineinander eng verzahnten Bereiche menschlicher Wahrnehmung, menschlichen Denkens und Handelns gerade in den letzten Jahrzehnten eine vehemente Entwicklung durchmachen, die uns eine Vielzahl neuer Erkenntnisse wie Theorien zu verdauen gibt.

1. Ein wenig Erkenntnistheorie

Der naive Realist – oder, wie Popper sagt, unser Alltagsverstand – glaubt, daß er die Welt so wahrnimmt, wie sie wirklich ist. Die Philosophen indes wußten seit jeher, daß unsere Vorstellungen von der Welt (unsere subjektive Wirklichkeit) und die Welt selbst (die objektive Wirklichkeit) zwei Paar Stiefel sind. Die extremste Form des philosophischen Idealismus, der Solipsismus, vertritt jedoch den erkenntnistheoretischen Standpunkt, daß es die Welt gar nicht gibt, sondern nur gottgegebene Vorstellungen von ihr im Bewußtsein, ja, daß es eigentlich nur ein Ich mit seinen Bewußtseinsinhalten gibt. Kant distanzierte sich von dieser Auffassung und glaubte – wie jeder von uns – an die Existenz einer realen Welt, obwohl man strenggenommen deren Existenz weder beweisen noch widerlegen kann.

Einer der größten Erkenntnistheoretiker unseres Jahrhunderts, Karl R. Popper, ist nicht nur der gleichen Meinung, sondern führt zusätzlich eine Reihe von Argumenten an, darunter auch eines von Winston Churchill, das er als »das philosophisch vernünftigste und klügste Argument gegen die subjektivistische Erkenntnistheorie« bezeichnet (Popper 1973, S. 56). Popper formuliert seine Position in einer brillanten sprachlichen Ohrfeige: »Nach meiner Auffassung ist der größte Skandal der Philosophie, daß während um uns herum die Natur – und nicht nur sie – zugrunde geht, die Philosophen weiter darüber reden – manchmal gescheit, manchmal nicht –, ob diese Welt existiert« (Popper 1973, S. 44).

Wie die Dinge in Wirklichkeit sind, können wir nicht wissen, meinte Kant. Er nannte es das ›Sosein der Dinge‹ (objektive Wirklichkeit); wir wissen nur, wie sie uns erscheinen. Diese

subjektive(n) Wirklichkeit(en) nannte er das ›Dasein der Dinge‹.
Nach Kant gab es runde 200 Jahre nicht viel Neues in der Erkenntnistheorie, zumindest nicht seitens der Philosophie. Seit einigen Jahrzehnten jedoch tut sich Gewaltiges auf diesem Gebiet, das selbst von nichtbiologischen wissenschaftlichen Fachkreisen erst seit wenigen Jahren registriert wird. Schlagworte wie ›evolutionäre Erkenntnistheorie‹, ›Strukturbiologie‹ und ›philosophischer Konstruktivismus‹ sind Etiketten für diese neuen Antworten auf die uralte Frage nach dem Funktionieren und den Grenzen menschlichen Erkennens. Wer hätte auch ahnen können, daß die meisten neuen Antworten keineswegs seitens der Philosophie eingebracht wurden, sondern durch so verschiedene Sparten der Biologie wie die Ethologie, die Evolutionstheorie und die Neurobiologie.
Kant vertrat überzeugend den Standpunkt, daß menschliches Erkennen nicht nur aus der Erfahrung (a posteriori), aus Sinneseindrücken resultieren kann. Erst das Filtern und das Verarbeiten von Sinneseindrücken durch vorgegebene, von der Erfahrung unabhängige Anschauungsformen (a priori), wie Kausalität, Raum und Zeit, machen im wahrsten Sinne des Wortes Sinn, machen sinnvolle Wahrnehmung möglich. Woher diese wundersamen Anschauungsformen jedoch stammen, die eine für das Überleben notwendige Korrespondenz zwischen der wirklichen Welt (den Dingen an sich, dem Sosein der Dinge) und der wahrgenommenen Welt (dem Dasein der Dinge) sicherstellen, blieb für Kant und all jene, die nicht Gott dafür verantwortlich machen wollten, ein unlösbares Rätsel.
Konrad Lorenz, der bekannte österreichische Ethologe, der übrigens einige Jahre an der Kantschen Universität in Königsberg Psychologie lehrte, fand unseres Wissens als erster des Rätsels Lösung (Lorenz 1941). Unabhängig von ihm formulierten ähnliche Überlegungen auch andere, wobei uns besonders erwähnenswert erscheinen: K. R. Popper (1973), der

Psychologe D. T. Campbell (1966), die Neurobiologen H. R. Maturana und F. J. Varela (1987) sowie der Biologe R. Riedl (1980, 1987).
Lorenz sieht die Evolution als erkenntnisgewinnenden Prozeß, in dem auch unsere ›Brillen‹ oder ›angeborenen Lehrmeister‹, wie Lorenz die Kantschen Denk- und Anschauungsformen nennt, durch Mutation und Selektion über viele Millionen von Jahren, d. h. a posteriori, entstanden sind. »Durch diese Brillen«, schreibt Lorenz, »sehen wir also nicht ... eine unvoraussagbare Verzerrung des An-sich-Seienden, die in keiner noch so vagen Analogie, in keinem ›Bildverhältnis‹, zur Wirklichkeit steht, sondern ein wirkliches Bild derselben, allerdings eines, das in kraß utilitaristischer Weise vereinfacht ist ... **Die Leistung unseres Erkenntnisapparates gleicht in dieser Hinsicht dem, was ein roher und primitiver Robben- oder Walfischfänger über das Wesen seiner Beute weiß, nämlich nur das, was für seine Interessen praktisch von Belang ist ... Für die vielen ›Wellenlängen‹, auf die unser ›Empfangsapparat‹ nicht abgestimmt ist, sind wir selbstverständlich taub, und wir wissen nicht, wir können nicht wissen, wie viele ihrer sind. Wir sind ›beschränkt‹ im buchstäblichen wie im übertragenen Sinne dieses Wortes.**« (Lorenz 1985, S. 18 f.; Hervorhebung von uns.)

Es soll nicht unterschlagen werden, daß insbesondere seitens der philosophischen Erkenntnistheorie eine Reihe von Bedenken und Kritik gegen die evolutionäre Schwester vorgebracht werden, deren gewichtigster Anhaltspunkt uns zu sein scheint, daß es beim Erkennen nicht nur um das Abbilden von Außenweltgegebenheiten geht – das kann auch eine Fernsehkamera –, sondern auch um unser Wissen um dieses Abbilden und um anderes mehr. Was entspricht, so die Frage eines Kritikers, der Wurzel aus -2 in der realen Welt?
Dennoch scheint derzeit zuviel für die biologische und evolutionäre Erkenntnistheorie zu sprechen, als daß sie völlig von der Hand zu weisen wäre.

2. Der menschliche Weltbildapparat

Die biologische und evolutionäre Erkenntnistheorie geht davon aus, daß unsere subjektiven Wirklichkeiten sehr wohl die objektive Wirklichkeit abbilden, allerdings in extrem vereinfachter und beschränkter Form. Da wir von dem Grad der Vereinfachung und Beschränktheit keine Vorstellung haben, können wir herzlich wenig über die Dinge an sich, über deren Sosein aussagen, außer, daß vieles dafür spricht, daß es sie gibt.
Versuchen wir deshalb als nächstes, uns ein Bild von der Beschränktheit menschlicher Weltwahrnehmung zu machen. Wie ein Lebewesen die Welt wahrnimmt, hängt in erster Linie von der Struktur seines Wahrnehmungsapparates ab. Die evolutionären Erkenntnistheoretiker sprechen daher von ›Weltbildapparaten‹.
Den Zecken reichen zum Überleben ganze zwei Wahrnehmungskanäle. Salopp gesagt, basiert ihre gesamte Weltvorstellung darauf, Dinge mit einer Temperatur von 37° Grad Celsius und einer Ausdünstung von Buttersäure zu erkennen.
Eine Zecke nimmt erheblich weniger Aspekte ihrer Umwelt wahr als ein Vogel, und dieser erheblich weniger als ein Mensch. Und wir nehmen wahrscheinlich viel weniger wahr als Menschen in einigen Hunderttausenden von Jahren, falls es bis dahin noch Menschen geben sollte.
Machen wir uns die für unser stolzes Selbstverständnis höchst unliebsame Beschränktheit unseres Weltbildapparates anhand einiger einfacher Rechnungen und Überlegungen noch deutlicher:

- Elektromagnetische Wellen bestehen aus masselosen Photonen, die sich mit Lichtgeschwindigkeit ausbreiten, jedoch mit unterschiedlichen Frequenzen schwingen. Das gesamte elektromagnetische Spektrum reicht vom niederfrequenten Kraftstrom, über Radiowellen, Wärmestrahlen, sichtbaren Licht-, Röntgen- und Gammastrahlen, bis hin zu kosmischen und in Teilchenbeschleunigern erzeugten Höchstfrequenzen. Von diesem gesamten Spektrum, das von weniger als 100 Schwingungen pro Sekunde bis zu 10^{26} (eine 1 mit 26 Nullen!) Hertz reicht, ist nicht mal die Hälfte des Bereichs zwischen 10^{14} und 10^{15} Hertz sichtbar. Im Vergleich zu Wesen, die das gesamte Spektrum elektromagnetischer Wellen wahrnehmen könnten, wären wir, für die keine zwei Prozent davon sichtbar sind, die Zecken.

- Der Mensch besitzt einige hundert Millionen ($X \times 10^8$) Sinneszellen (wobei eine wesentliche Aufgabe des Gehirns darin besteht, nur einen winzigen Bruchteil der Sinneseindrücke für eine Weiterverarbeitung ›durchzulassen‹). Unser Gehirn besteht nach neuesten Schätzungen aus ca. 190 Milliarden ($X \times 10^{11}$) Nervenzellen, die miteinander in vielfältigster Weise durch sogenannte Synapsen verbunden sind (pro Nervzelle schätzt man 1000 Synapsen). Die Anzahl der Synapsen wird somit auf einige hundert Billionen ($X \times 10^{14}$) geschätzt. Dies bedeutet, daß unsere Sicht der Dinge zum allergrößten Teil auf einem gehirninternen Ausblenden, Zurechtstutzen, Ergänzen und Ummodeln von Sinnesdaten basiert.

Das Verhältnis von externen Eindrücken (Sinnesdaten) und gehirninternen Eindrücken (Verarbeitung der Sinnesdaten) beträgt sage und schreibe rund 1 zu 1 000 000!

- Überdies erfolgt allem Anschein nach die Vernetzung, das ›Verdrahten‹ unserer Gehirnzellen, besonders ausgeprägt in den ersten Lebensjahren und ist abhängig von den Reizen, die einem Baby bzw. Kleinkind geboten werden.

Nicht nur die individuelle Vernetzung unserer Gehirnzellen, sondern auch das Einschleifen ganz bestimmter Wahrnehmungs-, Bewertungs- und Handlungsweisen, unsere immensen Vorurteile (die erwiesenermaßen kaum jemand zu haben glaubt!) werden durch unsere Sozialisation geprägt, die bei den Eltern beginnt und über Lehrer, Fernsehen, Bücher, Freunde, Vorgesetzte und so weiter ihre Fortführung findet.

Wir lernen, die ausgewählten Sinneseindrücke maßgeblich in der Art und Weise zu verarbeiten, die Welt und unsere Mitmenschen in wesentlichen Aspekten so zu sehen, wie es unsere Kultur und unsere persönliche Sozialisation vorschreibt (Harman und Rheingold 1987, S. 91 ff.).

Das folgende Schaubild bietet einen Überblick über die verschiedenen Deformationsmechanismen menschlicher Weltwahrnehmung:

BESCHRÄNKTHEITEN MENSCHLICHER WAHRNEHMUNG

Eine Rose
im Sosein
der Welt

BESCHRÄNKTHEITEN DER WELTWAHRNEHMUNG DURCH DIE BIOLOGISCHE STRUKTUR DES ARTSPEZIFISCHEN WAHRNEHMUNGSAPPARATES

Eine Rose, wie sie
von Menschen wahrgenommen werden kann

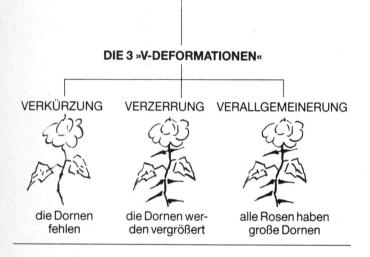

Sehen wir uns im folgenden zuerst die Wirkungen der angeborenen Beschränktheiten und dann jene der erworbenen Beschränktheiten und Deformationen etwas näher an.

2.1 Angeborene Beschränktheiten

Unsere genetisch bedingten Deformationen und Beschränktheiten unserer Wahrnehmung fallen uns in der Regel am wenigsten auf, weil Menschen sich hinsichtlich dieser Beschränktheiten kaum unterscheiden.
Der menschliche Weltbildapparat funktioniert nur im soge-

nannten ›Mesobereich‹, für den ›Mikro- und Makrobereich‹ ist er nutzlos (Vollmer 1984). Für die Welt der Hundertstelmillimeter und darunter, die Welt der Kleinstorganismen, Bakterien, Viren und Atome fehlt uns jegliches Sensorium, wie für den Bereich großer räumlicher und zeitlicher Ausdehnungen. Dabei muß es sich gar nicht um Millionen von Kilometern oder Jahren handeln. Wer vermag schon mehr als ein Lebensalter zu übersehen?

In unseren Seminaren lassen wir die Teilnehmer schätzen, wie oft man ein Blatt Papier von einem Zehntelmillimeter Dicke falten müßte, damit es bis zum Mond reicht, der rund 384 000 Kilometer von der Erde entfernt ist?

Was würden Sie schätzen?

Die Teilnehmerschätzungen liegen höchst selten unter 10 000 (10^4), während nach oben kaum Grenzen gesetzt sind, Werte zwischen 10^{10} und 10^{100} sind an der Tagesordnung; die bislang höchste Schätzung betrug 10^{1500} (eine 1 mit 1500 Nullen). Wie Befragungen zeigen, haben nur sehr wenige Erwachsene eine Vorstellung von Zahlen, die über eine Milliarde (10^9) hinausgehen, oder wüßten Sie, wie viele Nullen eine Billiarde hat? Und schon gar keine Vorstellung haben wir von exponentiellen Entwicklungen.

Bereits nach der 41. Faltung wäre das Blatt Papier fast 220 000 Kilometer dick, und nach der 42. Faltung reichte seine Dicke runde 55 000 Kilometer über den Mond hinaus!

In der Schule haben wir zwar das Rechnen mit Potenzen gelernt; dennoch haben wir kein ›Gefühl‹ und kein Sinnesorgan für die Rasanz exponentieller Entwicklungen.

Ähnlich die indische Legendenversion vom Erfinder des Schachspiels Ben Dahir, der sich vom König Schiram als Lohn ein Weizenkorn für das erste Feld und die jeweils doppelte Menge für das jeweils nächste Feld des Schachbrettes gewünscht haben soll. Kein Problem, dachte sich der König, der offensichtlich keine Ahnung von den Beschränktheiten unseres Vorstellungsvermögens hatte.

Allein für das letzte der 64 Felder hätte der schlaue Erfinder über neun Trillionen (eine 9 mit 18 Nullen) Körner bekommen: Die Summe der Körner auf den restlichen 63 Feldern beträgt übrigens um ein Korn weniger als die Körnerzahl für das 64. Feld. Die gesamte Körnersumme beläuft sich somit auf die imposante Zahl: 18 446 744 073 709 551 615 ($= 2^{64}-1$). Versuchen wir, diese unvorstellbare Größe aus dem Makrobereich in den vorstellbaren Mesobereich zu transformieren, indem wir einem durchschnittlichen Weizenkorn eine Länge von 7 mm und eine Höhe wie Breite von 2 mm unterstellen. Die erbetenen Weizenkörner würden mehr als vier Milliarden Blauwale wiegen (immer noch unvorstellbar) und fugenlos aneinandergefügt rund 250 Millionen Quadratkilometer bedecken (immer noch unvorstellbar), was fast genau der Hälfte (50,6 %) der Erdoberfläche entspräche (vielleicht vorstellbar).

Die angeborenen Beschränktheiten menschlicher Weltwahrnehmung sind eine wesentliche Ursache dafür, daß die meisten Menschen die Gefahren ungehemmter Vermehrung, ungebremsten Wachstums, der Ausbeutung von Rohstoffressourcen, der Umweltverschmutzung, des Artensterbens von Tieren und Pflanzen u. a. m. noch immer total unterschätzen. Nicht wenige dieser Bedrohungen entwickeln sich exponential, und, was wir erst langsam begreifen, viele Einzelaspekte dieser Entwicklung potenzieren sich auch noch gegenseitig.
Wie gesagt, erst wenn wir Mikro- und Makrodimensionen auf den Mesobereich transponieren, werden uns Zusammenhänge verständlich.

Ein Beispiel aus dem Makrobereich:
Verkürzt man die 4,5 Milliarden Jahre der bisherigen Erdgeschichte auf ein Jahr, dann entwickelten sich erste Lebensformen (Bakterien, Viren) zwischen Ende März und Anfang Mai. Die ersten Fische tauchten erst Ende November auf. Aber dann ging es Schlag auf Schlag: Erste Landtiere und erste In-

sekten traten Anfang Dezember in Erscheinung, erste Reptilien um den 10. Dezember, erste Säugetiere um den 14. und erste Vögel um den 17. Dezember. Und der erste Mensch dürfte erst am 31. Dezember zwischen 18 und 20 Uhr aufgetaucht sein. Die Erfindung des Ackerbaus, die Entstehung erster Städte, die Entwicklung unserer gesamten Zivilisation, all das geschah auf dieser Zeitskala in der letzten Minute vor Mitternacht.

›Plötzlich‹, ›mit einem Schlag‹, ›von heute auf morgen‹, so ist in vielen Darstellungen der Erdgeschichte zu lesen, ›verschwanden die Dinosaurier von der Erdoberfläche‹. Nach heutigem Wissensstand – die Paläontologen vertreten unterschiedliche Ansichten – sind die Dinosaurier entweder innerhalb von 100 bis 1000 Jahren (aufgrund eines gewaltigen Meteoreinschlags) ausgestorben oder (wofür derzeit mehr zu sprechen scheint) in einem Zeitraum von einer Million bis mehreren Millionen Jahren. Letztere Ansicht würde auf unserer Zeitskala von nur einem Jahr bedeuten, daß das Aussterben der Saurier mindestens einige Stunden des 26. Dezember in Anspruch nahm. Durch Umweltverschmutzung und mehr noch durch das ungehemmte Abholzen tropischer Regenwälder findet heutzutage ein wahrscheinlich noch ›plötzlicheres‹ ungeahntes Artensterben statt. Die häufigsten Schätzungen beziffern den Verlust auf einige bis einige hundert Tierarten pro Jahr. Was macht's, könnte man meinen, bei einer vermuteten Artenzahl von drei bis 30 Millionen würde es immerhin mehrere Jahrtausende bis einige Millionen Jahre dauern, bis alle Tierarten ausgestorben wären. Erst wenn wir diese Schätzungen auf unsere Jahresskala und damit in vorstellbare Mesodimensionen übertragen, schockiert uns das Ergebnis: Im günstigsten Fall wären alle Tierarten innerhalb von Stunden ausgerottet, im schlimmsten Fall dauert es nur eine einzige Minute!

Unterstellt man ähnliche Schätzungen des Artensterbens bei den Pflanzen, so würde ihre Ausrottung sogar nur wenige Sekunden, höchstens einige Minuten in Anspruch nehmen!

Wir hoffen, daß trotz der wenigen Beispiele der Leser für unsere totalen Beschränktheiten in Mikro- und Makrobereichen sensibilisiert wurde, die nicht nur unser räumliches wie zeitliches Vorstellungsvermögen betreffen, **sondern jede Art von Vorstellung sowie den Wirkungsbereich jeglichen menschlichen Wahrnehmungsvermögens.**

Um nur einige aus den Bereichen unseres Sehens und Hörens zu nennen:

Das Wahrnehmen von Farben, Farbnuancen, Helligkeiten, Distanzen, Ganzheiten, Gestaltunterschieden etc.

Das Wahrnehmen von Tonhöhen, Frequenzdifferenzen, Geräuschen, Lautstärken, der Anzahl verschiedener Tonquellen in einem Klang etc.

2.2 Erworbene Beschränktheiten (Bezugssysteme)

Wie aus dem letzten Schaubild ersichtlich, gibt es neben den angeborenen Beschränktheiten unserer Weltwahrnehmung auch erworbene, erlernte Beschränktheiten und Deformationsmechanismen, die wir als ›Bezugssysteme‹ bezeichnen. Die Bezugssysteme eines Menschen wirken wie Filter und entscheiden darüber, wie er die Welt wahrnimmt, wie er Sachverhalte und Menschen bewertet und schließlich wie er handelt.

Unter der Bezeichnung ›Bezugssysteme einer Person‹ subsummieren wir all jene erlernten Mechanismen, durch die das Wahrnehmen, Denken, Fühlen und Handeln dieser Person weitgehend bestimmt wird.

In engster Beziehung zu persönlichen Bezugssystemen stehen Begriffe wie ›Vorurteile‹, ›Einstellungen‹, ›Denkschablonen‹, ›Normen‹, ›Überzeugungen‹, ›Wertvorstellungen‹, ›gesunder Menschenverstand‹ (von dem Einstein behauptete, daß er nichts anderes sei als die Vorurteile, die wir bis zu unse-

rem 18. Lebensjahr angesammelt hätten), aber auch Begriffe wie ›Theorien‹, ›Unternehmenskulturen‹, ›Weltanschauungen‹, ›Ideologien‹, ›Religionen‹ und dergleichen mehr. Der immense Einfluß dieser eingefahrenen Sichtweisen, Bewertungskategorien, Denk- und Verhaltensschemata wird uns ebenfalls nur selten bewußt. Bezugssysteme sorgen unbemerkt für Ordnung in unseren subjektiven Realitäten und sind für die Bewältigung unseres Alltagslebens, anscheinend sogar für unser Überleben unverzichtbar. Andererseits engen sie unsere Wahrnehmungs-, Bewertungs-, Denk- und Handlungsspielräume mehr oder weniger drastisch ein und stehen einem kreativen Denken und optimalen Bewältigen von Problemen im Wege, wenn sie es nicht gänzlich verhindern.
Wir wollen versuchen, diese nicht gerade zimperlichen Behauptungen, wie das allgegenwärtige Wirken von Bezugssystemen, anhand einiger einfacher Beispiele zu belegen.

Psychologen baten eine Gruppe amerikanischer Kinder aus gutsituierten Familien und eine Gruppe aus unterprivilegierten Familien, die Größe einer Halbdollarmünze zu zeichnen. Sie können sich das Ergebnis wahrscheinlich denken. Die armen Kinder zeichneten die Münze im Schnitt zu groß und die reichen Kinder im Schnitt zu klein.

Und nun zeichnen Sie bitte einen Kreis in Größe eines Markstücks. Noch eindrucksvoller ist es, wenn Sie fünf oder gar zehn Personen zum Zeichnen animieren könnten. Natürlich ohne vorher ein Markstück zu inspizieren!
Bitte erst nach dem Zeichnen weiterlesen!

Bereits bei einer Gruppe von zehn Personen bewegen sich die Markstück-Kreise häufig zwischen der Größe eines Zweipfennig- und der eines Fünfmarkstücks, zumindest zwischen der einer Fünfzigpfennig- und der einer Zweimarkmünze.

Obwohl jeder von uns ungezählte Male eine Mark gesehen und in den Fingern gehabt hat, weichen die gezeichneten Kreise selbst so weniger Personen zum Teil erheblich voneinander ab. Ein sehr einfaches und dennoch augenfälliges Beispiel dafür, wie sehr ein Ding und unsere Vorstellung von ihm verschieden sein können. Und ein erster Hinweis darauf, daß letztlich wohl jeder Mensch in seiner eigenen Realität lebt.

Haben Sie Lust auf ein Rätsel?
Ein junger Gruppenleiter wird bei seinem Bereichsleiter vorstellig und bittet diesen, ihn zum Abteilungsleiter zu befördern. Worauf der Bereichsleiter antwortet: »Du bist zwar mein Sohn, aber für dich gilt das gleiche wie für alle Mitarbeiter. Nur wer die entsprechende Leistung bringt, wird befördert. Und die bringst du noch nicht.«
»Dann wende ich mich an den Vorstand«, sagt der Sohn.
Worauf der Vater erwidert: »Das kannst du gerne tun.«
Der Gruppenleiter trägt daraufhin sein Anliegen dem Vorstand vor. Worauf der Vorstand antwortet: »Du bist zwar mein Sohn, aber erst wenn du die entsprechende Leistung bringst, werde ich deine Beförderung befürworten.«

Wie ist das möglich?
Ist der Bereichsleiter der leibliche Vater und der Vorstand der Adoptivvater oder umgekehrt?
Die Antwort ist ›nein‹.
Hat entweder der Bereichsleiter oder der Vorstand den jungen Mann fälschlicherweise für den eigenen Sohn gehalten?
Die Antwort ist gleichfalls ›nein‹.
Werden alle männlichen Mitarbeiter in dieser Firma als Söhne betrachtet?
Die Antwort ist wiederum ›nein‹.
Ist einer der beiden Vorgesetzten oder sind beide geistesgestört?
Die Antwort ist nach wie vor ›nein‹.

Denken Sie in Ruhe über des Rätsels Lösung nach, und lesen Sie erst dann weiter. Wenn Sie die richtige Lösung finden, werden Sie wissen, daß es die richtige ist.

Stellen Sie sich vor, Sie erfahren, daß ein Kollege von seinem Vorgesetzten nicht zur Gehaltserhöhung vorgeschlagen wurde und kündigte. Schon ist uns völlig klar, daß die nicht gewährte Gehaltserhöhung der Kündigungsgrund war.
Dabei ist gar nicht gesagt, daß er keine Gehaltserhöhung bekam! Womöglich beschwere er sich beim unmittelbaren oder nächsthöheren Vorgesetzten oder beim Betriebsrat und erhielt daraufhin ein höheres Gehalt.
Und total unabhängig davon, ob er mehr Gehalt bekam oder nicht, ist eine ganze Reihe anderer Möglichkeiten denkbar, warum der Kollege kündigte:

>Er hat von einer anderen Firma ein besseres Angebot.
>Er hat im Lotto viel Geld gewonnen.
>Er übernimmt die Firma der Eltern.
>Er erfuhr, daß er bald sterben muß.
>Und so weiter und so fort ...!

Oder ein wenig exotischer:

>Er steigt aus dem Beruf aus, um Autor oder Alternativ-Landwirt oder Anhänger einer Sekte oder ... zu werden.
>Er betrieb Werkspionage und hat seinen Auftrag erledigt.
>Und so weiter und so fort ...!

Eine Kündigung ist zweifellos naheliegend. Bezugssysteme stellen eben naheliegende, plausible, häufige Bezüge her. Sie produzieren schnelle ›Kurzschlüsse‹, die meist sogar zutreffen, **aber durchaus nicht immer zutreffen.**

Und nun zur Lösung des obigen Rätsels:
Der Vorstand – in unseren Bezugssystemen und unserer Gesellschaft noch immer fast undenkbar – war eine Frau, und zwar die Mutter des Gruppenleiters!

Nur auf den ersten Blick mag verblüffen, daß auch und gerade bei hochqualifizierten Experten Beschränktheiten durch Bezugssysteme häufig zu beobachten sind:

Wie viele Dinge, die Wissenschaftler wieder und wieder als unmöglich ›bewiesen‹ haben, sind inzwischen längst realisiert. Wie oft wurde bis zum Ende des 19. Jahrhunderts allein die Unmöglichkeit eines Flugzeugs ›bewiesen‹. Die moderne Physik, vornehmlich die Relativitätstheorie und die Quantenmechanik, hat in den ersten drei Jahrzehnten zur größten Bestürzung der Mehrzahl damaliger Physiker viele der scheinbar bestgesicherten Unmöglichkeitssätze widerlegt und eine noch größere Zahl in Frage gestellt.

Haben die Wissenschaftler, wenigstens die Physiker, daraus gelernt?

Bis wenige Jahre vor der ersten Atomexplosion verkündeten renommierte Physiker, daß die Entwicklung einer Atombombe noch in weiter Ferne läge, einer meinte gar, daß noch ein Jahrtausend der Forschung dafür notwendig sei. Nur wenige belehrte Hiroshima und Nagasaki eines Besseren; denn nun behaupteten viele Wissenschaftler, daß eine Wasserstoffbombe in weiter Ferne läge. Einer bezifferte ihre Entwicklungschance auf 1:100000. Bereits 1951 war es soweit.

Dann begann der Ausbau der Kernkraftwerke, und wieder hieß es: »Als größtes Schadensmaß errechnet die deutsche Risikostudie 104000 Todesfälle aus Spätschäden im Verlauf von 30 Jahren, und zwar **einmal in zwei Milliarden Betriebsjahren**« (Michaelis 1982; S. 735, Hervorhebung von uns).

Stellt man in Rechnung, daß auf der Welt nicht nur ein, sondern einige hundert KKWs in Betrieb sind, reduzieren sich die zwei Milliarden Jahre zwar auf einige Millionen, was nach menschlichem Ermessen nach wie vor in unvorstellbar weiter Ferne liegt. Michaelis beklagt deshalb: »Wie sich immer wieder zeigt, fällt es überaus schwer, den Laien davon zu überzeugen, daß die Sicherheit von Kernkraftwerken keine absolute, sondern eine probabilistische Größe ist, d. h. auf Wahrscheinlichkeitsüberlegungen beruht.

... Die Erfahrung lehrt: Der Behauptung, ein schwerer Strahlenunfall sei allenfalls einmal in einer Million oder noch mehr Jahren zu erwarten, wird in spontaner Reaktion nicht etwa entgegengehalten, diese Rechnung ist falsch, sondern vielmehr: Das kann aber schon morgen passieren!« (Michaelis 1982, S. 729)
Die Rechnung war durchaus nach bestem Wissen und Gewissen der Experten ausgeführt, und dennoch lagen die naiven Laien mit ihren Befürchtungen erheblich besser. Am 26. April 1986, sieben Jahre nach Erstellung der als besonders kritisch eingestuften deutschen Risikostudie und nicht eine Million Jahre später, passierte der GAU in Tschernobyl. Worauf unsere Politiker und Energiewirtschaftler prompt verlauten ließen, daß so etwas niemals bei unseren viel sichereren KKWs passieren könnte. Inzwischen wissen wir dank »Spiegel« auch von dem Fast-GAU des DDR-Kernkraftwerks in Lubmin bei Greifswald im Jahr 1976 (**drei Jahre vor der deutschen Risikostudie!**)
Zweifellos hat zumindest Tschernobyl einige der sich selbst überschätzenden Experten kuriert, aber einige von sehr vielen ist immer noch viel zuwenig. Erst kürzlich sang ein Physiker in einem Fernsehinterview ein Loblied auf das Konzept des HTR-Moduls, eines Minireaktors, der absolut sicher sei und schon bald in alle Welt verkauft werden solle. Die Hinweise auf die Störfälle in anderen, ebenfalls als absolut sicher deklarierten Reaktoren, quittierte er mit der dekuvrierenden Bemerkung, daß der HTR-Modul jedoch ›völlig idiotensicher‹ sei.

Aber Psychologen, könnte jemand meinen, passieren diese Dinge nicht, weil sie ja um die Wirkungen von Bezugssystemen wissen. Vielleicht haben Sie schon einmal von dem Experiment gehört, bei dem man zwei erfahrene Psychotherapeuten dahingehend informierte, daß der andere geistesgestört sei. Fälschlicherweise wird oft behauptet, daß sich daraufhin beide Therapeuten gegenseitig als geisteskrank diagnostiziert hätten. Das Experiment ging nämlich zum Teil schief, weil einem der Therapeuten der andere bekannt war. Mich (Bambeck) reizte es schon lange, dieses Experiment zu wiederholen. Ich informierte einen meiner früheren Ausbildungskandidaten, der kürzlich seine Kassenzulassung als Psychotherapeut erhalten hatte, daß mir eine Patientin mit Verdacht auf Schizophrenie überwiesen worden sei und ich gerne seine Diagnose hören würde. Die Patientin, erzählte ich ihm, behaupte, Psychologie studiert zu haben, und gebe vor, bereits selbst Patienten betreut zu haben und Psychotherapeutin werden zu wollen. Des weiteren sagte ich ihm, daß ich es aufgrund ihrer Psychologiekenntnisse sogar für möglich hielte, daß sie einige Semester studiert hätte. Die gleiche Geschichte erzählte ich der angeblichen Patientin, die zum damaligen Zeitpunkt eine meiner Ausbildungskandidatinnen war und wenige Monate später ebenfalls ihre Kassenzulassung erhielt.

Beide hatten vor fünf Jahren ihr Psychologiestudium erfolgreich beendet, und beide besaßen bereits eine nicht unbeträchtliche Erfahrung als Psychotherapeuten!

Ich ließ sie nur eine Viertelstunde miteinander sprechen und zeichnete ihr Gespräch auf; aber ich bin der festen Überzeugung, daß bei einem längeren Gespräch das gleiche, wenn nicht Schlimmeres herausgekommen wäre: Beide sagten, daß sich der andere sehr merkwürdig bzw. eigentümlich verhalten habe. Doch damit nicht genug.

Er glaubte (fälschlicherweise!) bei ihr zu beobachten, daß sie Dinge, die er gesagt habe ,aufnehme, um sie dann als eigene Gedanken wiederzugeben. Ein derartiges Verhalten bezeichnet die Psychiatrie als ›Echolalie‹ und wird als geistesgestört erachtet! Er meinte außerdem, daß er sie nach so kurzer Zeit zwar nicht sicher diagnostizieren könne, aber daß eine Schizophrenie nicht auszuschließen sei!

Sie empfand das Gespräch (ebenfalls fälschlicherweise!) sehr ähnlich und sagte, daß er sich zum Teil widersprochen habe, und einige seiner Aussagen mit Sicherheit gelogen waren. Sie glaubte zwar, daß er Psychologie studiert habe, aber sich nun ›zusammenspinne‹ ein Psychotherapeut zu sein.

Kurz gesagt:
Jeder hielt den anderen für ziemlich merkwürdig und gestört, wahrscheinlich sogar für geisteskrank. Beide scheuten sich nur aufgrund der Kürze des Gesprächs, sich auf die Diagnose ›Psychose‹ (Geisteskrankheit) festzulegen.

Dem wäre nur noch hinzuzufügen, daß es selbst ›alten Hasen‹ wie uns möglicherweise ähnlich ergangen wäre.

Je länger man über die Auswirkungen von Bezugssystemen nachdenkt, desto mehr verwundert einen, daß verschiedene Menschen ein und dieselbe Situation so häufig in ähnlicher Weise wahrnehmen und bewerten, und nicht, daß sie in derselben Angelegenheit recht unterschiedlicher Ansicht sein können. Als Erklärung hierfür liegt nahe, daß wir es fast ausschließlich mit Menschen zu tun haben, die höchst ähnlichen Sozialisationsprozessen und Erfahrungen ausgesetzt waren wie wir selbst. Die Häufigkeit unterschiedlicher Wahrnehmung und Bewertung derselben Situation wächst nämlich drastisch, wenn Menschen aus sehr unterschiedlichen Kulturkreisen zusammentreffen.

Popper wie Lorenz sehen den Unterschied zwischen einer Amöbe (man könnte auch eine Zecke nehmen) und Einstein darin, daß ein Irrtum häufig den Tod der Amöbe bedeutet, während es für Einstein nur der Korrektur (den Tod) eines Irrtums (einer falschen Hypothese) bedarf. Dem ist zweifellos so, doch leider verharmlost dieses eingängige Beispiel die katastrophale Kehrseite der Medaille:

Ein Irrtum muß für eine Amöbe nicht immer den Tod bedeuten; doch welche immensen Schäden richten Großunternehmen und nicht nur sie tagtäglich an, und wie viele Menschen nehmen tagtäglich Schaden oder kommen sogar um, weil sie die Beschränktheit unseres Erkenntnisapparates verkennen!

Heute, da wir diese Zeilen schreiben, stürzten acht französische Techniker bei der letzten Probefahrt einer Gondel in den Tod. Irgend etwas war übersehen worden, obwohl alles bedacht schien.

Fazit:

- Was immer wir wahrnehmen, uns vorstellen, bedenken, ob einfache oder äußerst komplexe Dinge, Wesen, Situationen, immer ist unser Wahrnehmen, Vorstellen und Denken defizitär, ist es durch unsere angeborenen und erworbenen Beschränktheiten deformiert, beschnitten und vereinfacht (verkürzt, verzerrt, verallgemeinert).

- Diese Beschränktheiten zeitigen nicht nur viele Positivwirkungen (z. B. schnelles und ökonomisches Denken und Handeln, Ordnen und Stabilisieren unserer Weltwahrnehmung usw.), sondern scheinen für unser Überleben unverzichtbar.

- Diese Beschränktheiten unserer Wahrnehmung, unseres Fühlens, Denkens und Handelns können sich aber auch äußerst negativ auf die optimale, kreative Nutzung unserer mentalen Fähigkeiten auswirken wie: das Erkennen sowie Bewältigen von Problemen, das Entwickeln neuer Ideen, das Erkennen sowie Nutzen von Chancen, das Lösen von Konflikten und anderes mehr.

Nach all dem stellt sich die Frage: Was können wir gegen die Negativwirkungen unserer angeborenen und erworbenen Beschränktheiten tun?

1. **Wir müssen uns ihrer Wirkungen bewußt werden (wozu die letzten Seiten hoffentlich ein wenig beitragen konnten).**

2. **Wir müssen uns die Beeinträchtigungen unserer mentalen Fähigkeiten immer wieder vor Augen halten.**

3. Wir können sogenannte Kreativitätstechniken anwenden, die zum gemeinsamen Ziel haben, Negativwirkungen von Bezugssystemen zu reduzieren, um eine bessere Nutzung unserer mentalen Fähigkeiten und damit eine Steigerung der Kreativität zu erreichen.

Was not tut, ist eine Popularisierung des Wissens um unsere Beschränktheiten. Je mehr wir uns unserer Borniertheiten bewußt werden, desto weniger borniert sind wir und desto größere Möglichkeiten stehen uns offen, unsere Beschränktheiten wenigstens teilweise zu kompensieren.

Mit dieser Popularisierung allein ist es jedoch nicht getan. Die Nutzung unseres gesamten Potentials an bewußten und unbewußten mentalen Fähigkeiten will gelernt und geübt sein, und, was genauso wichtig ist, sie muß im konkreten Fall als notwendig erkannt bzw. gewollt sein.

Die generelle Hilfe zur besseren Nutzung unserer mentalen Fähigkeiten besteht darin, sich der Negativauswirkungen unserer Beschränktheiten immer wieder bewußt zu werden, insbesondere wenn es gilt, Probleme und Konflikte zu bewältigen, neue Ideen zu finden, Chancen zu erkennen und zu nutzen und ähnliches mehr.

Spezielle Hilfen zur besseren Nutzung unserer mentalen Ressourcen bieten sogenannte Kreativitätstechniken.

Bevor wir einen Überblick über diese Techniken zu geben versuchen, möchten wir auf den Begriff ›Kreativität‹ eingehen und dem Leser die Möglichkeit bieten, seine Kreativität zu testen.

3. Was ist überhaupt Kreativität?

Was meinen denn andere zum Stichwort ›Kreativität‹?

»Kreativität (von lat. creare ›erzeugen‹), schöpfer. Kraft, schöpfer. Einfall; im Unterschied zum rein analyt. Denken bes. durch das Finden neuer Aspekte und Ansätze zu Problemlösungen gekennzeichnet. K. geht auf keine einheitl. Eigenschaft zurück, sondern wird von zahlreichen kognitiven und psych. Faktoren bestimmt.« (Der große Brockhaus, Kompaktausgabe, 1983)

Kreativität ist die »Fähigkeit, Gegenstände in neuen Beziehungen und auf originelle Art zu erkennen (Originalität, Neukombination), sie auf ungewöhnliche Art sinnvoll zu gebrauchen (Flexibilität), neue Probleme zu sehen, wo scheinbar keine sind (Sensitivität), vom gewohnten Denkschema abzuweichen und nichts als fest zu betrachten (Flüssigkeit) und aus der Norm fallende Ideen zu entwickeln, selbst gegen den Widerstand der Umwelt (Nonkonformismus), wenn es gilt, etwas Neues zu finden.« (Arnold, Eysenck u. Meili 1987, S. 1156 f.)

»Kreativität setzt sich aus Flüssigkeit, Flexibilität und Originalität (des Denkens) zusammen. Und etwas davon kann jeder Mensch, der Rest ist einfach lernbar.« (Wilkes 1988, S. 209, Einschub von uns)

»Ich glaube nicht, daß Kreativität die Gabe einer guten Fee ist. Ich glaube, sie ist eine Fertigkeit, die wie Autofahren geübt und gelernt werden kann. Wir halten die Kreativität nur für eine Gabe, weil wir uns nie bemüht haben, sie als Fertigkeit zu üben. Kreativität hängt auch nicht mit Intelligenz zusammen. Ich kenne viele sehr intelligente Leute, die nie kreativ geworden sind, und viele weniger intelligente Leute, die ihre kreativen Fähigkeiten zu großer Meisterschaft entwickelt haben ... Die Kreativität bedeutet sowohl eine Geisteshaltung als auch die Anwendung bestimmter Techniken.« (De Bono 1971, S. 8 f.)

»Kreativität kann das Individuum auf jedem Gebiet und in jeder Situation des Lebens gebrauchen. Es kommt dabei nicht auf die kreative Fragestellung an. Nicht die von Selbstmitleid bestimmten oder ichbezogenen Fragen: Warum geschieht mir das? Warum tue ich das?, sondern: Was tue ich in dieser Situation? Ist das, was ich tue, der Situation adäquat? Was kann ich aus dieser Situation machen? sind kreativ. In den kreativen Fragen orientiert sich das Ich an der Situation, an der Aufgabe ... Es gibt keine bewußte Situation, an der man nicht kreativ partizipieren könnte.« (Landau 1974, S. 106)

»Kreativität ist die Grundlage der Zivilisation; denn ohne sie gäbe es keine Erfindungen, keine wissenschaftlichen Entdeckungen und keine künstlerischen Leistungen. Ebenso wichtig ist sie auch im Geschäftsleben, wo sie in allen Bereichen – vom Management über Kommunikation und Marketing bis hin zu zwischenmenschlichen Beziehungen zwischen und mit Arbeitern und Angestellten – eingesetzt werden kann. In unserer modernen Erziehung, die auf das Spezialistentum hinarbeitet, wird kreatives Denken und kreatives Lösen von Problemen vernachlässigt ... So muß die Einstellung zur Kreativität geändert werden. Sie ist kein Privileg besonders begabter Persönlichkeiten, sondern eine Fähigkeit, die jedem innewohnt und aktiviert werden kann.« (Raudsepp 1984, Vorwort)

»... Die Abwandlung einer Kreativitätsforschung in eine Problemlöseforschung wird zunehmend nötig, weil durch den

Einsatz der problemlösenden Datenverarbeitung eine Zufallsstrategie nicht mehr ausreicht ... Daraus resultiert eine neue Handlungsstrategie, die mit Entscheidungsregeln über die Hypothese, ihre Prüfung und Anwendung zu einer neuen Regelkenntnis für optimales Verhalten führt. Sie wiederholt auf höherer Ebene die sokratische Technik der Mäeutik (Hebammenkunst), die in einem geschickten Fragen bestand, um im Partner schlummernde, ihm aber unbewußte, richtige Antworten herauszuholen.« (Benesch 1981, Bd. 1, S. 394)

Pulen wir den harten Kern aus diesen Aussagen, so scheint man sich einig, daß:

- **Kreativität von zahlreichen geistigen und seelischen Faktoren bestimmt wird;**
- **jeder Mensch eine mehr oder minder große Fähigkeit zur Kreativität besitzt, die durch Training vergrößert werden kann;**
- **Kreativität für die Entwicklung unserer Kultur sowie für das Lösen von kleinen wie großen Problemen unverzichtbar ist.**

Wilkes stellt in seinem Buch ›Die Kunst, kreativ zu denken‹ die interessante Frage: Was ist also das Gegenteil von Kreativität? Und gibt die Antwort: »... Ich glaube nun, die Kreativität versucht genau das Gegenteil(!). Sie sucht Möglichkeiten, aus der individuellen Einschränkung der Weltwahrnehmung und der Wirklichkeitswahrnehmung auszubrechen und das eigene Wahrnehmungspotential zu erweitern. So gesehen ist für mich – und auch einen Teil der wissenschaftlichen Psychologie – das Gegenteil von Kreativität irgendwo ein Stückchen Neurose.« (Wilkes 1988, S. 201)
Im Gegensatz zu psychoanalytischen Theorien, die eine enge Beziehung zwischen seelischer Krankheit und Kreativität postulieren, sehen Vertreter der humanistischen Psychologie ebenfalls einen engen Zusammenhang zwischen seelischer Gesundheit und Kreativität (s. Maslow 1976).

Wir glauben, daß beide Ansichten eine Reihe plausibler Punkte für sich verbuchen können, und meinen, daß es zur Förderung unserer Kreativität wichtig wäre:

- unsere angeborenen und erworbenen Beschränktheiten zu erkennen;

- uns dieser Beschränktheiten in Situationen, die kreatives Denken und Handeln erfordern, bewußt zu sein;

- Techniken zur Kreativitätssteigerung zu üben und anzuwenden.

Unsere Ansicht korrespondiert somit auch mit de Bonos oben zitierter Position, daß Kreativität sowohl eine Geisteshaltung wie auch die Anwendung bestimmter Techniken bedeutet.

4. Kreativitätstests

Cornelia Facaoaru faßt das Ergebnis ihrer wissenschaftlichen Untersuchung der Kreativität bei Ingenieuren in dem voluminösen Schlußsatz zusammen: »Die gegenseitig gut übereinstimmenden faktorenanalytischen Ergebnisse der beiden empirischen Pilotstudien erbrachten den empirischen Nachweis der Gültigkeit des eingangs aufgestellten taxonomischen Modells kreativitätsdiagnostischer (Test-)Aufgaben und der Existenz einer **unabhängigen Kreativitätsdimension,** worauf sich die **divergent-konvergenten inferentialen und konstruktiven Problemlösefähigkeiten** (Ausarbeitungs- und Problemlöseeffizienz) versammeln und die weder mit Hilfe herkömmlicher ›Kreativitäts-‹ noch herkömmlicher ›Intelligenztests‹ zu erfassen sind.« (Facaoaru 1985, S. 211)
Der einfach auszudrückende Kern dieser Aussage lautet: Kreativität ist zwar meßbar, aber nicht mit den herkömmlichen Kreativitäts- oder Intelligenztests.

Strenggenommen könnten wir damit die Testerei ad acta legen, denn Facaoarus Aussage hat bis heute kaum an Gültigkeit verloren.
(Falls Sie den Namen Cornelia Facaoaru nun fehlerfrei mit geschlossenen Augen – ohne ihn nochmals nachzulesen – wiederholen können, sind Sie ein As.)
Weniger streng genommen und der Ungenauigkeiten der Kreativitätstests eingedenk, können die folgenden Tests Ihnen dennoch interessante und nicht geschönte Hinweise auf Ihr Kreativitätspotential geben.

4.1 Test 1

Auf den folgenden beiden Seiten finden Sie 30 Kreise. Ihre Aufgabe besteht darin, innerhalb von genau drei Minuten so viele Gegenstände wie möglich zu zeichnen, die als wesentliches Formelement einen Kreis besitzen.

Fügen Sie also zu den abgebildeten Kreisen nur wenige Striche hinzu, um anzudeuten, was Sie meinen. Nicht die Schönheit der Zeichnung zählt, sondern nur die ihr zugrundeliegende Idee.

Bitte lesen Sie erst weiter, nachdem Sie die Aufgabe erfüllt haben!

AUSWERTUNG:
*Dieser einfache Kreativitätstest gibt Ihnen Hinweise auf die **Flüssigkeit**, die **Flexibilität** und die **Originalität** Ihres Denkens, und liefert damit auch eine Grobeinschätzung Ihres Kreativitätspotentials.*

1. *Die **Flüssigkeit** des Denkens zeigt sich in der Anzahl der verbrauchten Kreise:*
   unterdurchschnittlich: weniger als 13 Kreise
   durchschnittlich: 13 bis 18 Kreise
   überdurchschnittlich: mehr als 18 Kreise

2. *Die **Flexibilität** des Denkens zeigt sich in der Anzahl der Ideenkategorien (so zählen z.B. Apfel, Pflaume, Pfirsich, Kirsche zur Kategorie ›Früchte‹):*
   unterdurchschnittlich: weniger als 9 Kategorien
   durchschnittlich: 9 bis 12 Kategorien
   überdurchschnittlich: mehr als 12 Kategorien

3. *Die **Originalität** einer Idee zeigt sich in der Häufigkeit, in der andere Testpersonen auf die gleiche Idee bzw. Ideenkategorie kommen. Die Originalität einer Idee ist über-*

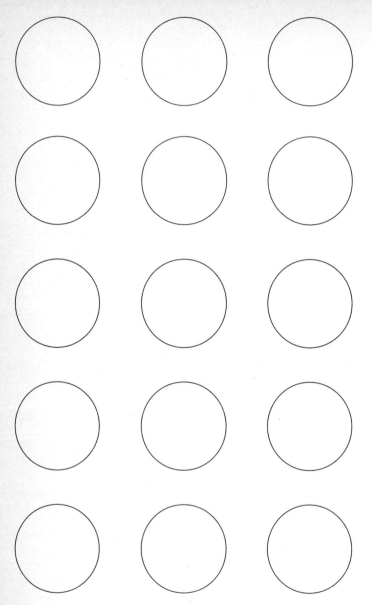

durchschnittlich, wenn sie bei weniger als 25 % der Testpersonen vorkommt.
Die folgende Liste soll dem Leser die Grobeinschätzung der Anzahl seiner originellen Ideen (Ideen mit überdurchschnittlicher Originalität) erleichtern:
Ideen mit unterdurchschnittlicher bis durchschnittlicher Originalität:

Bälle
Bekannte Früchte
Gesichter
Himmelskörper
Fahrrad
Motorrad
und dergleichen mehr

unterdurchschnittlich: weniger als 4 originelle Ideen
durchschnittlich: 4 bis 7 originelle Ideen
überdurchschnittlich: mehr als 7 originelle Ideen

Dieser Test der Flüssigkeit, der Flexibilität sowie der Originalität Ihres Denkens gibt nicht nur Hinweise, wo Ihre Stärken bezüglich dieser drei Kreativitätsaspekte liegen, er ermöglicht Ihnen auch eine Grobeinschätzung Ihres Kreativitätspotentials.
Berechnen Sie hierzu die Gesamtzahl ihrer Kreativitätspunkte, indem Sie sich für jeden genutzten Kreis 2 Punkte geben (Flüssigkeit), für jede Ideenkategorie 3 Punkte (Flexibilität).

Unterdurchschnittliche Kreativität: unter 50 Punkte und weniger als 4 originelle Ideen
durchschnittliche Kreativität: 50 bis 70 Punkte und 4 bis7 originelle Ideen
überdurchschnittliche Kreativität: über 70 Punkte und mehr als 7 originelle Ideen

4.2 Test 2

Kreuzen Sie bei den ersten vier Aufgaben den Buchstaben an, der auf sie zutrifft.

1. In Hörsälen, Kinos, Vortragsräumen etc. sitze ich am liebsten:
   rechts = A
   links = B
   in der Mitte = C

2. Wenn ich bei einer Frage nachdenken muß, neige ich dazu:
   nach links zu sehen = A
   nach rechts zu sehen = B
   den Fragenden anzusehen = C

3. Ich bin eher extrovertiert = A
   eher introvertiert = B

4. Ich bin eher ein Tagmensch = A
   eher ein Nachtmensch = B
   beides gleich stark = C

5. Kennzeichnen Sie in der folgenden Liste jene vier Eigenschaften oder Fertigkeiten mit einem ›G‹, in denen Sie besonders gut sind, und kennzeichnen Sie ebenfalls vier mit einem ›S‹, die Ihnen besonders schwer fallen.

   A) Initiative ergreifen ....
   B) Steuern, Kontrollieren ....
   C) Selbstdisziplin ....
   D) Programme entwickeln ....
   E) Termingerecht fertig werden ....
   F) Andere motivieren ....
   G) Beraten ....
   H) Höflichkeit ....
   I) Beobachtungsfähigkeit ....

J)	Reaktionsfähigkeit	....
K)	Voraussicht	....
L)	Zuverlässigkeit	....
M)	Einsicht	....
N)	Praktische Veranlagung	....
O)	Energie	....
P)	Intuition	....

6. Kreuzen Sie in der folgenden Liste fünf Eigenschaften an, die Sie am besten beschreiben:

A) Logisch
B) Musikalisch
C) Mathematisch
D) Intuitiv
E) Selbstbeherrscht
F) Sehr genau
G) Emotional
H) Das Ganze sehend
I) Beherrschend
J) Intellektuell
K) Künstlerisch
L) Räumlich orientiert
M) Ordnungsliebend
N) In Analogien denkend

7. Wählen Sie aus den folgenden Sätzen durch Ankreuzen jene vier aus, die am besten auf Sie zutreffen:

A) Ich besitze eine stark entwickelte Fähigkeit, andere zu führen
B) Ich ziehe es vor, unabhängig zu arbeiten
C) Ich bin ein unternehmungslustiger und geselliger Mensch
D) Ich habe eine große Liebe zu den Künsten
E) Ich bin sehr gewissenhaft und verantwortungsbewußt

F) Ich bin sehr sensibel
G) Ich nehme gerne an Mannschafts- und Gruppenveranstaltungen teil
H) Ich bin ein schlechter Organisator
I) Ich bin ein Pragmatiker
J) Ich bin zu selbstkritisch
K) Ich achte soziale Normen und Werte
L) Ich zweifle manchmal an meinen geistigen Fähigkeiten

AUSWERTUNG:
Dieser Test soll Hinweise liefern, ob Ihre Gehirntätigkeit links-, rechts- oder doppelt-dominant ist. Der Test wurde in Anlehnung an einen Fragebogen von Raudsepp entwickelt (Raudsepp 1984, S. 14 ff.).

Der linken (im westlichen Kulturkreis angeblich dominierenden) Gehirnhälfte werden primär folgende Funktionen zugeschrieben:
Sprechen; Zählen; Benennen; Beurteilen; logisches, rationales, formales und linear-kausales Denken; konvergentes Denken, abstrakt-selektives Denken

Der rechten Gehirnhälfte werden primär folgende Funktionen zugeschrieben:
Intuition; holistisches, gestalthaftes, systemisch-vernetztes Denken; divergentes und unkritisches Denken; konkretes und stark gefühlsbetontes Denken; Phantasie; Tagträumen

Noch immer besteht in populären Kreativitätsbüchern die Tendenz, die rechte Gehirnhälfte als die eigentlich kreative zu bewerten und überzubewerten. In der wissenschaftlichen Kreativitätsforschung hingegen wird das Augenmerk längst auf das komplexe Zusammenspiel beider Gehirnhälften gerichtet, um die in der Entdeckerfreude wohl übertriebenen oder möglicherweise unzutreffenden

Unterschiedsauflistungen der Hemisphärenfunktionen auf ein realistisches Maß zu korrigieren.
Auch Raudsepp und viele andere vertreten die These, daß nicht primär die rechts-dominante Gehirntätigkeit, sondern eine ausgeglichene oder doppelt-dominante der Kreativität am förderlichsten sein dürfte (Näheres hierzu auf den Seiten 160 bis 162).

BERECHNUNG DER PUNKTE:
Machen Sie einen Kreis um Ihre Antwortwerte und zählen Sie Ihre Punkte zusammen.

1. A = 1; B = 10; C = 5

2. A = 10; B = 1; C = 5

3. A = 2; B = 8

4. A = 2; B = 8; C = 5

5. A) G = 7; S = 2
   B) G = 2; S = 8
   C) G = 2; S = 7
   D) G = 7; S = 2
   E) G = 1; S = 8
   F) G = 2; S = 7
   G) G = 7; S = 2
   H) G = 1; S = 8
   I) G = 8; S = 2
   J) G = 2; S = 7
   K) G = 7; S = 3
   L) G = 2; S = 7
   M) G = 8; S = 3
   N) G = 2; S = 8
   O) G = 7; S = 3
   P) G = 8; S = 2

6. A) = 4
    B) = 9
    C) = 3
    D) = 8
    E) = 3
    F) = 3
    G) = 7
    H) = 8
    I) = 2
    J) = 3
    K) = 9
    L) = 8
    M) = 2
    N) = 9

7. A) = 2
    B) = 8
    C) = 2
    D) = 8
    E) = 2
    F) = 7
    G) = 3
    H) = 7
    I) = 3
    J) = 7
    K) = 3
    L) = 7

Gehirntätigkeit links-dominant: **40–90 Punkte**
Gehirntätigkeit doppelt-dominant: **91–115 Punkte**
Gehirntätigkeit rechts-dominant: **116–172 Punkte**

Zur zweiten Grobeinschätzung Ihres Kreativitätspotentials wird die absolute Differenz zwischen dem Mittelwert 103 und Ihrem Ergebnis benötigt.
Ist Ihre Gesamtpunktzahl kleiner als 103, so rechnen Sie:
    103 – Gesamtpunktzahl = Differenzpunkte
Ist Ihre Gesamtpunktzahl größer als 103, so rechnen Sie:
    Gesamtpunktzahl – 103 = Differenzpunkte

Unterdurchschnittliche Kreativität: **über 21 Diff.-Punkte**
Durchschnittliche Kreativität: **7 bis 21 Diff.-Punkte**
Überdurchschnittliche Kreativität: **unter 7 Diff.-Punkte**

4.3 Test 3

Notieren Sie hinter jeder Feststellung ein Zeichen:
  + für Ja
  0 für Unentschieden
  − für Nein

1. Ich ziehe es vor, mich mit Problemen zu befassen, auf die es präzise Antworten gibt. _____

2. Ich arbeite schneller, wenn ich ein Problem analysiere, und langsamer, wenn ich versuche, die erhaltenen Informationen zusammenzufügen. _____

3. Wenn ein bestimmtes Vorgehen für die Problemlösung nichts hergibt, kann ich es leicht fallenlassen. _____

4. Ich bin fähig, an schwierigen Problemen über längere Zeit festzuhalten. _____

5. Intuitive Ahnungen sind unzuverlässige Führer beim Problemelösen. _____

6. Ich weiß, wie mein Verstand arbeitet. _____

7. Ich stelle nicht gerne Fragen, die Unkenntnis verraten. _____

8. Ich werde gereizt, wenn mich jemand unterbricht, während ich an etwas arbeite, das mir Freude macht. _____

9. Ich habe oft das Gefühl, daß meine Ideen aus ihren eigenen Wurzeln wachsen, als seien sie von meinem Willen unabhängig. _____

10. Ich habe oft meine besten Gedanken, wenn ich nichts Besonderes tue. _____

11. Ideen gehen mir oft im Kopf herum und hindern mich am Einschlafen. _____

12. Ich habe mich nie sehr inspiriert gefühlt. _____

13. Ich kann oft die Lösung zu meinen Problemen vorwegnehmen. _____

14. Beim Bewerten von Informationen ist die Quelle, aus der sie stammen, oft wichtiger als ihr Inhalt. _____

15. Um Probleme zu lösen, ist eine logische Schritt-für-Schritt-Methode die beste. _____

16. Leute, die gewillt sind ›verrückte‹ Ideen zu hegen, sind meist unpraktisch. _____

17. Wenn ich an ein wichtiges Problem herangehe, nehme ich erst alles auf, was ich darüber erfahren kann. _____

18. Ich denke reflektierend. _____

19. Ästhetische Erwägungen sind beim Problemelösen wichtig. _____

20. Ich bin ›für die Welt verloren‹, wenn ich beginne, an einer neuen Idee zu arbeiten. _____

21. Ich weiß, was ich tun muß, um mich in eine kreative Stimmung zu versetzen. _____

22. Es wäre Zeitverschwendung, Fragen zu stellen, auf die ich keine Antworten erhoffen kann. _____

23. Es reizt mich nicht, mich mit komplexen Problemen und Situationen auseinanderzusetzen. _____

24. Ich habe eine sehr lebhafte Vorstellungskraft. _____

25. Wenn ich vor einem schwierigen Problem stehe, probiere ich auch Dinge aus, die andere erst gar nicht versuchen würden. _____

26. Manchmal bleibe ich die ganze Nacht auf, wenn ich etwas tue, was mich interessiert. _____

27. Ich bin sehr an Neuheiten, auch an Klatsch und Tratsch, interessiert. _____

28. Ich kann gut arbeiten ohne Rücksicht auf meine Stimmungen oder meinen Zustand. _____

29. Dinge, die ich als alt und vertraut akzeptiert habe, erscheinen mir manchmal sehr fremd und entfernt. _____

30. Ich bin fähig, wie ein Kind zu denken. _____

31. Ich will mich nicht mit Ideen befassen, die nie zu etwas führen werden. _____

32. *Tagträumen hat den Anstoß zu vielen meiner wichtigsten Projekte gegeben.* _____

33. *Ich glaube, man sollte immer über ein Problem schlafen.* _____

AUSWERTUNG:
Dieser Test soll Hinweise bezüglich Ihres Verhaltens beim Lösen von Problemen liefern. Der Test wurde ebenfalls in Anlehnung an Fragebogen von Raudsepp entwickelt (Raudsepp 1984, S. 28 ff. und S. 166 ff.).

Machen Sie Kreise um Ihre Antwortwerte und zählen Sie Ihre Punkte zusammen.

	+	0	–		+	0	–		+	0	–
1.	1	2	3	12.	0	2	4	23.	1	2	3
2.	0	2	4	13.	3	2	1	24.	3	2	1
3.	3	2	1	14.	0	2	4	25.	3	2	1
4.	3	2	1	15.	0	2	4	26.	3	2	1
5.	0	2	4	16.	1	2	3	27.	3	2	1
6.	3	4	2	17.	4	2	0	28.	3	4	2
7.	1	2	3	18.	4	2	0	29.	3	2	1
8.	3	2	1	19.	4	2	0	30.	3	2	1
9.	3	2	1	20.	3	2	1	31.	1	2	3
10.	3	2	1	21.	3	2	1	32.	4	2	0
11.	3	4	2	22.	1	2	3	33.	3	4	2

Unterdurchschnittliche Kreativität: bis 67 Punkte
Durchschnittliche Kreativität: 68 bis 80 Punkte
Überdurchschnittliche Kreativität: über 80 Punkte

5. Kreatives Denken ist dreidimensional

Die durch angeborene und erworbene Schablonen eingeengten, aber auch beeindruckend schnellen sowie ökonomischen, bewußten wie unbewußten Mentalprozesse bezeichnen wir als **Vertikales Denken.**
Für ein kreatives Denken reicht die vertikale Dimension oft nicht aus. Meist muß es durch eine horizontale Dimension, durch Querdenken oder laterales Denken (de Bono 1971), ergänzt werden. Das **Horizontale Denken** wird durch bewährte Kreativitätstechniken sowie Techniken des lateralen Denkens provoziert. Doch es gibt eine weitere immense Methodenpalette, die in den gängigen Kreativitätsbüchern meist gar nicht aufscheint. Hierzu zählen neue, hierzulande noch weitgehend unbekannte Entspannungstechniken sowie andere Methoden zur Beeinflussung der Gehirnwellen, Imaginations-, Selbstsuggestions- und Selbsthypnosemethoden, der Einsatz von Subliminals, Suggestopädie und Superlearning, Techniken der Traumbeeinflussung, das luzide Träumen bis hin zu den sogenannten »Mind machines« (wie Synchro-Energizer und Hemi-Sync, Alpha-Stim und Mind-Mirror, Tranquilite und Graham-Potentializer), deren Möglichkeiten, unsere Mentalkräfte besser zu nutzen, allerdings nur unzureichend wissenschaftlich untersucht sind und die offensichtlich längst nicht so großartige Wirkungen erzielen, wie von den Geräteerfindern behauptet.

Die Methoden des **Horizontalen Denkens** lassen sich unschwer in zwei Gruppen unterteilen, die wir in Ermangelung einer besseren Bezeichnung als **A-Methoden** und **B-Methoden** etikettieren. Da, wie gesagt, in den gängigen Kreativitätsbüchern die B-Methoden in der Regel ziemlich stiefmütterlich bis gar nicht behandelt werden, könnte man den falschen Eindruck gewinnen, daß die A-Methoden die wichtigeren, womöglich gar die einzigen seien.

Obwohl sich die verschiedenen horizontalen Methoden verhältnismäßig unschwer einer der beiden Gruppen zuordnen lassen, ist es längst nicht so leicht, Unterscheidungskriterien zur Unterscheidung beider Gruppen zu formulieren.

A-METHODEN:	B-METHODEN:
Bewußtsein > Unterbewußtsein	Unterbewußtsein > Bewußtsein
Deduktion > Intuition	Intuition > Deduktion
Erfordern viel Disziplin	Erfordern wenig Disziplin
Zeitlich scharf begrenzt	Zeitlich sehr unscharf begrenzt
Stark vom Willen abhängig	Wenig vom Willen abhängig
Hohe sprachliche Anteile	Hohe bildliche Anteile
Affinität zu Arbeit	Affinität zu Therapie, Kunst, Spiel
Geringe Esoterikaffinität	Starke Esoterikaffinität

Eine zusätzliche Differenzierungshilfe bietet folgendes Schema:

	Ohne Unterstützung durch Suggestionen	Mit Unterstützung durch Suggestionen
primär bewußte Mentalprozesse	AAAAAAAAAAAA AAAAAAAAAAAA AAAAAAAAAA AAAAAAAA	AAAAAA AA ———— BBBBBBBBB
primär unbewußte Mentalprozesse	BB BBBBBB	BBBBBBBBBB BBBBBBBBBBBB BBBBBBBBBBBB

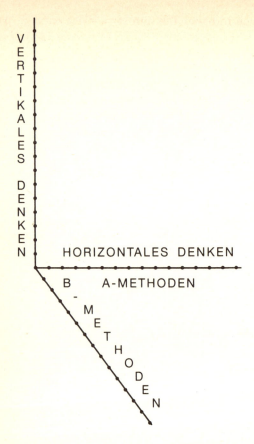

Die A-Methoden sind vornehmlich im Feld ›primär bewußte Mentalprozesse ohne Suggestionsunterstützung‹ angesiedelt; die B-Methoden hingegen im Feld ›primär unbewußte Mentalprozesse mit Suggestionsunterstützung‹.

Kreatives Denken im Sinne einer möglichst optimalen Nutzung der eigenen bewußten wie auch unbewußten Mentalkräfte erfordert offensichtlich den Einbezug von B-Methoden, die zum Teil erst vor kurzem entwickelt wurden (s. u. Braems Brainfloating) und die derzeit sowie aller Voraussicht nach auch in naher Zukunft entwickelt werden. Was nicht heißen soll, daß die Palette der A-Methoden in Zukunft nicht ebenfalls erweitert wird.

Diese Zusammenhänge, eingedenk der ungeahnten Möglichkeiten – auch unter Nichtberücksichtigung der utopischen Aussagen über »Mind machines« –, unser bewußtes wie unbewußtes Mentalpotential erheblich effektiver zu nutzen, liegen unserem **3D-Modell des kreativen Denkens** zugrunde.

6. A-Methoden zur Kreativitätssteigerung

6.1 Gehirnstürme und ihre Ableger

Der Klassiker unter den Kreativitätstechniken wurde von Alex F. Osborn, dem stellvertretenden Direktor und Mitinhaber einer großen, weltweit tätigen Werbeagentur Anfang der 50er Jahre vorgestellt (Osborn 1953).
Sein vielfältig genutztes **Brainstorming** basiert auf folgenden vier Grundregeln:

Regel 1: *Kritik ist verboten!*
Diese Vorschrift bildet den eigentlichen Kern. »Daß sie nicht so ohne weiteres einzuhalten ist«, schreibt Sikora, »wird jeder bestätigen, der einmal an einer solchen Sitzung teilgenommen hat. Besonders dann neigt man dazu, gegen sie zu verstoßen, wenn ein Teilnehmer einen ›utopischen‹ Gedanken geäußert hat. Wie rasch meldet sich die innere ›Stimme der Kritik‹. Soll eine kreative Atmosphäre entstehen, so muß der einzelne Teilnehmer die Gewähr haben, daß er nicht in seinem Ideenflug durch vorzeitige Kritik gehemmt wird. Es sei hier darauf aufmerksam gemacht, daß Kritik durchaus nicht immer verbal vorgetragen wird. Die Mimik oder Gestik der Teilnehmer kann eine viel deutlichere Sprache sprechen. Ein ironisches Lächeln oder eine abwertende Handbewegung sind oft wirkungsvollere ›Heckenschützen‹ als ein Gegenargument.« (Sikora 1972, S. 44)
In jedem Buch über Kommunikation und Kreativität stehen mehr oder weniger lange Listen sogenannter ›Killerphrasen‹ und ›Ideenbremser‹, die nicht nur in dieser Phase, sondern generell zu vermeiden bzw. zu unterbinden sind.

Einige Beispiele hierzu:
Das haben wir schon immer so gemacht.
Das haben wir noch nie so gemacht.
Das ist doch alles graue Theorie.
Das ist viel zu teuer.
Das ist doch Unsinn.
Das ist gegen die Vorschriften.
Etwas ganz Ähnliches haben wir schon einmal probiert.
Und so weiter und so fort.

Franke fügt noch hinzu: »In der Originalfassung wird dabei nur an negative Kritik gedacht, man könnte aber auch dazu übergehen, positive Bewertungen auszuschalten, weil diese leicht zu einer vorzeitigen Favorisierung bestimmter Einfälle führen.« (Franke 1975, S. 126)

Regel 2: Freies Spiel der Gedanken ist erwünscht!
Den Assoziationen soll unbedingt freier Lauf gelassen werden. Je ausgefallener, absurder, phantastischer, ›verrückter‹, utopischer, ungewöhnlicher, spontaner, unorthodoxer, skurriler ein Einfall ist, desto besser.

Regel 3: Quantität vor Qualität!
So viele Ideen wie möglich, lautet die Devise. Hinter dieser Regel steht die begründete Annahme, daß mit der Anzahl der Einfälle auch die Wahrscheinlichkeit für das Auftreten besonders geeigneter Lösungsideen wächst.

Regel 4: Die Ideen anderer aufnehmen und weiterentwikkeln!
»In dieser Regel liegt der eigentliche Leistungsvorteil des Brainstorming begründet«, schreibt Linneweh, »Brainstroming ist ein ausgesprochenes Grup-

penverfahren und lebt von der Stimulanz und der Anregung durch andere Ideen. Aus diesem Grunde sollten die Teilnehmer auch fachlich heterogen zusammengesetzt sein, damit sie sich gegenseitig besser ›befruchten‹ können. Diese Anknüpfungsregel braucht nicht wörtlich genommen zu werden. Es muß auch nicht hintereinander angeknüpft werden, wichtig ist nur, daß sich alle Teilnehmer mit den Ideen der anderen beschäftigen und auseinandersetzen« (Linneweh 1984, S. 95)

Es wird allgemein behauptet und deckt sich mit unseren Erfahrungen, daß in einer 20- bis maximal 30minütigen Brainstorming-Sitzung (länger sollten sie nicht dauern) bei mindestens fünf und maximal zwölf geübten Teilnehmern 60 Ideen und mehr produziert werden.

Das Brainstorming läßt sich nicht nur in vielfältiger Weise variieren, sondern auch mit Zusatztechniken verbinden, um es unter bestimmten Umständen noch effektiver zu machen.

Das **progressive Brainstorming,** auch **Stop-and-go-Technik** genannt, kennzeichnet wechselnde kurze Phasen der Ideenproduktion (ca. zehn Minuten) mit gleich langen Phasen zur kritischen Bewertung der gefundenen Ideen.

Bei der **Methode Phillips 66,** auch als **Methode 66, Diskussion 66** und **Buzz-Session** bekannt, werden Kleingruppen mit je sechs Teilnehmern gebildet, die in kurzen fünf-Minuten-Phasen entweder Fragen, Diskussionspunkte oder Ideen zu dem zu lösenden Problem sammeln.

Die Variante des **Destruktiv-Konstruktiv-Brainstorming,** das man auch einfacher als **Negativ-Positiv-Brainstorming** bezeichnen könnte, soll bei General Electric entwickelt worden sein. Nach der Problemdefinition werden möglichst viele negative Punkte (destruktive Ideen) zusammengetragen, also Dinge, die eine Problemlösung zu erschweren oder gar zu verhindern scheinen. Erst in der zweiten Phase wird nach positiven Punkten gesucht, wird nach Lösungsmöglichkeiten für die gefundenen Widrigkeiten gefahndet.

Beim **imaginären Brainstorming,** einer Idee von Arthur F. Keller, ändert man in der ersten Phase das Szenario radikal, unter dem ein bestimmtes Problem untersucht wird. Eine Methode, die Autoren von Science Fiction und von Fantasy-Romanen schon seit jeher beherrschen.

»Stellen Sie sich eine Welt von Fabelwesen vor und verändern Sie dann die Lebensverhältnisse, die in dieser Welt herrschen, total. So können Sie eine andere Temperatur annehmen, eine andere Oberflächenbeschaffenheit, andere Ernährungsmöglichkeiten, Zahlensysteme. Hier leben z. B. Menschen mit Schnabel, einem Röntgenauge, zweimal drei Fingern, einer Sprache ohne Vokale, eine Welt ohne gedrucktes Papier etc.« (Wilkes 1988, S. 265)

Erst in der zweiten Phase wird gefragt, wie wir gefundene Problemlösungen auf unsere Welt übertragen können.

Das **Brainwriting** wird im Gegensatz zum Brainstorming ausschließlich schriftlich abgewickelt. Es gibt verschiedene Verfahren des Brainwriting, das bekannteste jedoch ist die von Bernd Rohrbach entwickelte **6-3-5-Methode.** Die Zahlen sollen besagen, daß jede von sechs Personen mit oder ohne Zeitdruck drei Ideen zu einem vorliegenden Problem auf ein Blatt Papier schreibt. Anschließend reicht jeder sein Blatt dem rechten Nachbarn weiter und erhält das des linken Nachbarn. Man knüpft an die Ideen des erhaltenen Blattes an und soll es innerhalb drei bis fünf Minuten um drei weitere Ideen bereichern. Nachdem die Blätter fünfmal weitergereicht wurden, hat man auf diese Weise $6 \times 18 = 108$ Lösungsvorschläge produziert. Selbstverständlich sind auch andere ABC-Kombinationen sinnvoll und möglich, weshalb diese Technik besser **PIR-Methode** heißen sollte:

P = 5 bis 10 Personen
I = möglichst viele Ideen
R = P−1 Runden

Eine vorgegebene Ideenzahl (I = 3) dürfte in vielen Fällen sogar von Nachteil sein.

Braem schlägt vor, mittels eines ›Plus-Minus-Filters‹, einer rein emotionalen Bewertung der produzierten Ideen, der Schwierigkeit zu begegnen, die beste(n) Idee(n) herauszufinden (Braem 1986, S. 205 ff.).

Bei der **Team-Collaboration-Technik** wechseln Einzel- und Teamarbeit sowie Ideenproduktion und Ideenbewertung in einer vorbestimmten Reihenfolge ab. Als die vier möglichen Phasentypen ergeben sich somit: einzeln/schöpferisch, einzeln/kritisch, Team/schöpferisch und Team/kritisch. Diese vier Phasen können in beliebig vielen Zyklen zur Problemdefinition, Ideenproduktion, Auswahl geeigneter Lösungsansätze und zur Erstellung eines Realisationsplans durchlaufen werden.

Eine in Werbeagenturen weitverbreitete Variante des Brainstorming ist die **Zufallswort-Methode,** auch **Reizwortanalyse** genannt. So simpel das Verfahren ist, es verlangt viel Phantasie und Übung, es fruchtbar anzuwenden, kann dafür aber viel Spaß machen.

Es gilt, ein zufälliges Wort zu wählen, am besten einen Gegenstand, aber auch Personen, Tiere und anderes können geeignet sein. Naheliegend wäre ein Wörterbuch, das man an zufälliger Stelle aufschlägt, um das erste Substantiv zu nehmen. Oder man wählt (würfelt...) drei bis vier Zahlen. Die ersten beiden Zahlen bestimmen die Seitenzahl des gewählten Buchs, Magazins etc., und die letzte bzw. die letzten beiden Zahlen bestimmen das gewählte Substantiv.

Es bestünde zum Beispiel das Problem Lehrermangel, und man wählt zufällig das Wort ›Kaulquappe‹. Nun gilt es, aus dem Zufallswort Ideen zur Problemlösung zu entwickeln.

Kaulquappen haben einen auffälligen Schwanz. Den einzelnen Lehrern könnte man als ›Schwanz‹ mehrere Assistenten zuordnen, die den Lehrveranstaltungen beiwohnen und mit Hilfe des Lehrers mehr und mehr Lehraufgaben übernehmen, bis sie selbständig sind und selbst zu Multiplikatoren werden.

Dies ist beileibe keine erschöpfende Auflistung möglicher Brainstorming-Varianten, noch sollte sie von der Erfindung weiterer kreativer Variationen abhalten.

In der Kreativitätsliteratur wird stets betont, daß die Brainstorming-Techniken zur Erhöhung der Kreativität einer Gruppe gedacht sind. Dabei wird häufig nur am Rande erwähnt, daß auch das individuelle Brainstorming für die Ideenproduktion von großer Hilfe sein kann. Nicht so bei Jacquelyn Wonder und Priscilla Donovan, die in ihrem Buch ›Whole-Brain Thinking‹ ihr ›Internal Brainstorming‹ als individuelle Brainstorming-Technik beschreiben (Wonder & Donovan 1985). Leider verknüpfen und begründen auch sie ihre Ideen mit einer übersimplifizierten Theorie eines ›linken‹ und eines ›rechten menschlichen Gehirns‹. Ihr ›Internal Brainstorming‹ diente uns als Ausgangspunkt für das **individuelle Brainstorming:**

Schritt 1: **Schriftliche Formulierung des Problems** (Wunsches, Bedürfnisses, Interesses).
Mehrfachformulierungen des Problems (Wunsches ...) aus verschiedenen Blickwinkeln, sowie engere und weitere Formulierungen sind oft hilfreich.

Schritt 2: **Brainstorming-Phase.**
Alle auftauchenden Ideen, Bilder, Empfindungen, Gedanken notieren (oder auf Band sprechen). Hierbei gilt es unbedingt, die vier Brainstorming-Regeln zu beachten:

- Keine Kritik der Ideen, Bilder, Empfindungen etc.
- Freie Assoziation (ausgetretene Bahnen verlassen)
- Quantität vor Qualität
- Weiterentwickeln von Ideen und Aufbauen auf Ideen

Auf Band gesprochene Ideen, Bilder, Empfindungen etc. aufschreiben und aufzeichnen.

Schritt 3: **Ideenbewertung.**
Ideen hinsichtlich ihrer Praktikabilität bedenken und hinsichtlich ihrer Gefühlsvalenz bewerten. Aussondern unpraktikabel erscheinender Ideen. Aussondern gefühlsmäßig abgelehnter Ideen.

Schritt 4: **Ideenauswahl.**
Version A: Auswahl der besten Idee nach Gefühl.
Version B: Rangbildung unter den verbliebenen Ideen nach rationalen und emotionalen Kriterien.
Auswahl der besten Idee nach rationalen und emotionalen Kriterien.
Version C: Behandlung aller verbliebenen Ideen mit der **Osborn-Checkliste** (s. Kap. 5.2)
Auswahl der besten Idee nach Gefühl oder nach rationalen und emotionalen Gesichtspunkten.

Schritt 5: **Ausarbeitung der subjektiv besten Idee.**
Schritt 6: **Realisierung der ausgearbeiteten Idee.**

Eine häufig, allerdings erst in den jüngsten Jahren geäußerte Pauschalkritik am Brainstorming ist, daß es zu keinen wirklich neuen, kreativen und außergewöhnlichen Ideen führe

(z. B. de Bono 1989, S. 262, Braem 1986, S. 14 f., S. 187). Dem ist einiges entgegenzuhalten:

- In vielen Fällen geht es nur darum, eine gangbare Problemlösung zu finden, die keineswegs ungeheuer originell sein muß.
- Naheliegende jedoch ungeeignete Ideen sind sehr entlastend für diejenigen, die das behandelte Problem nicht zu lösen vermochten.
- Manchmal wird selbst beim Osbornschen Brainstorming eine originelle Idee produziert.
- Selbst aus einer unscheinbaren Idee kann durch eine Nachbereitung (z. B. mit einer Checkliste, s. 5.2) eine originelle Idee entstehen.
- Bestimmte Brainstorming-Varianten, wie das imaginäre Brainstorming oder die Zufallswort-Methode, sind sehr wohl geeignet, auch sehr originelle Ideen zu produzieren.

6.2 Unterschätzte Verwandlungskünstler

Eine anspruchsvolle Bezeichnung für so etwas Triviales wie Checklisten. Die **Osborn-Checkliste** dient dazu, die gesammelten Ideen noch einmal unter verschiedenen vorgegebenen Gesichtspunkten zu betrachten. Im allgemeinen wird die Bedeutung dieser Checkliste durch den Effekt einer ›sich selbsterfüllenden Prophezeiung‹ erheblich unterschätzt. Dabei hat man den effizienten Gebrauch derartiger Listen nicht oder nur unzureichend gelernt und geübt.

Meist wird folgende, etwas gekürzte Fassung der Osbornschen Checkliste verwendet:

1. *Anders verwenden!*
   Wie kann eine gefundene Idee anders verwendet werden? Welchen Gebrauch kann man von der Idee noch machen?
   ...

2. *Anpassen!*
Was ist so ähnlich wie die geäußerte Idee? Welche Parallelen lassen sich ziehen? Läßt sich die Idee gruppieren? Auf welche anderen Ideen weist sie hin? Zeigt die Vergangenheit eine Parallele? Wem könnte man nacheifern?
...

3. *Ändern!*
Kann man Bedeutung, Farbe, Bewegung, Klang, Geruch, Form, Größe usw. verändern bzw. umgestalten?
...

4. *Vergrößern!*
Stärke? Höhe? Länge? Dicke? Verdoppeln? Multiplizieren? Übertreiben?
...

5. *Verkleinern!*
Was kann man wegnehmen? Kleiner? Kompakter? Kondensierter? Tiefer? Heller? Weglassen? Aufspalten? Untertreiben?
...

6. *Ersetzen!*
Was kann man an der geäußerten Idee ersetzen? Wer oder was kann an ihre Stelle treten? Kann man anderes Material verwenden? Kann man den Prozeß anders gestalten? Andere Kraftquellen? Andere räumliche Bedingungen, Stellungen und Positionen? Andere Tonlagen?
...

7. *Umstellen!*
Kann man Teile oder ganze Passagen austauschen? Andere Strukturen einfügen? Andere Reihenfolge? Kann man Ursache und Folge austauschen?
...

8. *Umkehren!*
Läßt sich positiv und negativ austauschen? Wie steht es mit dem Gegenteil? Kann man es rückwärts bewegen? Kann man die Positionen vertauschen? Kann man es völlig umdrehen?

9. *Kombinieren!*
Kann man Einheiten kombinieren? Kann man Absichten in Verbindungen bringen? Kann man Ideen bzw. Personen in Beziehungen setzen? Wie steht es um Mischung, Legierung, Zusammenstellung, Vereinigung?
...

Meist liegt es, wie gesagt, am richtigen Umgang mit einer derartigen Checkliste sowie an dessen Einübung, daß die Potenz solcher Methoden unterschätzt wird und ungenutzt bleibt. Aus diesem Grund möchten wir hierzu ein Beispiel in Anlehnung an Wilkes geben (Wilkes 1988, S. 215 f.).
Nehmen wir an, ein intra- oder interpersonelles Brainstorming zum Problem Geburtstag eines/einer Bekannten hat unter anderem auch die triviale Idee einer Geburtstagskarte produziert. Erstaunlich, was mit Hilfe obiger Checkliste aus dieser trivialen Idee zu machen wäre!

1. *Anders verwenden:*
Könnten wir die Geburtstagskarte so gestalten, daß man sie gleichzeitig anders verwenden kann? Könnten wir sozusagen als Geburtstagskarte ein Bettlaken nehmen, darauf unsere Geburtstagswünsche schreiben (natürlich herauswaschbar), und so haben wir als Geschenk einen originellen Gruß und ein Bettlaken gleichzeitig? Wir könnten eine Geburtstagskarte bemalen, anstatt sie zu beschreiben, und in einen Rahmen stecken ...

2. *Anpassen:*
Was wäre so ähnlich wie eine Geburtstagskarte, ein langer Geburtstagsbrief? Eine Karte? Vielleicht eine Kinokarte

oder besser noch Theaterkarte oder Opernkarte. Oder ein Foto als Postkarte ...

3. *Ändern:*
Eine andere Form von Geburtstagskarte? Eine universell zu verwendende Gutschrift für einen Theater-, Opernbesuch oder dergleichen. Besser noch ein Gutschein für ein sehr persönliches Geschenk, vielleicht ein ›Zeitgeschenk‹ oder die Übernahme einer unangenehmen Aufgabe oder ähnliches ...

4. *Vergrößern:*
Die Geburtstagsgrüße auf eine große Pappe schreiben oder eine Riesengeburtstagskarte mit Riesenbriefmarke und Riesenschrift ...

5. *Verkleinern:*
Eine normale Geburtstagskarte mit ganz kleiner und sehr viel Schrift? Vielleicht eine Geburtstagskarte in Briefmarkengröße, natürlich selbst gemalt. Dazu das Geschenk einer erlesenen Lupe ...

6. *Ersetzen:*
Könnte man Papier durch ein anderes Material ersetzen? Vielleicht Blech oder Keramik, eine Geburtstagskarte aus gebranntem Ton, selbst gefertigt, mit eingraviertem Geburtstagswunsch? Oder Plastik? Schallplatten sind aus plastischem Material. Es gibt klingende Karten mit einem Schlagergruß. Ich könnte ein Geburtstagsständchen singen und pressen lassen. Oder ich nehme einfach eine Kassette auf, singe ein Ständchen und nehme vielleicht noch andere auf, über die er sich freuen würde. Man könnte sogar ein ganzes Band mit Anekdoten füllen, in denen das ›Geburtstagskind‹ die Hauptrolle spielt, und und und ...

7. *Umstellen:*
Was könnte man bei einer Geburtstagskarte umstellen, in eine andere Reihenfolge bringen? Ursache und Folge vertauschen? Ursache ist der Geburtstag, die Karte ist Folge. Vielleicht nicht nur zum Geburtstag einen Kartengruß schreiben, oder die Einladung zu einem tollen Essen, dessen Termin das Geburtstagskind aussuchen darf ...

8. *Umkehren:*
Da liegt die Idee der Spiegelschrift nahe und dazu das Geschenk eines hübschen Spiegels. Oder eine ganz andere Art von Umkehrung. Eine Geburtstagskarte ist etwas Erfreuliches, etwas Positives; ich könnte ihm eine amtlich aussehende Mitteilung schicken, einen Brief mit Absender Finanzamt oder Polizeipräsidium, die Überraschung beim Öffnen wäre geglückt, vorausgesetzt der Absenderstempel wirkt echt ...

9. *Kombinieren:*
Wie könnte man bei der Geburtstagskarte Ideen und/oder Personen verbinden? Ich könnte möglichst viele Geburtstagsgratulanten bitten, mir ihre Geburtstagskarten zu schicken, um daraus eine Supergeburtstagskarte zu basteln. Vielleicht wäre es möglich, verschiedene, nah beieinanderliegende Geburtstage von Freunden in einem besonders großen und tollen, gemeinsamen Fest zu feiern ...

Ohne die Anregungen durch die Osborn-Checkliste, die man keineswegs sklavisch befolgen muß, wäre es schwerlich möglich, wenn nicht gar unmöglich, derart viele (großteils realisierbare und teilweise originelle) Ideen in derart kurzer Zeit zu produzieren!
Falls Sie anderer Meinung sein sollten, probieren Sie es einfach aus!

Die Osborn-Checkliste ist das Vorbild für viele weitere Checklisten, die im Prinzip nichts anderes als Adaptationen der Osbornschen Liste für bestimmte Zwecke darstellen. Anstatt solche Listen hier anzuführen, scheint es uns sinnvoller, den Leser zur Erstellung eigener, maßgeschneiderter Checklisten zu animieren.

6.3 Hilfreiche Schubladen

Vor allem im Bereich wissenschaftlicher Forschung ist die **morphologische Methode** des Astrophysikers Fritz Zwicky bekannt und geschätzt (Zwicky 1971). Eine wesentliche Rolle spielt bei dieser Methode, deren Grundidee bereits im 13. Jahrhundert von Ramón Lull formuliert wurde, der sogenannte ›morphologische Kasten‹, womit nichts anderes als eine mehrdimensionale Matrix gemeint ist. Aus dieser Matrix ergibt sich aus der Kombination der Einzelmerkmale der verschiedenen Dimensionen eine Vielzahl von Kombinationen. Entscheidend für den praktischen Wert derartiger Kombinationen ist natürlich die Wahl und die Unterteilung der einzelnen Dimensionen. Angenommen man möchte ein neuartiges Transportmittel (er)finden und wählt dafür die Dimensionen Antriebsart (z. B. Dampfantrieb, Benzinmotor, Dieselmotor, Elektromotor, Atommotor, Solarenergie, Windenergie, Muskelkraft), Fortbewegungsart (z. B. Gehen, Schleifen, Rollen, Schweben, Fliegen, Schwimmen, Springen) und Materialbeschaffenheit (z. B. Metall, Holz, Keramik, Glas, Kunststoff, Textilstoff), so ergäbe sich eine dreidimensionale Matrix, genau gesagt eine $8 \times 7 \times 6$-Matrix mit immerhin 336 Kombinationen. Die Kombination: Dampfantrieb, Rollen, Metall beispielsweise führt zur Dampflokomotive und zum Dampfauto.

Selbstverständlich sind auch Schubladensysteme mit nur zwei aber auch mit mehr als drei Dimensionen und mehr als acht Kategorien pro Dimension möglich.

Die Effizienz einer derartigen mehrdimensionalen Schubladenmatrix steht und fällt, wie gesagt, mit der Angemessenheit der Problemedefinition sowie der Erfassung aller problemrelevanten Dimensionen und Kategorien. Um im obigen Beispiel wirklich neuartige (und realisierbare) Kombinationen zu ermöglichen, müßte erstens das Problem (Erfindung eines neuartigen Transportmittels) genauer (z. B. enger) definiert werden. Zweitens fehlen wichtige weitere Dimensionen (z. B. Steuerung [Fahrer, Fernsteuerung, Selbststeuerung etc.], Transportgut [Menschen, Tiere, Lebensmittel etc.]) sowie weitere relevante Dimensionskategorien, wie chemische Energie bei der Antriebsart und viele andere mehr.

Ein wenig paradox formuliert bedeutet dies:
Man muß sehr kreativ bei der Erstellung der morphologischen Matrix sein, um aus ihr kreative Ideen ableiten zu können!

Eine ähnliche Idee liegt dem ›**Attribute Listing**‹ von Robert Crawford zugrunde, das eine Art vereinfachter morphologischer Analyse darstellt.

Ein Beispiel hierzu: Welche Attribute (Haupteigenschaften oder Dimensionen) weisen unsere alten Schraubenzieher auf?

›Attribute Listing‹:
– Runder Stahlstiel
– keilförmiges Ende des Stahlstiels
– Holzgriff
– Handbetätigung
– Dient zum Ein- und Ausdrehen von Schrauben

Man kann sich nun fragen:
– Muß es ein Stahlstiel sein, könnte er auch einen viereckigen, rechteckigen ... Querschnitt haben?
– Muß das Ende keilförmig sein, könnte es auch eine andere Form haben?
– Könnte der Griff auch aus Metall, Hartgummi, Plastik ... sein?
– Könnte er auch mechanisch, elektrisch ... betätigt werden?

- Muß er nur zum Ein- und Ausdrehen von Schrauben dienen?
- Könnte er nicht auch als Stromprüfer ... dienen?

Eine sehr einfache und dennoch höchst hilfreiche Methode. Es war naheliegend, bei Checklisten und morphologischen Methoden die Möglichkeiten von PCs zu nutzen. Eine Reihe hilfreicher Programme steht bereits zur Verfügung, nur:
Kreativ muß der Benutzer sein, der Computer ist es nicht.

6.4 Synektik und Bionik

Zu Beginn der 60er Jahre stellte William J. J. Gordon seine ›synektische Methode‹ vor, kurz **Synektik** genannt, deren Grundgedanke sich in einem Satz ausdrücken läßt:
»Make the familiar strange and the strange familiar!« – Mache das Gewöhnliche ungewöhnlich und das Ungewöhnliche gewöhnlich! (Gordon 1961)
Synektik besteht in der Regel aus drei Phasen:

1. Phase: Das anstehende Problem wird dargestellt, dann analysiert und ggf. umformuliert.
2. Phase: Das Problem wird systematisch durch Analogiebildungen verfremdet.
3. Phase: Entwicklung von Lösungsideen durch Verknüpfung (›Kreuzung‹) der gefundenen Analogien mit dem eigentlichen Problem.

Gordon unterscheidet vier Analogietypen:

Die direkte Analogie:
 Die Eigenschaften artfremder Bereiche werden aufeinander übertragen, z. B. biologische Gegebenheiten auf technische Probleme.
Die personale Analogie:
 Man versucht sich in Gegenstände, vornehmlich in solche

aus direkten Analogien, hineinzuversetzen, um herauszufinden, wie man sich als Kleiderbügel, Baum, Molekül, Auto usw. fühlt und verhalten würde.

Die symbolische Analogie:
Man wählt ungewohnte symbolische Vergleiche, um neue Empfindungen und Einfälle zu finden. Als Anregung hierfür können semantische (z. B. undurchsichtige Durchsichtigkeit), visuelle (z. B. abstrakte Bilder), auditive (z. B. ein Musikstück) und andere Reize dienen.

Die phantastische Analogie:
Die Realitätsbindung ist völlig aufgehoben. Irreale, utopische, traumhafte Vorstellungen werden zur Ideengeneration benützt (z. B. ein Schreibtisch, der fahren, fliegen, musizieren, wachsen, schrumpfen usw. kann).

Mit **Bionik** bezeichnet man eine Methode, vornehmlich technische Entwicklungsprobleme nach Vorbildern aus der Biologie zu lösen. Im Kern stellt sie eine Art Spezial-Synektik dar, bei der nur direkte biologische Analogien herangezogen werden. Sie stellt sehr hohe Forderungen an die technologischen und biologischen, speziell evolutionstheoretischen Kenntnisse der Teilnehmer einer Bionik-Gruppe und begrenzt dadurch ihre Anwendbarkeit auf Expertengruppen. Deren Ergebnisse können jedoch beeindrucken, wovon Bionik-Messen Zeugnis ablegen.

6.5 De Bono zuviel?

Die bislang dargestellten Kreativitätsmethoden wurden allesamt in den 50er und 60er Jahren vorgestellt. Obwohl Edward de Bono als letzter im goldenen Entwicklungszeitalter dieser Methoden auftauchte, sollte er der Größte werden. Der von ihm geprägte Begriff **laterales Denken** wurde inzwischen nicht nur in englische Lexika aufgenommen, er ist auch bereits in der Ausgabe von 1974 des Duden-Fremdwörterbuchs vertreten.

Die Anzahl der von ihm inzwischen veröffentlichten Bücher ist fast nicht mehr zu überblicken (inzwischen sind es mehr als 25, die in 20 Sprachen übersetzt sein sollen). Seine bekanntesten Originalbuchtitel dürften sein:

1967 The Use of Lateral Thinking
1967 The Five-day Course in Thinking
1969 The Mechanism of Mind
1970 Lateral Thinking: A Textbook of Creativity
1971 Practical Thinking
1972 Po: Beyond Yes and No
1976 Teaching Thinking
1978 Opportunities
1979 Future Positive
1982 de Bono's Thinking Course
1985 Conflicts
1985 Six Thinking Hats
1985 Masterthinker's Handbook

Er hat sich, zumindest gemessen an der Zahl seiner Bücher, wohl am intensivsten mit dem Aufbrechen unserer Denkschablonen beschäftigt. »Das laterale Denken«, schreibt er, »setzt sich zum Ziel, diese Beschränkungen zu überwinden. Es stellt Hilfsmittel zur Umstrukturierung, zum Überwinden der Denkklischees und zur Neuanordnung von Information zur Verfügung.« (de Bono 1971, S. 40)

De Bono ist unter anderem Gründer und Direktor des Cognitive Research Trust (abgekürzt CoRT) sowie der Erfinder des insgesamt 60 mehr oder weniger verschiedene Denktechniken (und damit auch viele Kreativitätstechniken) umfassenden ›CoRT-Thinking-Program‹. Dieses Trainingsprogramm der Denkfähigkeit soll laut de Bono mittlerweile in einigen tausend Schulen in England, Irland, Kanada, Australien, Neuseeland, Amerika, Malta und Israel Bestandteil des Curriculums sein. Diese 60 sich teilweise überschneidenden und ergänzenden Techniken lassen sich unseres Erachtens in fünf Gruppen aufgliedern:

Gruppe 1: Entwickeln von Alternativen
Gruppe 2: Entwicklung neuer Ideen
Gruppe 3: Indirekte Verbesserung der Kommunikation
Gruppe 4: Vorbereiten und Treffen von Entscheidungen
Gruppe 5: Problemlöseprogramme

Eine Darstellung aller 60 sich häufig überschneidenden und ergänzenden Techniken ist hier verständlicherweise nicht möglich. Wir wollen uns auf drei seiner interessantesten Methoden beschränken und müssen den darüber hinaus interessierten Leser auf die Originalliteratur verweisen (insbesonders de Bono 1986).

DIE PMI-METHODE:

De Bono erachtet seine **PMI-Methode,** die zur ersten Technikgruppe zählt, die der Entwicklung von Alternativen dienlich sein sollen, als eine besonders wichtige Denkhilfe. Hierzu de Bono im Originalton: »Das PMI ist ein wirkungsvolles Werkzeug, das so einfach ist, daß es fast nicht erlernbar ist, weil jeder glaubt, er oder sie benützt es ohnehin. Die gewählten Buchstaben ergeben eine leicht aussprechbare Abkürzung, so daß wir uns selbst oder andere auffordern können, ›ein PMI zu machen‹.

P steht für das Plus oder die guten Punkte
M steht für das Minus oder die schlechten Punkte
I steht für Interesse oder die interessanten Punkte

Das PMI ist ein die Aufmerksamkeit lenkendes Werkzeug. Bei einem PMI muß man willkürlich seine Aufmerksamkeit zuerst auf die Pluspunkte, dann auf die Minuspunkte und schließlich auf die interessanten Punkte richten. Dies geschieht in einer sehr willkürlichen und disziplinierten Art während einer Gesamtdauer von zwei bis drei Minuten.
...
Ich wurde einmal gebeten, eine CoRT-Lektion für eine Gruppe von Erziehern in Sydney, Australien, zu demonstrie-

ren. Bevor ich begann, forderte ich eine Gruppe von 30 Jungen (zehn bis elf Jahre alt) auf, mir zu sagen, was sie von der Idee hielten, wenn jeder von ihnen pro Woche 5 $ für das bloße In-die-Schule-Gehen bekäme. Allen gefiel die Idee, und sie begannen, mir zu erzählen, was sie mit dem Geld anfangen würden (Süßigkeiten kaufen, Comic-Hefte, etc.). Dann erklärte ich das PMI und forderte sie auf, bezüglich des 5$-Vorschlags durch das Plus, das Minus und die interessanten Punkte zu gehen. Sie sollten es in Fünfergruppen diskutieren. Nach drei Minuten stellten die Gruppensprecher die Ergebnisse vor. Viele (Minus-)Punkte wurden gefunden:

– Die größeren Jungen würden die kleineren verprügeln und ihnen das Geld wegnehmen
– Eltern würden keine Geschenke und kein Taschengeld mehr geben
– Es gäbe Streitereien wegen des Gelds und Streiks
– Wo sollte das Geld herkommen
– Es bliebe weniger Geld für die Bezahlung der Lehrer
– Der Schule verbliebe kein Geld, um einen Minibus zu kaufen

Am Ende der Übung wurde die Klasse erneut gefragt, was sie von der Idee hielte. Während 30 von 30 anfänglich die Idee gefiel, hatten nun 29 von 30 ihre Meinung total geändert und fanden die Idee nicht mehr gut. **Bemerkenswert ist, daß eine einfache Denkmethode, welche die Kinder selbständig benutzten, diesen Wandel bewirkte.** Ich hatte nichts weiter getan und kein Wort über den Vorschlag selbst verloren.
Angenommen, Sie wären aufgefordert, ein PMI zu dem Vorschlag zu machen, daß alle Autos gelb lackiert sein sollten.

(Der Leser ist eingeladen, die Übung selbst zu machen und erst danach weiterzulesen.)

Ihr Ergebnis könnte vielleicht so aussehen:

P
- leichter auf der Straße zu sehen
- leichter nachts zu sehen
- keine Entscheidungsprobleme bezüglich des Farbwunsches
- kein Warten auf die gewünschte Farbe
- leichter für den Autohersteller
- dem Verkäufer reicht ein kleineres Lager
- es könnte das ›Macho-Element‹ aus dem Autobesitz nehmen
- Autos würden eher Transportmittel werden
- bei kleineren Unfällen würde die gleiche Farbe an Ihr Auto gerieben
- ...

M
- langweilig
- schwer, den eigenen Wagen zu erkennen
- sehr schwierig, Ihr Auto auf einem (größeren) Parkplatz wiederzufinden
- Autos wären leichter zu stehlen
- die Gelbhäufung könnte die Augen ermüden
- Autoverfolgungen wären für die Polizei schwierig
- Unfallzeugen hätten es schwerer
- Einschränkung der Wahlfreiheit
- einige Lackieranstalten könnten in Konkurs gehen
- ...

I
- interessant zu sehen, ob Gelbschattierungen entstehen
- interessant zu sehen, ob Leute den Sicherheitsfaktor schätzen
- interessant zu sehen, ob sich Einstellungen zum Auto ändern

- interessant zu sehen, ob Autos mit anderen Farben geschmückt werden
- interessant zu sehen, ob es durchsetzbar wäre
- interessant zu sehen, wer den Vorschlag unterstützen würde

...

Es ist der ›Wille‹, in eine Richtung zu sehen, was so wichtig ist. Wenn dies einmal erreicht ist, dann wird es zur natürlichen Herausforderung für die Intelligenz, so viele P- oder M- oder I-Punkte wie möglich zu finden. So findet ein Umschalten statt. **Anstatt die Intelligenz für die Unterstützung eines bestimmten Vorurteils zu benützen, wird sie nun genützt, um den Gegenstand zu untersuchen«** (de Bono 1986, S. 11 ff., Übersetzung, Klammereinschübe und Hervorhebungen von uns).

Unsere Version der PMI-Methode heißt **PMF-Methode,** wobei das ›F‹ für ›Fragezeichen‹ und ›Fragepunkte‹ steht, wodurch die umständlichen, künstlichen I-Punkte-Formulierungen durch einfache, natürliche Fragen ersetzt werden:
Anstelle:
> Interessant zu sehen, ob Gelbschattierungen entstehen.
> Interessant zu sehen, ob es durchsetzbar wäre.

Heißt es einfach:
> Werden Gelbschattierungen entstehen?
> Wird es durchsetzbar sein?

Unsere Erfahrung mit deutschsprachigen Seminarteilnehmern spricht allerdings dafür, daß zwei bis drei Minuten pro P-, M- und F-Phase (bei komplexen oder sehr schwierigen Problemen sogar noch länger), d.h. insgesamt bis zu zehn Minuten (und manchmal länger), nicht nur als weniger druckvoll empfunden werden, sondern auch der Ergebnisqualität zugute kommen.

DIE PO-METHODE:

Die **PO-Methode** (von ›Provocative Operation‹) und die PMI-Methode scheint de Bono als die vielleicht wichtigsten Denkhilfen überhaupt zu betrachten. Die PO-Methode zählt zur zweiten Technikgruppe, die der Entwicklung neuer Ideen dienlich ist. Hierzu eine Geschichte, welche die Anwendung dieser Technik illustriert:

»Bei einer anderen Gelegenheit hieß das Problem Wasserverschmutzung durch Fabriken, die an einem Fluß gelegen sind. Um so weiter stromaufwärts man sich befand, desto größer war die Wasserverschmutzung, die einen erreichte. Die Provokation lautete in diesem Falle: ›Eine PO-Fabrik sollte sich stromabwärts von ihr selbst befinden.‹ Diese Forderung erscheint auf den ersten Blick unlogisch. Doch ihr ›Bewegungswert‹ führte ziemlich schnell zu einer Idee, die, so sagte man mir, in einigen Ländern bereits realisiert wurde. Normalerweise erfolgt die Abwassereinleitung einer Fabrik weiter stromabwärts als ihre Wasserentnahme. Die Provokation führte direkt zu dem Vorschlag, daß der Gesetzgeber darauf bestehen sollte, daß die Wasserentnahme durch eine Fabrik weiter stromabwärts als ihre Abwassereinleitungen stattzufinden hat – damit sie die erste wäre, die unter einer unzureichenden Abwasserreinigung zu leiden hätte« (de Bono 1986, S. 64, Übersetzung von uns).

Aus de Bonos Anekdoten zu dieser Methode läßt sich ein schrittweises Verfahren entwickeln, das die Effizienz der PO-Methode noch steigert:

Schritt 1: Fixieren des (der) relevanten Problemaspekte(s):
z. B.   – Autopendler besetzen die Parkplätze dauerhaft, so daß für Kunden zu wenige übrig bleiben. Es soll eine einfachere Lösung als die Installation von Parkuhren gefunden werden.
– etc.

Schritt 2: Benennen der Selbstverständlichkeit(en) des (der) Problemaspekte(s):
z. B.
- Autopendler kommen früher als Kunden
- Pendlerautos besetzen Parkplätze zu lange
- etc.

Schritt 3: Produktion von PO-Formulierungen:
z. B.
- PO-Autopendler kommen später als Kunden
- PO-Kunden kommen früher als Autopendler
- PO-Autos hindern sich selbst am zu langen Parken
- etc.

Schritt 4: Suche nach neuen Ideen:
z. B.
- Parkplätze dürfen erst nach Geschäftsöffnung bzw. ab einer bestimmten Zeit benutzt werden
- Parken ist nur mit eingeschalteten Scheinwerfern erlaubt (bietet nur Zeit für einen Einkauf, bevor die Batterie leer ist)
- etc.

DIE AGF-METHODE:

Die **AGF-Methode** (Angst-Geiz-Faulheit-Methode) zählt zur vierten Technikgruppe, die Hilfen zum Vorbereiten und Treffen von Entscheidungen bietet. Derartige Techniken scheinen nicht direkt zur Kreativitätssteigerung beizutragen, doch was hilft es, eine Menge großartiger Ideen entwickelt zu haben, ohne sich für eine entscheiden zu können, die es zu realisieren gilt? So gesehen erfüllt auch diese Technikgruppe eine wichtige Kreativitätsfunktion.

Wir haben die AGF-Methode nicht ausgewählt, weil sie die generell beste Entscheidungstechnik wäre (oft erfordern Entscheidungen erheblich komplexere Verfahren mit einer erheblich größeren Zahl an Beurteilungs- und Bewertungskriterien), sondern weil sie auf amüsante Weise menschliche

Grundbedürfnisse bloßstellt, weil sie einfach anwendbar und in vielen Fällen ausreichend ist.

Auch die AGF-Methode haben wir in ein schrittweises Vorgehen inklusive Gewichtung unterteilt, wodurch ihre Effizienz gesteigert wird:

Beispiel: Die Mutter wird zu alt, um wie bisher für sich selbst sorgen zu können.

Schritt 1: *Entwicklung von Entscheidungsalternativen (ggf. mithilfe von Methoden der Gruppe 1)*
   z. B. −Nichts unternehmen
   − Platz in einem Seniorenheim suchen und zahlen
   − Ins eigene Haus aufnehmen
   − Eine Betreuungskraft bezahlen
   − etc.

Schritt 2: *Alternativen nach A, G und F gewichten. (Wieviel bringt Alternative für A, G und F? Einschätzung z. B. mittels einer sechsstufigen Skala:* 0 = nichts
   1 = sehr wenig
   2 = wenig
   3 = einiges
   4 = viel
   5 = sehr viel)

Alternativen	Angst	Geiz	Faulheit	Summe
Nichts unternehmen	0	3	4	7
Seniorenheim	5	0	4	9
Ins eigene Haus	5	3	0	8
Betreuungskraft	4	2	4	10
...	.	.	.	.

Schritt 3: *Treffen der Entscheidung mit Hilfe von 2 und Entscheidung realisieren*
Im vorliegenden Fall erzielt die Alternative »Bezahlung einer Betreuungskraft« knapp den höchsten Summenwert.

Letztlich entscheiden wir meist emotional, auch wenn wir uns dessen nicht immer bewußt sind; Entscheidungsmethoden können die emotionale Entscheidung jedoch erleichtern. Ein wenig provozierend überschrieben wir diesen Abschnitt mit der spitzfindigen Frage: De Bono zuviel? Kann es denn überhaupt ›des Guten zuviel‹ geben?
Erst 1989 erschien die deutsche Übersetzung seines bereits 1978 veröffentlichten Buchs ›Opportunities: A Handbook of Business Opportunity Search‹ unter dem Titel ›Chancen: das Trainingsmodell für erfolgreiche Ideensuche‹. Zumindest hier tut unseres Erachtens de Bono zuviel. Sein immenser Aufwand, Chancen zu finden und wahrzunehmen, schreckt ab, anstatt zu motivieren. Es beginnt durchaus übersichtlich. Das Modell umfaßt vier Elemente: den Chancenspielraum, den Chancenmanager, das Chancenteam und die Chancenprojektgruppe. Doch dann nehmen die Verästelungen derart überhand, daß die Motivation der meisten Leser in ihnen ersticken dürfte:
Die nähere Beschreibung dieser vier Elemente umfaßt bereits 50 engbeschriebene Seiten.
Dann folgen Checklisten für Chancensucher.
Eine für die Ausgangspunkte der Suche und eine für die Endpunkte, hier sind 31 Punkte auf 66 Seiten zu berücksichtigen. Hat man endlich einige Chancen/Ideen gefunden, gibt es eine Vielzahl weiterer Punkte auf 21 Seiten für den ›Umgang mit Ideen‹. Doch damit immer noch nicht genug. Den Abschluß bilden vier Realisierungshilfen für geeignete Chancen/Ideen: die ›Wenn-Kästchen-Karten‹, die ›Aktionsstruktur für Chancen‹, der ›Umgang mit Risiko und Ungewißheit‹ sowie die ›Bewertung‹, ausgebreitet auf weiteren 50 Seiten

mit insgesamt 23 Punkten und rund 60 Unterpunkten.
Gleiches gilt für die 60 CoRT-Lektionen. So wichtig und hilfreich de Bonos Konzept des lateralen Denkens, des kontrolliert in die Quere und in die Breite gerichteten Denkens, für das Bewältigen von Problemen, für das Finden neuer Ideen, aber auch für die Konfliktbewältigung und die Sensibilisierung für Chancen zweifelsfrei ist, zehn Lektionen hätten bei weitem gereicht, um das zugrundeliegende Prinzip zu vermitteln. 60 sind u. E. auch hier des Guten zuviel.
Diese Kritik ist jedoch unerheblich im Vergleich zu dem Beitrag, den de Bonos Anregungen für die Verbesserung der Conditio humana leisten könnten, wenn diese Art des Denkens in allen Schulen der Welt gelehrt und im Umgang der Menschen miteinander gepflegt werden würde.

In den 70er und 80er Jahren tauchte zwar die eine oder andere klangvolle Bezeichnung wie beispielsweise die **synaptische Methode** (s. Aznar 1971) oder das **Quickstorming** (s. Fleck 1984) auf, diese und weitere Methoden sind im Kern jedoch nichts anderes als kreative Mixturen aus und Verfeinerungen von bekannten Kreativitäts- und Denktechniken.
Klaus Linneweh, ein anerkannter Kenner der Materie, meinte gar im Vorwort seines Buches ›Kreatives Denken‹ in der Auflage von 1984: »Seit Bernd Rohrbach (Anfang der 70er Jahre) die englischsprachigen Erkenntnisse in den deutschsprachigen Raum transformiert und seine Methoden vermittelt hat, gab es auf diesem Gebiet nur wenig Innovationen«, und: »Wesentliche Neuerkenntnisse auf dem Kreativitätsgebiet sind vorerst nicht zu erwarten« (Linneweh 1984, Klammereinschub von uns).

Das Gedächtnis der Menschen ist kurz, und Einigkeit darüber zu erzielen, was eine Neuerkenntnis ist, dürfte ein utopisches Unterfangen sein. War das Brainstorming eine Neuerkenntnis von Osborn oder nicht? Osborn selbst verwies auf ein ähnliches Verfahren, das bereits vor ca. 500 Jahren in In-

dien praktiziert wurde. ›Prai-Barshana‹ nannten die Hindus diese Technik, was soviel wie ›Fragen aus dem Inneren‹ bedeutet. Ist nun das Osbornsche Brainstorming etwas Neues oder nicht?
Trotz dieser Abgrenzungsschwierigkeiten teilen alle uns bekannten Kreativitätsautoren Linnewehs Meinung, die meisten von ihnen uneingeschränkt, einige jedoch nur hinsichtlich jener Kreativitätstechniken, die wir als A-Methoden etikettierten.

Kommen wir nun zur Gruppe der B-Methoden, die interessanterweise fast nie zusammen mit A-Methoden dargestellt werden, als handle es sich um zwei völlig verschiedene Arten von Kreativität, die auf keinen Fall etwas miteinander zu tun haben wollen. Ein Grund hierfür scheint zu sein, daß Verfechter der B-Methoden ausgesprochen oder unausgesprochen der Meinung sind oder zu sein scheinen, daß, falls überhaupt Methoden der Kreativität förderlich sind, dies nur B-Methoden sein können. Ein weiterer Grund dürfte sein, daß B-Techniken früher fast nur in der esoterischen Literatur vertreten waren. Seit den 80er Jahren jedoch finden sie zunehmend Eingang auch in sogenannte seriöse Publikationen, legitimiert durch Bezugnahmen auf neuere (oder auch ältere) Erkenntnisse der Gehirnforschung, der Psychologie und Psychotherapie, um nur die wichtigsten Bereiche zu nennen: Split-Brain-, Gehirnwellen-, Schlaf- und Traumforschung; Entspannungs-, Meditations- und (Selbst-)Hypnosetechniken; Watzlawicks Kommunikationstheorie, psychoanalytische Theorien sowie Musiktherapie; Gestaltwahrnehmung und plötzliche Einsichten, bis hin zu Suggestopädie und Superlearning.

7. B-Methoden zur Kreativitätssteigerung

7.1 Ver-Braem-te Methoden

1986 stellte Harald Braem sein **Brainfloating** weniger als Weiterentwicklung, sondern mehr als Gegenpol zu Brainstorming-Techniken vor (Braem 1986). Überdies sieht er im Brainfloating eine neue Technik, genauer Technikgruppe, mit der er Linnewehs Ansicht, daß in absehbarer Zeit keine Neuerkenntnisse auf dem Kreativitätsgebiet zu erwarten wären, zu Recht meint widerlegen zu können.

»Brainfloating«, schreibt er, »geht von einem völlig anderen Ansatz aus, strukturiert sich auf teilweise recht ungewohnte Weise und kommt von daher auch zu neuen und zu verblüffenden Lösungen. Der andere Ansatz ergibt sich zwingend aus der sich immer deutlicher abzeichnenden Transformation unseres gesellschaftlichen Bewußtseins, d. h., die neuesten wissenschaftlichen Erkenntnisse, speziell auf den Gebieten der Hirnphysiologie und Kommunikationsforschung, lassen vor unseren Augen ein unerwartetes Bild von der Wirklichkeit entstehen, an das wir uns erst schrittweise und mühsam gewöhnen müssen ... Die Methode Brainfloating versteht sich als konsequente Weiterentwicklung und Anwendung dieser neuesten wissenschaftlichen Erkenntnisse.« (Braem 1986, S. 13 f.)

Obwohl Braem dann auf 120 Seiten eine Menge interessanter, wissenschaftlicher und weniger wissenschaftlicher Informationen ausbreitet, basiert sein Brainfloating fast ausschließlich auf Erkenntnissen und Hypothesen der Split-Brain-Forschung, die in der Behauptung kulminieren, daß die beiden menschlichen Gehirnhemisphären hinsichtlich ihrer Funktionen hochgradig spezialisiert seien.

Da diese Forschungsergebnisse jedoch längst nicht so eindeutig sind, wie sie Braem und alle anderen uns bekannten Kreativitätsautoren ausnahmslos darstellen, ist hier eine Korrektur notwendig.

EXKURS: LINKE UND RECHTE GEHIRNHÄLFTE

»Die Aufteilung der Hemisphären«, schreibt Richard Restak, »in symbolisch-begrifflich (linke Hemisphäre) gegenüber nichtsymbolisch-direkt wahrgenommen (rechte Hemisphäre) vermeidet viele zu starke Vereinfachungen. So ist beispielsweise nicht völlig richtig, die Sprachfertigkeit in der rechten Hemisphäre ganz auszuschließen. Sie kann nach einiger Übung dazu fähig sein, ein Wort wie ›Pferd‹ zu entschlüsseln. Sie wird jedoch bei einem Wort wie ›Glaube‹ Schwierigkeiten haben. Es scheint, als könne die rechte Hemisphäre äußerst leicht die Bedeutung eines konkreten Gegenstands oder Ereignisses erfassen. Beachten Sie bitte, daß ich in die beiden letzten Sätze die Ausweichformulierungen ›wird Schwierigkeiten haben‹ und ›äußerst leicht‹ eingefügt habe, die beide beinhalten, daß die Angelegenheit noch nicht völlig entschieden ist.« (Restak 1988, S. 231 f.)

Auch die eindeutige Zuordnung von Emotionen zur rechten Hemisphäre muß bezweifelt werden, denn einiges deutet darauf hin, daß in der rechten Hemisphäre eher negative Gefühle zu lokalisieren sind und positive Gefühle eher in der linken.

Weitere Fragezeichen tauchen auf, wenn sich die Untersuchungen des Japaners Tsunoda bestätigen sollten: »Dr. Tadanobu Tsunoda, ein Spezialist für Sprach- und Gehörstörungen an der Universität für Medizin und Zahnmedizin in Tokio, untersuchte Patienten, die linksseitig und vermutlich in den sprachdominanten Hemisphären einen Gehirnschlag erlitten hatten. Während er die Versuchspersonen testete, beobachtete Dr. Tsunoda, daß ein isolierter Vokal wie z. B. der Klang ›ah‹ vornehmlich in der linken Hemisphäre statt erwartungsgemäß in der rechten verarbeitet wurde. Im weiteren

Verlauf seiner Forschungen begann er eine die verschiedenen Kulturkreise übergreifende Studie und verglich gebürtige Japaner mit Nicht-Japanern, die in Tokio lebten, unter ihnen Nord- und Südamerikaner, Europäer, Menschen aus dem Nahen Osten und Ostindien, Polynesier, Australier, Chinesen, Philippinos und Koreaner. Er fand heraus, daß alle diese Menschen isolierte Vokallaute hauptsächlich in der rechten Hemisphäre verarbeiteten, ausgenommen lediglich Japaner. Am interessantesten jedoch war, daß Amerikaner und Europäer, die in Japan aufgewachsen waren und von frühem Alter an mit der japanischen Sprache konfrontiert waren, die gleiche Hemisphärenspezialisierung aufwiesen wie in Japan geborene Japaner. Dieses Resultat, eine enorme Überraschung für Dr. Tsunoda, hob sofort eine der beiden möglichen Erklärungen für dieses Ergebnis auf: die Erbanlage.« (Restak 1988, S. 246)

Zur populären Behauptung, daß mittels sogenannter ›Rechtshirn-Techniken‹ die Intuition gesteigert werden könne, bemerkt Goldberg: »Derzeit basieren die meisten ›Rechtshirn‹-Techniken auf wilden Extrapolationen der Gehirnforschung. Sie im Namen der Verbesserung der Intuition zu unterstützen scheint unverantwortlich.« (Goldberg 1989, S. 12; Übersetzung von uns)

Und Weiten schreibt zum heutigen Forschungsstand der Hemisphärenspezialisierung in einem amerikanischen Psychologielehrbuch: »Die Theorien über die Beziehung zwischen zerebraler Spezialisierung und kognitiven Prozessen sind hochgradig spekulativ. An theoretischen Spekulationen ist nichts auszusetzen. Unglücklicherweise ist die vorsichtige und hypothetische Tendenz dieser Ideen über die hemisphärische Spezialisierung in den populären Forschungsberichten über unsere rechten und linken Gehirne verlorengegangen ... Die zerebrale Spezialisierung ist ein wichtiger und faszinierender Forschungsbereich. Es ist jedoch unrealistisch zu erwarten, daß die hemisphärischen Gehirnareale eine biologische Erklärung für jede Dichotomie oder Polarität der Denkarten liefern können. Somit scheint das populäre Tamtam über rechte und linke Gehirne ein wenig voreilig. Es gibt noch viel zu lernen über die funktionale Organisation des menschlichen Gehirns«. (Weiten 1989, S. 101; Übersetzung von uns).

Um keinen falschen Eindruck zu erwecken:
Auch wir erachten die Ergebnisse der Hemisphärenforschung als höchst faszinierend und durchaus vielversprechend für die Entwicklung neuer A- und B-Methoden. Diese Hoffnung gründet sich vor allem auf neuere Forschungen, die auch bei Gehirnuntersuchungen mit intaktem Corpus callosum (Balken) vielfältige Unterschiede der Hemisphärenfunktionen andeuten, die sich in komplexer Weise ergänzen und gegenseitig beeinflussen. Der derzeitige Kenntnisstand ist jedoch noch zu lückenhaft und unsicher, als daß er eine mehr als bloß spekulative Basis für die Entwicklung spezieller Methoden zur besseren Nutzung unserer Gehirntätigkeiten bilden könnte!

Die Überinterpretation (Vereinfachung) von Forschungsergebnissen in populären Kreativitätsbüchern liegt quasi in der Natur der Sache; populäre Darstellungen sollen unkompliziert sein, was jedoch oft zu unvertretbaren Vereinfachungen verführt. Dies geschieht verständlicherweise häufig dann, wenn man Techniken, die zu Recht oder zu Unrecht der esoterischen Ecke zugerechnet werden, eine seriöse Grundlage verschaffen will. Auch heute noch wird den Gleichungen:
    wissenschaftlich = seriös,
    esoterisch = unwissenschaftlich = unseriös
ausnahmslose Richtigkeit seitens vieler Wissenschaftler zugebilligt; obwohl häufig genug mit wissenschaftlichem Instrumentarium gewonnene Erkenntnisse korrigiert werden müssen und sich manche esoterische Behauptung als richtig erwiesen hat.

Ob esoterische Behauptung oder wissenschaftliche Vermutung, beide sollten unseres Dafürhaltens der gleichen rigorosen Überprüfung für wert erachtet und unterzogen werden.

Obwohl auch Braem den beiden Hemisphären ganz spezielle Funktionen zuschreibt, das ganzheitliche Denken z. B. der rechten Gehirnhälfte (vgl. Braem 1986, S. 50 ff.), vertritt er dennoch nicht (fast müßte man ›paradoxerweise‹ sagen) die These, daß Kreativität eine primär rechts-dominante Funktion sei, sondern ein aktives Zusammenarbeiten und ganzheitliches Zusammenwirken beider Hemisphären erfordere. Lassen wir die fragwürdige wissenschaftliche Ver-Braem-ung seines ›Brainfloating-Prinzips‹ einfach links (oder auch rechts) liegen und wenden wir uns gleich der Stelle zu, an der es aus unserer Sicht interessant und spannend wird, wenn er konkret zu beschreiben versucht, was mit dem Brainfloating-Prinzip letztlich gemeint sei und welche Leistungen er sich insbesondere als Werbefachmann von dieser Methode erwartet:

»Die das Brainfloating-Prinzip erklärende Formel für die bewußte Erstellung einer ganzheitlichen Botschaft lautet:
$1 + 1 = 3 = \infty$ auf dem informationserhaltenden Niveau von 3. Was bedeutet das? ...

Zugunsten der Verdeutlichung habe ich auf die ›echten‹ Anzeigen als Bildbeispiele verzichtet und sie in Form von Strukturlayouts umgezeichnet. Es handelt sich um eine Imagewerbung für die Deutsche Bundesbahn.

Abbildung 1 zeigt einen Zug, der durch die Landschaft fährt. Dazu sagt der Text: ›Fahr lieber mit der Bundesbahn‹.
Ja, warum soll ich das denn? Kann ich nicht genauso gut, wenn nicht noch besser mit dem Auto fahren? Was bringt mir also die Botschaft an neuem? Absolut nichts. Da wird bloß gezeigt, daß es das System Eisenbahn noch gibt und der Text sagt das gleiche noch mal. Die Formel zu dieser Botschaft lautet also:

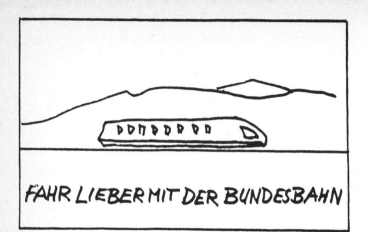

Abb. 1

Abb. 2

1 + 1 = 2 = 0. Schade um das viele zum Fenster hinausgeworfene Geld für die Anzeige!
Die Situation ändert sich schlagartig, wenn wir dagegen Abbildung 2 betrachten:

Das Bild zeigt einen Schneesturm, der Text lautet wie im vorigen Beispiel. Aber welcher Unterschied tut sich hier auf! In der Kombination erscheinen beide Informationen plötzlich in völlig anderem Licht. Da ist ein Schneesturm, der mannigfaltige Assoziationen weckt:
Kalt, naß, rutschig, sind die Reifen noch gut?
Hätte ich vielleicht lieber doch die Sommerreifen in Winterreifen umwechseln sollen?
Springt der Wagen überhaupt an?
Ist die Straße frei?
Ist Eis unterwegs, Schneeverwehung, Verkehrsstau?
Bekomme ich das vereiste Schloß überhaupt auf?
Hoffentlich funktioniert die Heizung einigermaßen.
Wie lange das immer dauert, bis es warm im Auto ist.
Heute brauche ich bestimmt länger als sonst und komme zu spät ins Büro ...
Vielleicht muß ich morgen früher aufstehen ...
usw. usw.
Der Slogan dazu tut direkt gut: eine sanfte Mahnung, die alle Gefahren und Unzulänglichkeiten des Systems Autofahren enthält, ohne sie nennen zu müssen, bei gleichzeitigem Angebot einer besseren, angenehmen Lösung. Wie recht die haben, es ist schon was dran an dem, was die sagen. Gerade jetzt ... Die Formel lautet also: $1 + 1 = 3 = \infty$ auf informationserhaltendem Niveau der Botschaft 3.
...
Wenn Bild und Text das gleiche aussagen, sozusagen deckungsgleich angepaßt sind, wirkt die Botschaft einschläfernd wie eine lahme Rede und erzeugt Gähnen. Stehen Bild und Text dagegen kontrapunktisch zueinander, macht das daraus entstehende Spannungsfeld uns plötzlich wach. Unsere

Sinne, beide Gehirnhälften, sind ganzheitlich angesprochen. Wir sind daran interessiert, einen Spannungsausgleich, eine Lösung zu finden. Was ist mit dem Angebotenen gemeint? Ein Wort-Bild-Rätsel, ein Trick, irgendeine dumme Floskel oder was sonst? Wie schön, wenn es tatsächlich noch ein bißchen mehr als das ist, etwas wirklich Neues, eine interessante Idee, eine Botschaft, die ungewohnt und ungewöhnlich auf uns zukommt.

Gute Werbung, die sich nach diesen Kriterien aufbaut, sollte auch stets mit der Formel überprüfbar sein:

Ergibt 1 (das Bild) plus 1 (der Text) wirklich etwas neues Drittes?

Ist diese Ebene wirklich grenzenlos ausdeutbar, oder erschöpft sich die Interpretation rasch in ein paar lächerlichen, allgemein bekannten Fakten? Je mehr die Ebene 3 in Richtung Unendlichkeit ausdeutbar ist, um so besser. Aber Vorsicht! Die Botschaft darf nicht so angelegt sein, daß sie nur Assoziationsketten und sonst nichts mehr erzeugt, sozusagen nach allen Seiten hin ungehemmt ausufert, ohne irgendwann (und möglichst schnell) wieder zurück zur Ebene 3 zu finden.

...

Die Aufgabe des Kommunikationsdesigners, des Herstellers der Botschaften, liegt darin, diese Ebene 3 zu finden und zur ganzheitlichen Gesamtbotschaft zu formen. Wie ist aber der Weg dorthin? Wie finde ich die Ebene 3? Ich befasse mich mit dieser Frage deshalb so ausführlich, weil hier ein wesentlicher Entstehungsort für Irrtümer liegen kann. Wir finden die Ebene 3 nämlich nicht, wenn wir nur einseitig (also ausschließlich vom Bild bzw. vom Text her) an die Sache herangehen. Eins und eins läßt sich nicht rein summarisch addieren, sondern muß inhaltlich zusammengebracht werden. Das eine und das andere muß gleichzeitig aus der Dreiheit entstehen, 1 + 1 aus sich selbst heraus erzeugen. Die Brainfloating-Formel stellt also eine Art kreativer Dreifaltigkeit dar, die man nicht konstruieren, sondern immer nur als Einheit erschaffen und begreifen kann.« (Braem 1986, S. 154 und S. 158 ff.)

Nachdem der Leser nun eine Vorstellung vom Brainfloating-Prinzip gewonnen hat, möchten wir kurz auf die Brainfloating-Techniken eingehen.
Zuvor sei jedoch vermerkt, daß Braem den kreativen Prozeß nicht als bloße Anwendung bestimmter Techniken sieht, sondern die Notwendigkeit einer vorgeschalteten Planungs- und Vorbereitungsphase ausführt, mit entsprechenden Checklisten, die er Konzeptpläne nennt (Konzeptplan A etwas umfangreicher als Konzeptplan B), und anderen Arbeitserleichterungen. Interessanterweise versteht er unter Arbeitserleichterungen nichts anderes als folgende A-Methoden:

Brainstorming
Brainwriting
die ›Creative Casting‹ (= ›alle Arbeiten, die irgendwie brauchbares, anschauliches Material heranschaffen‹)
die freie Bildassoziation (= Personen zum Entwurf oder zu Entwurfteilen frei assoziieren und ihre Meinung sagen lassen) sowie
die Synektik und die Bionik.

Und wie es sich für einen Verfechter von B-Methoden geziemt, ist er der Auffassung, daß der eigentliche kreative Durchbruch höchstens durch B-Methoden, aber keineswegs durch A-Methoden gefördert werden kann, auch nicht durch so anspruchsvolle Methoden wie Synektik und Bionik, da ihnen die ›ganzheitliche (auf den gesamten Körper bezogene) Dimension‹ fehle. »Kreativität«, so behauptet Braem, »läßt sich nämlich nicht durch Programme mit konstruierten Schemaabläufen herbeizwingen. Die Entfaltung von Ideen ist selbst ein freier, fließender Prozeß, für den die Einengung durch allzu starre Regeln einen erheblichen Qualitätsverlust

mit sich bringt. Die Brainfloating-Methoden sind daher lediglich als Anleitung für mögliche Spielabläufe zu verstehen, zu denen Sie im Laufe der Zeit eigene Varianten hinzuerfinden können.« (Braem 1986, S. 217)
Wichtiger als einzelne Techniken darzustellen, ist Braem die Notwendigkeit eines ganzheitlichen Ansatzes, des Einbezugs möglichst aller Sinnesorgane beim kreativen Prozeß, den er passend als ›Brainfloating‹ bezeichnet. Seine mehr als ein Buchdrittel umfassenden Bemühungen, das ›Brainfloating-Prinzip‹ wissenschaftlich zu fundieren, können jedoch nicht überzeugen und wären u. E. gar nicht notwendig gewesen. Seine Forderung nach Einbezug möglichst vieler sensorischer Bereiche wie auch unseres Unterbewußtseins, wie es andere Autoren fordern, kurz all unserer psychischen Fähigkeiten, um unsere Kreativität zu steigern, besitzt auch ohne wissenschaftliche Schützenhilfe hohe Plausibilität. Die Richtigkeit dieser These kann jedoch nur durch nachweisbare Kreativitätssteigerungen geliefert werden. Auch wenn bislang überzeugende Untersuchungen dieser Art noch ausstehen, dürfte es nur eine Frage der Zeit sein, bis die vielen bereits vorliegenden Hinweise durch rigorose Untersuchungen Absicherung finden. Braems Kreativitätskonzept ist eine Blüte der derzeit allerorten anzutreffenden Forderung nach Ganzheitlichkeit. Auch diese Forderung besitzt hohen Plausibilitätswert. Allerdings sollten wir dabei unsere menschlichen Beschränktheiten nicht ständig aus dem Auge verlieren. Wir können uns nur um ein klein wenig mehr Ganzheitlichkeit bemühen, da ein umfassendes, uneingeschränktes, wirklich ganzheitliches Wahrnehmen, Erfühlen und Bedenken von Gegebenheiten und Zusammenhängen menschliche Fähigkeiten hoffnungslos überfordert (s. Teil II, erstes und zweites Kapitel: sowie Bambeck/Wolters 1989).
Braems Anspruch auf eine wissenschaftliche Begründung seines Kreativitätskonzepts wie auch deren Scheitern durch unzulässiges Generalisieren und Übersimplifizieren wird anhand des folgenden Zitats besonders deutlich:

»Hier noch einmal, um die digitale, logische Neugier mancher Leser zu befriedigen, eine Zusammenfassung der wichtigsten Vorgänge, die beim Spiel mit den Brainfloating-Methoden passieren:
Unser Denken und damit auch unsere Wahrnehmung werden heute überwiegend von der Dominanz der linken Gehirnhemisphäre bestimmt. Dadurch befinden wir uns in einem permanenten intellektuellen Streß, während unsere zurückgedrängte Emotionalität (die rechte Hemisphäre) immer stärker nach einem Ausgleich verlangt und das Unbehagen (an dem auf diese Weise eingeschlagenen Weg) anwachsen läßt.
Folge: ein Mißverhältnis innerhalb unseres energetischen Haushalts, unerträgliche, psychosomatische Anspannung (mit den typischen Störungen, den sogenannten Zivilisationskrankheiten), Mangel an harmonischen Gehirnwellen (Alpha- und Thetawellen), unausgewogene Durchströmung des Transformators (Corpus callosum [= der Balken, die über 50 Millionen Nervenverbindungen zwischen den Gehirnhälften]), Unfähigkeit, zu kreativen, innovativen Ideen zu gelangen. Dies jedenfalls ist der Zustand eines ›normalen‹ Durchschnittsmenschen heute. Eine Ausnahme bildet, wie sich leicht anhand der produzierten Ergebnisse, aber auch mittels medizinisch-physikalischer Untersuchungen feststellen läßt, der Künstler.« (Braem 1986, S. 220, Einschub in den eckigen Klammern von uns)
Schön wär's (auch für uns Psychotherapeuten), wenn die Dinge so klar und einfach wären.
Obwohl Braems Brainfloating-Methoden leider ausschließlich auf Probleme aus der Werbebranche ausgerichtet und teilweise abschreckend aufwendig sind, möchten wir sie dennoch in groben Zügen darstellen, da ein Herumspielen mit ihnen mehr Sinnesbereiche einbezieht und dadurch ein umfassenderes Kreativitätstraining bietet als die Mehrzahl der A-Methoden.

DREIKLANGSPIEL:

Beim **Dreiklangspiel** sollen »Teile, die normalerweise nie miteinander in Verbindung gebracht werden, weil sie aus völlig verschiedenen Gebieten stammen« verbunden werden.
Beispiel: Imagewerbung für die Automarke »Jaguar«:
»Wenn dieser Jaguar eine moderne Plastik wäre, wie würde sie dann tanzen?«
Beispiel: Blechdosendesign für Süßigkeiten:
»Wenn diese Dose ein Haus wäre, wie würde es dann sprechen?«
(Braem S. 222 ff.)

UMPOLUNG:

In der *ersten Phase* der **Umpolung** nehmen »Sie sich als Übung vor, täglich eine halbe Stunde lang (oder wann immer sich eine Gelegenheit dazu bietet), die ›andere‹ Hand zu trainieren. Als Rechtshänder können sie z. B. versuchen, sauber und lesbar mit der linken Hand zu schreiben oder zu zeichnen.«
Die *zweite Phase* dieser Methode umfaßt drei Stufen, nachdem das zu bewältigende Problem in kurzer Form notiert wurde:

Stufe 1: Einsatz aller Sinnesorgane, auch des Tastens, Schmeckens und Riechens. Wie würden sich z. B. abgebildete Gegenstände anfühlen; wie riecht die Farbe des Fotos; schmecken die Gegenstände der Abbildung; wie würden sie wirken, wenn sie sich ganz anders anfühlen, anders schmecken und riechen würden? »Sie merken schon: Es handelt sich um eine Art Gehirnkino, aber der Film folgt keinem starren Regieplan, sondern assoziiert sprunghaft von einer Empfindung zur anderen, um möglichst eine gesamtsinnliche Impression zu erzeugen.« Danach oder dabei werden Empfindungsskizzen angelegt.

Stufe 2: »Schreiben oder zeichnen Sie eine halbe Stunde lang mit der ›anderen‹ Hand, was Ihnen gerade einfällt. Es ist völlig egal, was Sie da aufs Papier bringen – die Hauptsache ist, daß Sie Ihre Umpolübung konzentriert, ruhig und in positiver Erwartungshaltung durchführen. Die Übung hat inhaltlich nichts mit dem vorangegangenen Gehirnkino zu tun.«

Stufe 3: »Legen Sie nun die Scribbles oder Gedankennotizen der Stufe 1 auf den Tisch und daneben das Ergebnis der Umpolübung (was an Texten und Zeichnungen entstanden ist). Vergleichen Sie beide Ergebnisse und achten Sie auf assoziative oder (diesmal auch ausnahmsweise) logische Zusammenhänge und Ergänzungen. Nehmen Sie den Zettel mit der Problemdefinition, legen Sie ihn auf den Tisch und beginnen Sie nun, alle anderen Zettel (nebst dem Blatt Ihrer Umpolübung) zu einem System zu ordnen.«
Erst ausgiebige Übung dieser Technik wird die erhofften Ergebnisse zeitigen (Braem S. 230 ff.).

SIMULTANAKTION:

In der *ersten Phase* der **Simultanaktion** gilt es wiederum zu üben, diesmal: »möglichst oft und regelmäßig mit beiden Händen synchron tätig sein, gewohnte Einhandtätigkeiten allmählich auf beide Hände übertragen ... Wichtig ist, beide Hände stets gleichzeitig zu bewegen, ohne darauf zu achten, was die eine oder die andere tut. Das unkontrollierte Arbeiten erlaubt, den Körper ganzheitlich zur Entfaltung gelangen zu lassen.«

In der *zweiten Phase* wird zuerst wieder die Problemstellung in Kurzform notiert. Dann gilt es, sich in die Aufgabenstellung zu vertiefen. »Erste Ideen dazu, Scribbles bzw. Worte, Sätze, Gedanken werden sofort notiert und ebenfalls angeheftet. Wenn Sie an einem Punkt angelangt sind, wo sie vorerst nicht weiterkommen, so gehen Sie spielerisch zur Simultanaktion über: Zeichnen Sie einfach das heraus, was Ihnen einfällt, was Sie fühlen, ohne an die Aufgabe zu denken ... Schreiben oder scribbeln Sie bewußt mit der linken Hand (als Rechtshänder) oder noch besser mit beiden zugleich und spontan auf das Papier, in die Zeichnung hinein ... In der letzten Phase des Spiels kommen wir ... in gewohnter Weise zur Auswertung. Was befindet sich alles auf dem Papier, welche Figuren, Bilder, Notizen, in welchem Zusammenhang stehen sie zur ursprünglichen Aufgabe, mit welcher Methode ließe sich ein erwünschtes Ergebnis aus dem Spiel sonst noch herauskitzeln? ... Der letzte Schliff kann dann aus der bewußten ›Nachsitzung‹ heraus erfolgen.« (Braem S. 236 ff.)

GESTALTSPIEL:

Das **Gestaltspiel** bezieht die sinnliche Erfahrung des ganzen Körpers in den Kreativitätstrainingsprozeß mit ein. »Wichtig beim Gestaltspiel ist, daß dieser Prozeß nicht bloß gedanklich stattfindet – als Resultat des Gehirnkinos –, sondern vor allem mit dem eigenen Körper durchgespielt wird.« Die einzelnen Spielphasen könnten etwa so verlaufen:

Phase 1: Sichtbare kurze, schriftliche Problemfixierung.

Phase 2: Das Objekt zum Subjekt machen, zu einem Lebewesen, zu einer Persönlichkeit mit eigenem, unverwechselbarem Charakter.

Phase 3: Sich mit Phantasie und hemmungslos in das Lebewesen versetzen. Wie bewegt es sich, was fühlt, schmeckt, riecht, hört, sieht es, wie artikuliert es sich etc.

Phase 4: Einen individuellen und einen Gattungsnamen für das Lebewesen erspüren (z. B. »Ich bin Donna Moreno vom Stamme der Mövenpick-Eisbecher«) und überprüfen, beispielsweise durch verschiedenartiges Aussprechen, ob die Namen gefühlsmäßig passen.

Phase 5: Einen Steckbrief und kurzen Lebenslauf aus der Sicht des Wesens schreiben (»... ich stamme aus dem Sahnemeer, in das man wunderbare Früchte warf ...«). Alle assoziierten Bilder und Worte festhalten und versuchen, die Beschreibung so individuell und unverwechselbar wie möglich zu halten.

Phase 6: Nach Übereinstimmungen zu anderen Bereichen, zu übergeordneten Gruppen, Systemen, Erscheinungsformen suchen. »Läßt sich das Profil aufgrund dieser Erkenntnisse noch stärker herausarbeiten?«

Phase 7: Zurückgehen zur anfänglichen Problemstellung und prüfen, ob die gefundene und zum Profil ausgedehnte Persönlichkeit originell, glaubhaft, und sympathisch ist (speziell wenn es sich um ein Werbeobjekt handelt!) bzw. auf andere Weise zur Problembewältigung beitragen kann. (Braem S. 241 ff.)

FORMBILDUNG:

Wie üblich wird auch bei der **Formbildung** zuerst das Problem definiert und sichtbar irgendwo befestigt. Des weiteren wird ein größerer Klumpen angefeuchteten Tons parat gelegt.

Mögliche Etappen des Spiels:

Phase 1: Gründliche Einstimmung auf die gestellte Aufgabe.

Phase 2: Negative Fragestellung (Warum könnte jemand auf unsere Idee ablehnend reagieren?) formulieren und dabei zweckfrei, scheinbar absichtslos beidhändig kneten. Nicht logische Gedanken in gegenständliche Formen umsetzen, sondern darauf achten, ob aus dem Knetmaterial irgend etwas entsteht, was einen auf neue Gedanken bringt.

Phase 3: Das Gegenteil dessen benennen, worum es in der Aufgabenstellung geht, und auf den größt- beziehungsweise kleinstmöglichen Nenner bringen. (Z. B.: Es geht um eine Versicherung: Das Gegenteil wäre Unsicherheit, und der entsprechende Nenner hieße Angst.) Anschließend nach Möglichkeiten suchen, den gefundenen Nenner zu befriedigen. (Z. B.: Was hilft gegen Angst? Was bietet mir Freiheit? Wie läßt sich Bedürfnis nach Ansehen befriedigen? etc.) Auftauchende, wichtig erscheinende Gedanken nur stichwortartig notieren.

Phase 4: Knetformen und -figuren, die sich nicht auf Anhieb deuten lassen, vorerst beiseite legen und sich ein weiteres Stück Knetmasse vornehmen. »Wenn Sie an abstrakte Vorstellungen denken – Schutz, Vorteile der Freiheit, Informiertheit, Ansehen und Geltung usw. –, so lassen Sie die Vorstellung eine Zeitlang sich ausbreiten, in sich schwingen und geben Sie Ihren Händen freien Lauf.«

Phase 5: Herauspicken eines materiellen Gesichtspunktes. (Z. B.: Auf welche Weise kann der erstrebenswerte Zustand preiswert herbeigeführt werden?)

Phase 6: Ordnen und sichten der Ergebnisse (Notizzettel, Skizzen, Fotos, geformte Objekte) in Hinblick auf die gestellte Aufgabe. Versuchen, eine gemeinsame Idee zur Aufgabenbewältigung aus all dem herauszulesen (Braem S. 248 ff.)

LAUTMALEREI:

Zur **Lautmalerei** benötigt man ein Tonbandgerät, am besten ein kleines Kassettengerät, und möglichst eine Pinnwand.

Phase 1: »Sie schalten das Gerät ein und beginnen damit, den Namen des Produktes (soweit dieser schon feststeht), der Firma, des Vereins, den Slogan, das Motto der Kampagne usw. laut auszusprechen. Variieren Sie diese Worte auf alle möglichen Weisen, betonen Sie sie anders als sonst, stellen Sie Vokale und Konsonanten um, nennen Sie ähnlich klingende Namen von Begriffen usw. oder was Ihnen geradewegs dazu in den Sinn kommt.« Natürlich darf auch gesungen und gereimt werden. Doppeldeutigkeiten sind zu wiederholen, damit sie beim Abhören nicht überhört werden.

Phase 2: Auswertung der Tonaufzeichnung(en). »Jedes auffällige Wort, jeder neue, ungewöhnliche Begriff (vor allem Doppelassoziationen) wird sofort notiert und an die Wand gepinnt. Sind bestimmte Worte oder Sätze sehr bildhaft, so stoppen Sie das Tonbandgerät für einen kurzen Moment und fertigen Sie für die Pinnwand eine Skizze an. Taucht ein phonetischer Wohlklang (oder eine verblüffend einfache, einprägsame Melodienfolge) auf, so spulen Sie sofort zurück und hören sich die Sache mehrmals an.«

Anschließend gilt es mit den Notizen und den alten sowie weiteren Aufzeichnungen so lange weiterzuspielen, bis sich eine akzeptable Problemlösung herauskristallisieren läßt. (Braem S. 252 ff.).

DOPPELKOPF:

Beim **Doppelkopf** arbeiten (spielen) zwei Personen zusammen, wobei jeder der beiden Partner versucht, »vorübergehend so intensiv wie möglich mit einer Hemisphäre zu verschmelzen, d. h. ganz und gar linkslastig bzw. rechtslastig zu werden, also digital logisch bzw. analog assoziativ zu agieren. Das wird nicht restlos gelingen, aber bereits die bewußte, ernsthafte Annäherung an diese Zustände schafft gute Voraussetzungen für die Arbeit damit ... Der Reiz des Spiels liegt darin, nicht durchgängig in festen Rollen polar zu bleiben (dies würde zu permanenter Opposition und in der Folge zu keinen neuen Erkenntnissen führen).«

Phase 1: Aufgabenstellung gemeinsam besprechen und sichtbar fixieren.

Phase 2: Der eine übernimmt den logisch-rationalen Part, der andere den bildhaft-irrationalen Part.

Phase 3: Die Rollen werden getauscht.
»Danach empfiehlt sich eine Phase, in der Sie sich mit völlig anderen Dingen beschäftigen, Kaffee oder Tee trinken und kein Wort mehr über die Angelegenheit verlieren.«

Phase 4: Die entstandenen Skizzen und Notizen sichtbar befestigen und hinsichtlich der Problemstellung durchsprechen.

Phase 5: Erneuter Rollentausch. Sollte es sich um das Zusammenspiel von Texter und Grafiker handeln, so schlüpft nun der Texter in die Rolle des Grafikers und umgekehrt. »Beide Tätigkeitsbereiche – obgleich in vertauschten Rollen stattfindend – stellen in dieser Phase eine gemeinsame, konstruktive Entwicklungsarbeit dar. Betrachten Sie nach Abschluß der Phase alle zu Papier gebrachten Ergebnisse, sprechen Sie sie (unter Nennung der Vor- und Nachteile) durch und heften Sie sie an die Wand (die nunmehr bereits den Charakter einer stattlichen Sammlung besitzen kann).«

Phase 6: Erneuter Rollentausch bzw. Aufteilung der Polaritäten. Die in Phase 2 und 3 negativ eingeschätzten Aspekte werden nun einzeln aufgegriffen und positiv behandelt. Positivaspekte werden negativ behandelt.

Danach längere Pause, am besten die bisherige Arbeit überschlafen.

Phase 7: Gemeinsames Durcharbeiten, Zusammenstecken, Umstrukturieren usw. der bisherigen Ergebnisse in Hinblick auf geeignete Lösungsansätze. »Falls nötig, wiederholen Sie einzelne Spielzüge (Phasen) des Vortags ... Auch der partielle Einsatz anderer Brainfloating-Methoden (z. B. Dreiklangspiel, Gestaltspiel, Lautmalerei) kann sich nun als ebenso nützlich erweisen wie das Hinzuziehen der 6-3-5-Methode nebst dem dazugehörigen Plus-Minus-Filter.« (Braem S. 260 ff.)

BILD-TEXT-POTENZIERUNG:

Die **Bild-Text-Potenzierung** ist die vielleicht direkteste Realisierung des Brainfloating-Prinzips.

Phase 1: Gründliche Klärung der Problem- und Aufgabenstellung in gewohnter Weise und schriftliche Fixierung als sichtbarer Ausgangspunkt.

Phase 2: Meditative Untersuchung des Gegenstands des Kommunikationsvorhabens mittels einer Tabelle:

Sinneswahrnehmung	Text	Bild
Sehen		
Hören		
Tasten		
Riechen		
Schmecken		

»Strukturieren Sie Ihre Untersuchung in fünf Etappen und spielen Sie alle Sinneseindrücke durch: Was sehe ich, wenn ich an das Vorhaben denke? Was höre, taste, rieche, schmecke ich? Notieren Sie alle Assoziationen, die Sie wahrnehmen, in der Rubrik ›Text‹. Versuchen Sie, sich jeden der aufgespürten Begriffe bildhaft vorzustellen, und fertigen Sie einfachste Skizzen dazu in der Rubrik ›Bild‹.« Den Platz für Texte und Bilder im Laufe der Zeit erweitern, bis die Tabelle den Charakter einer sinnlichen ›Personalakte‹ bekommt.

Phase 3: »Setzen Sie zur Überprüfung des herausgefundenen Profils die Methode ›Dreiklangspiel‹ ein bzw. ›Gestaltspiel‹ oder ›Lautmalerei‹. Ergänzen Sie mit den dadurch gewonnenen Erkenntnissen und Anregungen das Profil.«

Phase 4: Vorstellen des Kommunikationsgegenstands als Star: »Wie bewegt er sich, welche Verkehrsmittel benutzt er, geht er zu Fuß, reitet er ... Wie benimmt sich Ihr Star in der Öffentlichkeit, mit welcher Art Mienen- und Körperspiel untermalt, spricht, singt, schreit, flüstert er?«

Phase 6: »Spielen Sie mit dem Erwartungsverhalten Ihrer Botschaftsempfänger: Übertragen Sie das Profil Ihrer personifizierten Botschaft auf die Bilder und Texte ... Versuchen Sie eine Dramatisierung des Auftritts durch den Einsatz von Humor, mit witzigen, leicht verständlichen Verfremdungen, durch Doppeldeutigkeiten« und was Ihnen sonst noch einfällt. (Braem S. 268 ff.)

Braem beläßt es als Werbefachmann verständlicherweise nicht beim kreativen Herumspielen mit Methoden zur Ideenfindung und Problembewältigung. Als so wichtig er eine Vorbereitungsphase hierzu erachtet, als so wichtig, besser gesagt als noch wichtiger, erachtet er eine Nachbereitungsphase, eine Erfolgskontrolle zur beabsichtigten oder bereits realisierten Strategie der Problem- oder Aufgabenbewältigung.

Als Instrumente der Erfolgskontrolle, speziell für Kommunikationsvorhaben in der Werbung, nennt er die aus der Rhetorik und dem Verkaufstraining bekannte AIDA-FORMEL, die ERFOLGS-KONTROLLE, den RECALL sowie den POSTTEST:

Mit der **AIDA-Formel** werden folgende vier Aspekte der beabsichtigten Werbeidee erfaßt:

    A = attention (Aufmerksamkeit erregen)
    I = interest (Interesse wecken)
    D = desire (Wünsche erzeugen)
    A = action (zur Handlung führen)

Eine detaillierte Bewertung erlaubt das Akronym **Erfolgs-Kontrolle:**

E = einfach
R = relevant
F = freundlich
O = originell
L = leicht lesbar
G = glaubwürdig
S = Summe von E+R+F+O+L+G

Vor der endgültigen Entscheidung werden in einem Pre-Test verschiedene Ideen oder Ideevarianten hinsichtlich der ERFOLG-Kriterien durch 20 bis 30 ausgesuchte Testpersonen geprüft. Das Ergebnis dieser Erfolgskontrolle erleichtert dann die endgültige Entscheidung.

Um den Erfolg einer bereits realisierten Idee zu prüfen, kann man durch ein Marktforschungsinstitut einen **Recall** durchführen lassen, wobei ausgewählte Personen angerufen werden und bezüglich der Wirkung der realisierten Idee (z. B. eines TV-Spots) mehr oder weniger geschickt interviewt werden.

Auch **Post-Tests** dienen, wie der Name verrät, der Nachkontrolle und können äußerst aufwendig (gründliche Wirkungsuntersuchungen durch Marktforschungsinstitute) und weniger aufwendig (und meist auch weniger informativ) durchgeführt werden (z. B. nach Werbeträgern codierte Anzeigen, mit denen etwas angefordert [Informationsmaterial, Geschenke, Gewinne etc.] werden kann).

7.2 Esoterik kontra Wissenschaft

Die in jüngster Zeit ansteigende Beachtung mehr oder weniger esoterisch fundierter B-Methoden hat nur sekundär mit der oben erwähnten zunehmenden wissenschaftlichen Untersuchung derartiger Methoden und für sie relevanter Berei-

che zu tun. Primäre Ursache scheint uns die in den letzten Jahrzehnten weltweit wachsende Kritik an den Folgen der Industriegesellschaft und das damit verbundene Interesse an esoterischem Gedankengut, dessen vielfältige historische Wurzeln und moderne Ausprägungen am deutlichsten in der äußerst heterogenen New-Age-Bewegung zum Ausdruck kommen. Dieses noch immer im Zunehmen begriffene, meist recht diffuse Bedürfnis nach ganzheitlicher Weltsicht und menschlicher Existenz, nach Integration des Menschen in die Natur und den gesamten Kosmos führte zwangsläufig zur wachsenden Beschäftigung mit uralten Esoterikquellen in (Geheim-)Religionen, (Natur-)Philosophien, Mythen und dergleichen. Erst Folge dieses Bedürfnisses ist der wachsende Druck auf die etablierten Wissenschaften und Wissenschaftler, sich auch mit diesen bislang vom Wissenschaftsbetrieb vernachlässigten, ja tabuierten Gebieten näher zu befassen.
Ende 1975 unterzeichneten 192 ›führende Wissenschaftler‹, darunter 19 Nobelpreisträger, eine Resolution gegen die Astrologie in der amerikanischen Zeitschrift ›The Humanist‹. »Die Anerkennung der Astrologie«, heißt es am Ende dieser Erklärung, »nimmt in der modernen Gesellschaft zu. Dies kann nur zu einem Anwachsen des Irrationalismus und der Verdummung führen ... Es sollte allen, die weiterhin an ihrem Glauben an die Astrologie festhalten, klarwerden, daß sie dies trotz der Tatsache tun, daß es keine gesicherte wissenschaftliche Basis für ihre Auffassung, dagegen aber starke Beweise für das Gegenteil gibt.« (Gauquelin 1987, S. 13) Das Bemerkenswerteste an dieser Erklärung ist, daß nur ein Bruchteil der Unterzeichner Ahnung von der Astrologie hat, und kein einziger Gegenbeweis geliefert wird!

Mit anderen Worten: Fast alle, wenn nicht gar alle der Resolutionsunterzeichner äußern nichts anderes als ihre eigene unwissenschaftliche Meinung, ihr eigenes irrationales Vorurteil gegenüber einem Sujet, dessen Irrationalität und Unwissenschaftlichkeit sie anprangern!

Das Fatale im Verhältnis zwischen Esoterik und Wissenschaft besteht paradoxerweise darin, daß **beide** noch immer starke Abwehr gegen eine rigorose Untersuchung esoterischer Methoden und Behauptungen haben. Esoteriker erachten Untersuchungen nach wissenschaftlichen Kriterien aufgrund der Quellenautorität und/oder der unterstellten Evidenz ihrer Ansichten und/oder von anekdotischen oder anderen unwissenschaftlichen Belegen als überflüssig; und viele, wenn nicht die meisten sind sogar der Überzeugung, daß die Wirksamkeit esoterischer Methoden durch eine wissenschaftliche Untersuchung, d. h. in der Konfrontation mit Ungläubigen, zerstört wird. Wissenschaftler verweisen auf die Unwissenschaftlichkeit der Esoterikbelege, sehen darin eine Bestätigung ihrer Vorurteile esoterischen Ansichten gegenüber, erklären sie deshalb für Humbug und für nicht untersuchungswürdig.

Die Kluft zwischen beiden Weltsichten und Haltungen wird erst überbrückbar, wenn die Esoteriker die Schwäche ihrer Belege erkennen und ihre Abwehr- sowie Immunisierungshaltung gegenüber aussagekräftigen Überprüfungen ihrer Theorien und Methoden ablegen und wenn die Wissenschaftler ihre Vorurteile sowie ihre eigenen Thesen ernst nehmen und esoterische Aussagen nur dann attackieren, wenn wissenschaftliche Untersuchungen sie eindeutig widerlegen.

Noch ist die Kluft immens, aber es mehren sich die Stimmen hüben wie drüben, die eine Prüfung esoterischer Ansichten als notwendig, zumindest als sinnvoll erachten.

Dabei darf nicht übersehen werden, daß der größte Teil esoterischer Lehren aus unüberprüfbaren Glaubensinhalten bestehen dürfte; d. h. Theorien, die prinzipiell unwiderlegbar bzw. im Popperschen Sinne nicht falsifizierbar sind, wie beispielsweise die Existenz Gottes. Trotz des großen Anteils parareligiöser Esoterikthesen verbleibt eine unüberschaubare Anzahl esoterischer Ansichten, die prinzipiell falsifizierbar und damit einer wissenschaftlichen Prüfung zugänglich sind. Diese gilt es mit wissenschaftlichen Methoden zu untersuchen, wie es zum Beispiel für die Astrologie von Michel Gauquelin in vorbildlicher Weise geleistet wurde und wird (Gauquelin 1987) oder wie es die Technische Universität München für das Wünschelrutengehen durchführte, auch wenn mehrheitlich weder die eine noch die andere Seite solche Untersuchungen bislang interessierten.

Ich (Bambeck) mache mir seit einiger Zeit die Arbeit, die sogenannte ›Biorhythmenlehre‹, die auch menschliches Leben durch einen 23tägigen körperlichen Rhythmus, einen 28tägigen seelischen Rhythmus und einen 33tägigen geistigen Rhythmus gekennzeichnet sieht, zu untersuchen. Anhänger dieser Lehre sind beispielsweise der felsenfesten Überzeugung, daß an bestimmten Tagen, sogenannten ›kritischen Tagen‹, besonders häufig gestorben wird, selbstverschuldete Unfälle passieren, Operationen schlecht verlaufen, Prüfungen vermasselt werden, kreative Leistungen nicht zu erwarten sind und vieles andere mehr. So beschreibt z. B. Wilkes in seinem Buch ›Die Kunst, kreativ zu denken‹ ausführlich diese Theorie und ihre Auswirkungen auf unser Denken (Wilkes 1988), **obwohl die Biorhythmenlehre totaler Humbug ist.** Eine derart kategorische Ablehnung kann ich mir nicht nur leisten, weil es unschwer ist, die Belege für diese Theorie, die seit der Jahrhundertwende auf Tausenden von Seiten wiederholt werden, als unwissenschaftlich zu entlarven, sondern weil nicht nur ich an Tausenden von Verstorbenen, an Tausenden von Verunfallten, an Hunderten von Seminarteilnehmern, an Hunderten von Verheirateten und Geschiedenen, an Tausenden von Schülernoten und an anderen Daten die Hauptthesen der Biorhythmenlehre nach wissenschaftlichen Kriterien geprüft habe. Die Ergebnisse all meiner vielfältigen Prüfungen sowie anderer wissenschaftlicher Großuntersuchungen sind **ausnahmslos negativ** (s. Bambeck, mehrere diesbezügliche Artikel).

Spätestens hier dürfte klar zum Ausdruck gekommen sein, daß wir uns weder als Anhänger noch als Gegner esoterischer

Ansichten und Methoden sehen. Wir betrachten esoterisches Gedankengut als genauso legitim wie wissenschaftliches und genauso untersuchungswürdig und bezeichnen esoterische Ansichten genauso wie wissenschaftlich akzeptierte Thesen als unhaltbar oder drastischer als Humbug, wenn sie eindeutig widerlegt, das heißt im Popperschen Sinn falsifiziert wurden.

Die folgenden, wie wir meinen, hochinteressanten und untersuchungswürdigen und -bedürftigen B-Methoden besitzen uralte Wurzeln in den verschiedensten Kulturen und jüngere in vielen persönlichen Berichten von großen Künstlern, Wissenschaftlern und Erfindern über die Entstehungsbedingungen ihrer bedeutenden Leistungen und Erkenntnisse (z. B. Ghiselin 1952) sowie in Anregungen, die aus so unterschiedlichen Gebieten stammen wie Psychologie, Psychotherapie, Neurologie, Soziologie, Anthropologie, sogar aus der Computerwissenschaft und der Quantenphysik.
Heute, in einer Zeit massiver Umbrüche und Verunsicherungen, greifen wir verständlicher- und sinnvollerweise nach jeder Möglichkeit, von der wir uns Hilfe für die Bewältigung der förmlich explodierenden Wachstums- und Umweltprobleme erhoffen. Noch ist die Zahl wissenschaftlicher Untersuchungen dieser B-Methoden klein, aber es mehren sich die Anzeichen, daß sie einiges, wenn nicht gar Erhebliches zur Kreativitätssteigerung und damit auch zur Bewältigung weltweit explodierender Probleme beitragen könnten (s. Harman/Rheingold 1987).
Der Leser ist eingeladen, seine eigenen Erfahrungen mit den folgenden B-Methoden zu machen, mit ihnen zu experimentieren oder ihre Effizienz gar einer aussagekräftigen Prüfung zu unterziehen.

7.3 Im Reich des Unbewußten

Die These, daß nur ein winziger Ausschnitt unserer mentalen Aktivitäten bis ins Bewußtsein dringt und der Rest im Unbewußten oder Unterbewußten stattfindet, ist heutzutage nicht zuletzt durch Sigmund Freud und die psychoanalytischen Schulen allgemein anerkannt. Für Freud und seine Anhänger war das Unbewußte der Ort all dessen, was verdrängt und unterdrückt werden muß, und dadurch Ausgangspunkt von psychischen und psychosomatischen Krankheiten.

Geradezu konträr hierzu sah Frederic Myers, ein englischer Geisteswissenschaftler und Zeitgenosse Freuds, das Unbewußte als Quelle von Intuition und Kreativität und forderte, es »eher als Goldgrube denn als Abfallhaufen« zu betrachten (Myers 1903). Seine Überlegungen erstreckten sich auf unbewußte Vorgänge wie Schlaf, Traum, Hypnose, Kreativität und Inspiration bis hin zum Überleben der geistigen Persönlichkeit nach dem körperlichen Tod. Freud kennt heute fast jeder, Myers fast niemand. Dennoch dürften beide recht haben, das Unbewußte scheint sowohl Ort verdrängter Inhalte, ›Abfallhaufen‹, als auch Ort schöpferischer Möglichkeiten, ›Goldgrube‹ (und noch einiges mehr), zu sein.
Liest man persönliche Zeugnisse über schöpferische Prozesse, so gewinnt man, unabhängig davon, ob die Aufzeichnung von einem Musiker, Dichter, Mathematiker oder sonst jemandem stammt, den Eindruck, daß sie ähnliche Elemente enthalten.

Graham Wallas war einer der ersten Denker, der bereits 1926 in seinem einflußreichen Buch ›The Art of Thought‹ (›Die Kunst des Denkens‹) versuchte, die entscheidenden Elemente wie auch eine allgemeine Struktur des kreativen Prozesses darzustellen:
Für Wallas besteht der kreative Prozeß aus vier wesentlichen Elementen:

»Preparation«:	Sammeln von Informationen und geistig-seelisches Einstimmen auf das zu lösende Problem, die anstehende Aufgabe
»Incubation«:	Prozesse und Methoden, die zur Erleuchtung führen (Träume, Phantasien, Meditation, Hypnose, aber auch Ablenkung, Spiel u. a. m.)
»Illumination«:	Erleuchtungen, schöpferische Durchbrüche, Finden von Lösungen
»Verification«:	Prüfung der Realisierbarkeit, die Trennung von Hirngespinsten und Machbarkeiten

Wir kombinierten das Modell des DREIDIMENSIONALEN DENKENS mit den vier Wallas-Phasen zu der **V.I.E.R.-Methode (Vorbereitung, Inkubation, Erleuchtung, Realisation)**, einem komplexen und äußerst variablen Problemlöseverfahren, einer differenzierbaren und auf individuelle Bedürfnisse wie Fähigkeiten zuschneidbaren Makro-Methode (Näheres in Teil III, 10.3).

Fragt man, ob sich aus den uralten und jüngeren Erkenntnissen über den schöpferischen Prozeß weitere praktische Hilfen für den Normalbegabten ableiten lassen, so lautet die Antwort eindeutig ja.

Willis Harman und Howard Rheingold haben in ihrem bemerkenswerten Buch ›Die Kunst, kreativ zu sein‹ versucht, solche Hilfen zusammenzutragen und zu ordnen. Sie schreiben:

> »Selbst ein nur flüchtiger Blick in die Literatur – von den Yoga-Sutren des Patañjali bis zu den mythischen Texten des esoterischen Juden- und Christentums, des Buddhismus und des Islam – zeigt deutlich, daß unsere Anleitung nicht ausschließlich eine Erfindung der Moderne ist. Als erstes nennt unser praktischer Leitfaden

die gelenkte **Imagination** oder Phantasie. Sie hilft, die Sprache des unbewußten Geistes zu verstehen und zu nutzen, so daß wir ihn sowohl für ein erfüllteres Leben umprogrammieren als auch seinen Output besser ergreifen können, sobald der Augenblick der Erleuchtung kommt.

Mit dem zweiten und eng mit dem ersten zusammenhängenden Hilfsmittel, der **Affirmation,** läßt sich der unbewußte Ideen- und Vorstellungsbilderprozessor mittels mentaler und vokaler Wiederholung bestimmter positiver Ideen oder Bilder umprogrammieren, die unser Geist als ›Input‹ akzeptieren soll.

Als drittes Hilfsmittel bewirkt **wache Entspannung** das, was die medizinische Wissenschaft ›Entspannungsreaktion‹ nennt. Sie erleichtert die Inkubation durch ›Abschalten‹ des Bewußtseins und Beruhigung der Alltagsgedanken, die das Wirken des tiefen Unbewußten stören könnten, und trägt so zum ›Output-Modus‹ bei.

An vierter Stelle unserer Anleitung stehen die **Träume.** Sie führen uns unmittelbar ins Herz des Ideenprozessors, ins tiefe Unbewußte, und zeigen uns, wie wir die Goldkörnchen der dort anzutreffenden Weisheit auswaschen und an die Oberfläche befördern können.

Überraschenderweise sind diese Hilfsmittel genauso einfach wie effektiv. Keines von ihnen erfordert besondere Anstrengung, spezielle Fertigkeiten oder eine lange und mühsame Praxis. Es ist fast so, als wolle uns das Unbewußte den Zugang so leicht wie möglich machen, während unsere normale Schwierigkeit, ihn zu finden, nur eine Folge des psychischen Widerstandes und der ›Beschränktheit‹ unserer kollektiven Anschauungen ist.

Jedes für sich oder kombiniert waren diese Hilfsmittel viele Jahrhunderte lang Schlüssel oder Präludium intuitiver Durchbrüche. Es gibt keinen Grund, warum sie es nicht auch für Sie sein könnten.« (Harmann/ Rheingold 1987, S. 112 f.)

Mit Ausnahme des überflüssigen und u. E. auch unzutreffenden häufigen Bezugs auf die Computerterminologie gefallen uns ihre Hilfsmittelkategorien so gut, daß wir sie uns zu eigen machen.

7.4 Imaginationsmethoden

PHANTASIEREISEN:

Phantasiereisen sind mehr als eine Schulung unseres Visualisierungsvermögens und unserer bildlichen Vorstellungskraft; sie sind direkter Zugang zum Unbewußten.
Den folgenden Text für eine Phantasiereise kann man sich vorlesen lassen oder vom Tonband abhören, selbst aufsprechen oder von anderen aufsprechen lassen, mit ruhiger Instrumentalmusik unterlegen oder auch nicht, auf einem Bett liegend oder in einem bequemen Sessel sitzend anhören. Wählen Sie die Form, die Ihnen am meisten zusagt. Kennt man nach mehrmaligem Üben die Stationen der Phantasiereise, kann sie ohne Text durchgeführt werden. Ein Gedankenstrich bedeutet eine kurze Pause, mehrere Striche bedeuten eine entsprechend längere Pause (Pausendauer individuell anpassen):

> *Nun schließe die Augen und nimm eine bequeme Körperhaltung ein – Stell' dir vor, du liegst im Gras – zwischen duftenden Blumen – unter einem großen Baum – mit freiem Blick auf das Meer – du hörst das Rauschen der Wellen – einzelne Wolken ziehen in wundersamen Formen am Himmel vorüber – dein Atem ist tief – ruhig – und entspannt – mit jedem Einatmen fühlst du dich leichter und leichter – und beim näch-*

sten Einatmen stell' dir vor, wie du vom Boden abhebst und schwebst – nun schwebst du um den Baum herum und siehst eine Hügellandschaft, die sich in sanften Wellen im bläulichen Horizont verliert – weit in der Ferne leuchtet die schneebedeckte Spitze eines einzelnen Berges – während du erst langsam, dann zunehmend schneller auf den fernen Gipfel zuschwebst, bemerkst du einen Pfad, der zum Berg führt – je näher der Gipfel kommt, desto mehr Einzelheiten sind auszumachen – du bist neugierig, was dich erwarten wird – der Gipfel ist nun sehr nah, und du steigst mit jedem Einatmen höher hinauf – näherst dich der Spitze des Berges – der Himmel über dir ist tiefblau – die Luft ist mild und angenehm warm – jetzt schwebst du über dem Gipfel und schaust dich um – unter dir liegt der Krater eines erloschenen Vulkans. Im Krater ein See, kristallklar und unbewegt – in der Mitte des Sees eine kleine bewaldete Insel – du schwebst zur Insel hinunter – berührst den Boden – aus einer kleinen Höhle sprudelt kühles, helles Wasser – du legst dich auf den Boden und schaust in die Höhle – sobald sich deine Augen an die Dunkelheit gewöhnt haben, siehst du etwas – – was ist es? – – versuch' zu erkennen, was es ist – – nun trinke aus der Quelle und genieße das erfrischende Naß, bevor du der Insel wieder entschwebst – immer höher bis zum Kraterrand – und auf der anderen Seite des Berges hinab – unter dir eine herrliche Landschaft – ein kleines Tal taucht auf – neugierig schwebst du hinab – im Tal ist etwas – du schwebst noch tiefer, um es besser sehen zu können – was ist da unten? – – will man dir etwas zeigen – – oder geben? – – oder sagen? – – – nun mußt du Abschied nehmen und zurückkehren – Dämmerung kommt auf – du liegst wieder unter dem Baum mit dem Blick auf die im Meer versinkende Sonne – ich werde nun bis 5 zählen, danach bist du wieder hellwach und fühlst dich ausge-

ruht und erfrischt – 1 – 2 – wieder tiefer atmen – 3 – 4 – und 5 – und nun öffne die Augen, bewege deine Finger ein wenig – jetzt die Arme beugen und strecken – nun langsam aufstehen und den ganzen Körper strekken und dehnen.

Es muß nicht gleich beim ersten Mal etwas Spektakuläres geschehen. Wichtig ist, diese (eine andere oder eine selbstausgedachte) Phantasiereise häufig zu wiederholen, am besten täglich. Es sollte aber immer die gleiche Phantasiereise sein, deren Stationen Sie bald auswendig kennen, die aber dennoch immer wieder neue und häufig lebhaftere Eindrücke vermitteln wird. Das Aufschreiben der Eindrücke, um sie später noch einmal durchzuarbeiten, ist oft eine zusätzliche Hilfe. Unterschätzen Sie diese Übung nicht; ein lebhaftes Vorstellungsvermögen kann einiges an Kreativitätssteigerung bewirken, und überdies können derartige Übungen viel zu Ihrem psychischen Wohlbefinden beitragen.

FRAGENSTELLEN:

So einfach und sicherlich uralt das **Fragenstellen** ist (auch als **Antworten aus dem Unbewußten** bezeichnet), spricht dies nicht gegen die Effizienz dieser Methode?
Man wendet sich mit einer interessierenden Frage, mit einem Problem direkt an das eigene Unterbewußtsein und wartet auf Antwort(en) in Form mentaler Bilder. Was manchmal sehr schnell geht und manchmal sehr lange dauern kann. Wichtig ist, sich mit allen bildhaften Vorstellungen, auch den als völlig irrelevant erscheinenden, intensiv zu beschäftigen, so lange, bis die Botschaft der Bilder klar wird.
Das Fragenstellen läßt sich in vielfältiger Version variieren und verbessern, beispielsweise mit unserer Version, die das Unbewußte in Ruhe arbeiten läßt, die verfügbare Zeit bis zur Problemlösung besser nützt und sich nicht auf bildhafte Botschaften beschränkt:

Phase 1: Ich spreche mit meinem Unterbewußtsein. Ohne eine bestimmte Formel, gerade so wie mir zumute ist, etwa so: »Mein liebes, kluges Unterbewußtsein, ich habe da ein großes Problem, bei dem ich deine Hilfe brauche. Es handelt sich um ...«, und je nachdem, ob die Sache eilig ist oder nicht, »bitte behandle diese Geschichte vorrangig, ich muß bereits in zwei Stunden eine Entscheidung fällen«, oder, »die Sache hat bis nächste Woche Zeit, versuche bitte bis dahin, eine optimale Lösung zu finden«.

Phase 2: Anschließend beschäftige ich mich mit etwas anderem, nur **nicht** mit meinem Problem!

Phase 3: Nach entsprechender Zeit, bei brennenden Problemen früher, ansonsten wenn mir danach zumute ist, frage ich bei meinem Unterbewußtsein nach, im Bedarfsfall auch wiederholt. Ich mache es mir im Sessel oder auf der Couch gemütlich, erst dann wird nachgehakt: »Bin schon sehr gespannt, was du inzwischen ausgekocht hast.«

Häufig erhält man Antwort(en), meist nur bildhafte, aber auch bildhafte mit sprachlichen Anteilen, manchmal auch nur gesprochene Hinweise. Was jedoch nicht bedeutet, daß die Bedeutung jeder Antwort immer sofort entschlüsselt werden kann. Manchmal wird erst viel später klar, was das ›Bilderrätsel‹ bedeutet, und manchmal werden Antworten rätselhaft bleiben, aber öfter als viele glauben wird das eigene Unterbewußtsein weiterhelfen.

BEFRAGUNG EINES/EINER WEISEN:

Eine in der therapeutischen Praxis ebenfalls genutzte Version des Fragenstellens ist die **Befragung eines/einer Weisen,** eines weisen, alten Mannes oder einer weisen, alten Frau.

Phase 1: (nur bei Bedarf einsetzen): Durchführung einer Phantasiereise (z. B. der obigen), an deren Ende Sie den Weisen oder die Weise treffen; oder: Vorstellung einer ruhig brennenden Kerzenflamme, in deren Mitte schließlich das Gesicht des oder der Alten erscheint.

Phase 2: Beginn eines Dialogs mit dem/der Weisen über ein Problem oder ein Thema, das Ihnen am Herzen liegt. Hören Sie genau hin, was er/sie Ihnen zu sagen hat, sehen Sie genau hin, was er/sie Ihnen zu zeigen hat oder als Geschenk mitgibt.
Nehmen Sie sich ausreichend Zeit für diese Phase.

Phase 3: Halten Sie fest (schriftlich oder per Tonband), was geschehen ist, und versuchen Sie, sich Klarheit oder noch mehr Klarheit über die enthaltene(n) Botschaft(en) zu verschaffen.

DREI TÜREN:

Die Methode der **drei Türen**, ursprünglich als diagnostische und therapeutische Hilfe in der kognitiven Psychotherapie gedacht, stammt von Joseph Shorr (Shorr 1982). Eine Version dieser Technik zur Kreativitätssteigerung könnte so aussehen:

Phase 1: Sich bequem hinsetzen oder hinlegen und entspannen.

Phase 2: An die/das zu bewältigende Aufgabe/Problem denken.

Phase 3: Sich drei hinter- oder nebeneinanderstehende Türen oder Pforten vorstellen und durch eine nach der anderen mit der Erwartung hindurchgehen, die Lösung (einzelne Lösungsaspekte oder verschiedene Lösungen) seines Problems zu finden.

Phase 4: Festhalten (schriftlich oder per Tonband), was geschehen ist, und versuchen, sich Klarheit oder noch mehr Klarheit über die enthaltenen Botschaften zu verschaffen.

Bei allen Imaginationsmethoden können sich zusätzliche Hilfen und Einsichten ergeben, wenn man die Imaginationsinhalte hinsichtlich ihrer enthaltenen Hinweise, Anregungen und Botschaften mit anderen bespricht.

7.5 Affirmationsmethoden

In den letzten drei Jahrzehnten haben insbesondere die Affirmationsmethoden nicht nur in verschiedenen Psychotherapien sowie psychosomatischen Behandlungsverfahren eine enorme Verbreitung erfahren, sondern auch im Sport, im Managementtraining sowie in der Selbsthilfeliteratur. Egal, ob man sie MENTALES TRAINING, POSITIVES DENKEN, PSYCHOKYBERNETIK, SILVA-METHODE, SELBSTHYPNOSE oder sonstwie nennt, alle wurzeln in der uralten Methode, sich einen Zustand oder ein Entwicklungsgeschehen so vorzustellen, wie man sich ihn/es erwünscht.

Die einfachste Affirmationsmethode zum Zweck der Kreativitätssteigerung besteht darin, sich Tag für Tag, am besten mehrmals täglich, mit voller Überzeugung eine bestimmte Affirmationsformel vorzusagen.
Beispiele: »Ich kann dieses Problem lösen.«
»Ich werde die richtige Entscheidung treffen.«
»Ich werde einen Weg aus dem Dilemma finden«
und dergleichen mehr.

Da die Affirmationsmethoden sich in den wesentlichen Punkten gleichen, möchten wir nur die exotisch anmutende und hierzulande weitgehend noch unbekannte Silva-Methode (im Original heißt sie ›Silva Mind Control Method‹ [Silva/Miele 1977]) vorstellen.

Bombastisch und voller Stolz läßt José Silva über sich berichten, daß er als Jugendlicher nie eine Schule besucht und 22 Jahre mit der Entwicklung seiner Methode verbracht habe, die seit 1966 über vier Millionen Menschen in 55 Ländern geholfen habe »ihren ganzen Geist zu nützen, um mit größerer Intelligenz, Leichtigkeit und mit größerem Erfolg zu leben und zu arbeiten« (Silva/Stone 1986, Vorbemerkung). Silva und seine Anhänger glauben mit seiner ›Psychorientology‹ so gut wie alle menschlichen Probleme lösen zu können, was in unseren Ohren, gelinde gesagt, ein wenig überheblich und weltfremd klingt. Was jedoch nicht besagt, daß unsere folgenden Anwendungsversionen dieser Methode zur Kreativitätssteigerung sowie zur Konflikt- und Problembewältigung nicht beitragen könnten.

FINGER-PROGRAMMIERUNG:

Phase 1: Vor dem Einschlafen im entspannten Zustand langsam von 20 rückwärts bis 0 zählen.

Phase 2: In beiden Händen Daumen, Zeigefinger und Mittelfinger in Berührung bringen und dabei mehrmals wiederholen: »Wenn sich die drei Fingerspitzen meiner rechten oder linken Hand berühren, kann ich all meine unbewußten Kräfte und Fähigkeiten nützen!«

Nach mehreren Tagen kann man die **Finger-Programmierung** (selbstverständlich kann man auch drei andere oder nur zwei Finger ›programmieren‹) beispielsweise zum Auffinden geeigneter Ideen für eine Konflikt- oder Problembewältigung einsetzen, indem man sich ungestört und entspannt hinsetzt oder hinlegt, die drei Fingerspitzen sich berühren läßt und seinem Unterbewußtsein die Aufgabe gibt, geeignete Ideen zu entwickeln.

FINGER-TIEFENPROGRAMMIERUNG:

Hat man eine bestimmte Idee gefunden oder wünscht man sich nur einen bestimmten positiven Verlauf einer belastenden Situation, so ist eine erweiterte **Finger-Tiefenprogrammierung** angezeigt:

Phase 1 und 2 wie bei der Finger-Programmierung.

Phase 3: Die Realisierung der gefundenen Idee bzw. den positiven Verlauf der belastenden Situation sich möglichst detailliert und lebhaft, bildhaft vorstellen. Dabei dürfen und sollen die positiven Vorstellungen ruhig übertrieben und irreal sein. (Z. B. eine Begegnung mit einem Konfliktpartner findet in irreal schöner Umgebung und wohliger Wärme statt, der Konfliktpartner ist in seinem Verhalten äußerst angenehm und zuvorkommend, man umarmt sich sogar am Ende der Begegnung.)

Phase 4 (nur bei besonders stark belastenden Situationen): Folgende Formel einige Male wiederholen: »Für die Tiefenprogrammierung wird mich mein Unterbewußtsein zum richtigen Zeitpunkt wecken.«

Phase 5: Wenn man aufwacht, egal, ob irgendwann in der Nacht oder erst am Morgen, werden die Phasen 1, 2 und 3 wiederholt.

Die Finger-(Tiefen-)Programmierung ist eine geradezu universell einsetzbare Methode, da sie nicht nur zur Ideenfindung und zur Problemlösung Hilfestellung leistet, sondern auch unauffällig während einer schwierig zu meisternden Situation anwendbar ist und zu deren Bewältigung beitragen kann. Was im Erfolgsfalle auch noch dem eigenen Selbstvertrauen und Selbstwertgefühl zugute kommt.

7.6 Entspannungsmethoden

Sowohl bei den Imaginations- als auch bei den Affirmationsmethoden wurde ständig auf einen entspannten Ausgangszustand als essentielles Methodenelement hingewiesen. Vielen Menschen fällt es jedoch schwer, sich zu entspannen, weshalb wir auch Entspannungshilfen erwähnen und eine näher beschreiben wollen. Obwohl ein entspannter Zustand in erster Linie Bestandteil vieler Methoden ist, kann er fallweise ausreichen, um kreative Einfälle zu produzieren. Wie viele großartige Ideen wurden während eines entspannenden Bades gefunden!

Obwohl Entspannungsmethoden seit Jahrhunderten in vielen Kulturen, Religionen und Medizinschulen bekannt sind und praktiziert werden, wurden sie erst in den letzten Jahrzehnten auf dem Hintergrund von Streßforschung und psychotherapeutischen Behandlungen genauer erforscht. Die im deutschen Sprachraum bei weitem bekannteste Entspannungsmethode ist das AUTOGENE TRAINING, aber auch andere Verfahren wie verschiedene MEDITATIONS- und ATEMTECHNIKEN, die PROGRESSIVE MUSKELENTSPANNUNG, BIOFEEDBACK-METHODEN, ALPHA-TRAINING, SELBSTHYPNOSE u. a. m. finden zunehmende, zum Teil aber nur passagere Verbreitung. Diesem beeindruckenden Arsenal hat sich in jüngster Zeit eine weitere, sehr potente Methode, der BERUHIGUNGSREFLEX (der »Quieting Reflex« von Charles Stroebel), hinzugesellt, der selbst in Fachkreisen noch weitgehend unbekannt ist (Stroebel 1983).

Doch alle genannten Verfahren haben leider gravierende Nachteile: Abgesehen davon, daß Biofeedbackverfahren das entsprechende, meist nicht gerade billige, technische Gerät voraussetzen, ist all diesen Methoden gemein, daß sie mehr oder weniger zeitaufwendig sind, oft die Anleitung und Kontrolle durch einen Arzt oder Therapeuten gefordert wird und daß sie von vielen Personen nur schwer oder überhaupt nicht anwendbar sind. Aus diesem Grund möchten wir diese Verfahren hier nicht näher ausführen; denn es gibt eine leicht zu erlernende und anzuwendende Methode, die diese Nachteile nicht aufweist.

Der amerikanische Kardiologe Herbert Benson setzte sich die Aufgabe, mit seinem Forschungsteam alle bekannten und auch weniger bekannten Entspannungsverfahren eingehend zu untersuchen, um die ihnen gemeinsamen und die für den Entspannungsvorgang essentiellen Elemente herauszufiltern. In seinen Büchern ›The Relaxation Response‹ und ›Beyond the Relaxation Response‹ sind seine Untersuchungsergebnisse dargestellt sowie die Grundelemente aller Entspannungsmethoden (Benson 1975, 1985):

- eine ruhige Umgebung
- eine leicht unbequeme Körperhaltung
- ein mentales Hilfsmittel
- eine passive innere Einstellung

Unsere Adaptierung der Bensonschen **Relaxation Response** umfaßt sieben Schritte:

Schritt 1: Ziehen Sie sich in eine ungestörte Umgebung zurück.

Schritt 2: Nehmen Sie eine leicht unbequeme Körperhaltung ein, die ein Einschlafen verhindert.

(Die bekannte Kutschbockhaltung ist sehr geeignet, aber auch der Lotussitz, falls er mühelos eingenommen werden kann, sich hinknien ist ebenfalls geeignet).

Schritt 3: Schließen Sie die Augen.

Schritt 4: Entspannen Sie Ihre Muskeln.

Schritt 5: Konzentrieren Sie sich auf Ihr Atmen und versuchen Sie, nur ›mit dem Bauch‹ ohne Einsatz der Brust- und Flankenmuskulatur zu atmen (Zwerchfell- oder Bauchatmung). Das Ein- und Ausatmen soll ohne Pause ineinander übergehen; dann eine kleine Pause nach dem Ausatmen und wieder rundes Ein- und Ausatmen. Viele finden es hilfreich, sich für jeden Atemvorgang ein Omegazeichen (Ω) vorzustellen.

Schritt 6: Versuchen Sie, eine passive innere Einstellung zu erlangen und aufrechtzuerhalten. Ihr Kopf soll leer werden. Auftauchende Gedanken und Bilder sind vor allem anfangs unvermeidlich.
Durch Benutzen einer der folgenden Konzentrationshilfen verschwinden auftauchende Gedanken und Bilder wieder von selbst. Ein willentliches Wegzwingen der Störungen ist unbedingt zu vermeiden.
(Hilfsmittel:
- Die mit dem Atmen korrespondierende Vorstellung eines Omegazeichens
- In Gedanken von 100 rückwärts zählen
- In Gedanken die gleiche einstellige Zahl wiederholen [z. B. 1, 3 oder 7]
- Wählen Sie ein Fokuswort oder einen Fokussatz aus Ihrem persönlichen Glaubenssystem.

Sollten Sie einen ganzen Satz wählen, sollte er möglichst kurz sein, damit er während des Ausatmens ohne Hast still gesprochen [gedacht] werden kann.

Dies kann laut Benson eine religiöse Formel sein wie: »Der Herr ist mein Hirte«, »Gott sprach, es werde Licht« etc.

Wer nicht religiös ist, aber auch ein religiöser Mensch kann ein Wort oder einen Satz aus einem anderen Bereich wählen.

Wichtig ist nur, daß er aus dem persönlichen positiven Überzeugungsbereich stammt, wie: »Ich bin stark« oder »Man liebt mich«, »Optimist« etc.

Das Hilfsmittel [Omegazeichen, Zahl, Zahlen, Fokuswort oder Fokussatz] wird nur während des Ausatmens still wiederholt.)

Schritt 7: Nach 10–20 Minuten Beenden der Entspannung. Sagen Sie zu sich: »Ich zähle nun langsam von 5 rückwärts. Bei 1 fühle ich mich wieder hellwach, entspannt und erfrischt.«

Bei 3 beginnen Sie wieder tiefer zu atmen, bei 1 öffnen Sie Ihre Augen, dann bewegen Sie Ihre Finger. Dann die Arme strecken und abschließend den ganzen Körper.

Wichtig ist es, die Relaxation Response möglichst täglich, besser noch zweimal täglich, zu praktizieren.

Weitere persönlich präferierte Entspannungsmethoden: wie das Hören entspannender Instrumentalmusik (z. B. von Kitaro, Deuter, langsame [Barock-]Musiksätze etc.) oder ein entspannendes Bad mögen im Einzelfall ausreichen, oder zur Steigerung der Relaxation Response beitragen.

Schafft es der Leser tatsächlich, seine Entspannungsübungen

regelmäßig durchzuführen, wird sich dies nicht nur auf seine kreativen Leistungen, sondern auch auf seine gesamte psychophysische Verfassung positiv auswirken.

7.7 Traumhafte Methoden

Wissenschaftliche Untersuchungen sprechen dafür, daß jeder Mensch mehrmals, in der Regel fünf- bis siebenmal, jede Nacht träumt. Die meisten von uns erinnern jedoch fast nur jene Träume, in denen sie erwachen. Viele Menschen die selten oder nicht aus Träumen erwachen, glauben deshalb, daß sie nur selten oder gar nicht träumen. Man kann jedoch lernen, häufiger aus einem Traum zu erwachen.
Seit jeher wurden Träume als Botschafter gesehen. Früher als Botschafter der Götter, spätestens seit Freud als Botschafter des Unbewußten. Und seit jeher wurde versucht, die mehr oder weniger verschlüsselten Botschaften der Träume zu entschlüsseln. Das Dilemma ist nur, daß es eine unüberschaubare Anzahl von Traumdeutungssystemen gibt, letztlich wohl so viele wie es professionelle und unprofessionelle Traumdeuter gibt. Dabei existiert ein höchst einfaches Mittel (das bereits C. G. Jung propagierte), die ›richtige‹ Deutung zu erkennen:

> Es ist diejenige, die dem Träumer am meisten sagt, die seinem Gefühl nach die richtige ist.

Wir raten deshalb davon ab, ein Deutungssystem irgendeiner Schule zu erlernen oder von dogmatischen ›Experten‹ seine Träume deuten zu lassen. Viel sinnvoller scheint uns, ein Trainingsprogramm durchzuführen, das es einem in der ersten Stufe ermöglicht, seine eigene Traumsprache zu entschlüsseln, und in der zweiten Stufe sogar die Beeinflussung von Träumen erlaubt.
Für die erste Stufe bietet die **Faraday-Methode** eine ausgezeichnete Hilfe:

1. *Schreibzeug oder Tonbandgerät neben dem Bett deponieren.*

2. *Ein nicht zu grelles Licht muß vom Bett aus bequem anzuknipsen sein.*

3. *Vor dem Einschlafen sage man mehrmals die Suggestionsformel:* »*Ich werde und möchte aus einem Traum erwachen.*«

4. *Falls man innerhalb einer Woche trotz täglicher Selbstsuggestion aus keinem Traum erwacht, kann man einen Wecker auf ca. anderthalb Stunden nach der normalen Einschlafzeit und danach immer wieder auf rund anderthalb Stunden später stellen, wodurch die Chance, in einem Traum geweckt zu werden, erheblich erhöht wird. Will man sich nur einmal wecken lassen, sollte dies frühmorgendlich sein oder ca. zwei Stunden nach dem Einschlafen.*

5. *Erwacht man aus einem Traum, ob mitten in der Nacht oder am Morgen, setzt man sich ganz vorsichtig im Bett auf und schaltet das matte Licht ein. Abruptes Wachwerden ist zu vermeiden, da es die Traumerinnerung löschen kann. Manche behalten den Traum am besten, wenn sie ihn mit geschlossenen Augen rekapitulieren, bevor sie das Licht einschalten.*

6. *Der Traum wird dann sofort und möglichst detailliert schriftlich oder auf Band festgehalten.*

7. *Anschließend assoziiere man soviel wie möglich zu dem Traum, was er bedeuten könnte, welche Ereignisse ihn ausgelöst haben könnten, was man während und unmittelbar nach dem Traum empfunden hat, alles, was einem sonst noch in den Sinn kommt.*
Die Traumassoziationen sind ebenfalls schriftlich oder auf Band festzuhalten.

8. Sobald es einem möglich ist, am besten noch am selben Tag, arbeitet man seinen Traum sowie die Traumassoziationen durch: Wie gefällt mir mein Traum? Was sagt mir der Traum? Was könnte er bedeuten? Was spiegelt er von meiner Persönlichkeit und meiner gegenwärtigen Lebenssituation? Welche Botschaften enthält er aus meinem Unbewußten?
Die gefundenen Interpretationen sind ebenfalls schriftlich oder auf Band festzuhalten.
Es kann hilfreich sein, die Aufzeichnungen auch mit anderen zu besprechen, um deren Interpretation zu erfahren.

9. Man datiere seine Traumaufzeichnungen, inklusive der Assoziationen sowie der nachträglichen Interpretationen, und sammle sie in einem Traumjournal, um wiederkehrende Träume und Traumserien zu erkennen, die das Entschlüsseln der Botschaften aus dem Unbewußten erleichtern und Entwicklungen aufzeigen können.

(Nach Faraday 1984, S. 257f., deren zwölf Punkte wir etwas modifiziert und gekürzt haben.)

Dieser Aufwand mag viele abschrecken, aber wer ihn auf sich nimmt, wird mit Sicherheit von diesem Draht zum eigenen Unbewußten in vielfältiger Weise profitieren, zumindest lernt er sich besser kennen; und der erste Schritt zu einer gezielten Nutzung unserer unbewußten Fähigkeiten ist getan. Ann Faradays Buch ›Die positive Kraft der Träume‹ können wir all jenen empfehlen, die sich für eine kompetente und dennoch gut lesbare Einführung in bedeutende Methoden der Traumdeutung (Freud, Jung, Hall, Perls) sowie der wissenschaftlichen Traumforschung interessieren, und besonders jenen, die mit Faradays anregenden Vorschlägen zur Selbstdeutung und vielfältigen Nutzung seiner eigenen Träume experimentieren wollen.

Bis vor nicht allzu langer Zeit glaubten die meisten an die psychoanalytische Doktrin, daß Träume nur etwas Unwillkürliches seien, daß sie uns nur widerfahren. Die meisten Therapeuten dachten daher ›nicht im Traum‹ daran, daß es möglich sein könnte, seine Träume willentlich zu steuern. Ich (Bambeck) machte jedoch vor vielen Jahren eine Erfahrung – die, wie wir mittlerweile erfuhren, viele Menschen machten –, die diese Ansicht widerlegt und die wir später in unsere Tätigkeit als Psychotherapeuten integrierten. Als Jugendlicher entschloß ich mich, einem seit Kindheit wiederkehrenden Alptraum, daß mich irgendwelche ›bösen Leute‹ verfolgten, ein Ende zu setzen. Eines Abends begann ich damit, mir fest vorzunehmen, daß ich, falls mich wieder jemand verfolgen sollte, ihm mit Leichtigkeit entwischen würde. Daraufhin geschah etwas Überraschendes: Immer häufiger wurde ich während eines Verfolgungstraums gewahr, daß ich träumte. Es war, als beobachte ich mich im Traum selbst; es war ein völlig angstfreies und zunehmend neugierigeres Beobachten dessen, was ich anstellen würde, um den Verfolgern zu entwischen. Mein Beobachter-Ich wußte nämlich, daß mein Traum-Ich mit Sicherheit entkommen würde, die spannende Frage war nur, wie es ihm/mir diesmal gelingen würde. Verblüffend war dabei, daß es meinem Beobachter-Ich keineswegs störend oder unrealistisch erschien, daß mein Traum-Ich meist auf unrealistische Art entkam, wie durch das Öffnen eines Kanaldeckels mit bloßen Händen oder durch einen Sprung aus großer Höhe mit einem Bettuch als Fallschirm. Fast mit Bedauern stellte ich fest, daß die ›Alpträume‹ daraufhin zunehmend seltener auftraten und schließlich völlig ausblieben. Viele Patienten, denen wir zu dieser **Alptraum-Methode** rieten und die sie nicht längst selbst gefunden hatten, machten ähnliche Erfahrungen und verloren schließlich ihre Angstträume.

Derartige Phänomene werden als ›luzides Träumen‹ bezeichnet. Stephen LaBerge hat sie seit Beginn der 80er Jahre genauer untersucht. Von ihm stammt folgende etwas modifizierte Anleitung zum Erlernen des luziden Träumens, die wir die **LaBerge-Methode** nennen wollen (bei ihm hat sie die Bezeichnung ›MILD‹ [›Mnemonic Induction of Lucid Dreams‹]):

---

1. *Vor dem Einschlafen benützt man die Suggestionsformel: »Am Morgen erwache ich spontan aus einem Traum!«*

2. *Wenn man am Morgen (oder nachts) aus einem Traum erwacht, rekapituliert man ihn in Gedanken, um ihn zu speichern (Notizen oder Tonbandaufzeichnungen sind oft hilfreich).*

3. *Nach zehn- bis 15minütigem vollem Wachsein (wichtig!) sagt man zu sich: »Wenn ich das nächste Mal träume, will ich mir dessen bewußt sein, daß ich träume!«*
   LaBerge weist auf die Wichtigkeit hin, diesen Satz nicht gedankenlos, sondern mit bewußter Absicht und gezieltem Wollen zu formulieren!

4. *Anschließend versetzt man sich wieder in den vorherigen Traum und beobachtet sich bewußt im Traum (beim Träumen).*

5. *Abschließend wiederholt man die Schritte 3 und 4, bis man das Gefühl hat, die Absicht, luzid (bewußt) zu träumen, ist klar fixiert (bzw. bis man erneut einschläft).*
   (LaBerge 1985, S. 155 f.)

Vielleicht nicht beim ersten Versuch, aber nach einigen Wiederholungen wird vielen das luzide Träumen, daß man sich während des Traums des Träumens bewußt wird, gelingen. Bereits aus dem Bisherigen dürfte hervorgegangen sein, daß derartige willentliche Einflußnahmen auf unsere Träume und unser Unterbewußtsein nicht nur therapeutischen

Zwecken dienlich sind, sondern auch ungeahnte Möglichkeiten zur Lösung von Problemen wie zur Kreativitätssteigerung beinhalten. Eine weitergehende Intervention als die Alptraum-Methode zur Bewältigung von Ängsten und persönlichen Problemen, die sich in Träumen äußern, ist LaBerges **Alptraum-Judo:**

> Hat man das luzide Träumen erlernt, so nimmt man sich vor dem Einschlafen fest vor, sich im Traum der angstauslösenden Situation zu stellen. Wird man im Traum von einem Menschen, einem Tier, einem Monster oder sonst etwas bedroht oder entstehen im Traum Gefühle von Angst, Beklemmung, Abscheu, Ekel, Gefahr usw., so wendet man sich dem Gefühlsauslöser bewußt zu und konfrontiert ihn mit entschlossenen Fragen wie: Wer bist du? Was willst du mir sagen? Warum quälst du mich? Warum fällt es mir schwer, dich so zu akzeptieren, wie du bist? etc.

Speziell zum Lösen von Aufgaben/Problemen und zur Entwicklung kreativer Ideen haben wir drei weitere Traumtechniken abgeleitet bzw. adaptiert:

TRAUM-DELEGATION:

Bei der **Traum-Delegation** ist luzides Träumen nicht unbedingt erforderlich.
Vor dem Einschlafen benützt man die entsprechende Suggestionsformel.

Z. B.: »Ich werde heute nacht die Lösung für das Problem ... finden, und morgen früh werde ich mich an sie erinnern!«
Oder:
»Liebes Unterbewußtsein, finde bitte heute nacht ge-

eignete Lösungsideen für mein Problem und laß sie mich beim Erwachen wissen!«

Gelingt einem das luzide Träumen, kann man dem Unterbewußtsein den Auftrag erteilen oder es bitten, je nach persönlicher Präferenz, die Lösung(sideen) in einem luziden Traum zu erfahren und anschließend mit Erinnerung daran zu erwachen.

TRAUM-BEFEHL:

Vor dem Einschlafen wählt man beim **Traum-Befehl** eine Autoritätsperson, die man sehr achtet und schätzt (z. B. einen Elternteil, Arzt, Therapeut, Freund etc.). Bei religiösen Menschen kann es auch Gott, ein Engel, ein Heiliger, eine Heilige etc. oder auch der Papst sein, sofern man den einen oder anderen sehr schätzt.
Hier lautet die Suggestionsformel:

> »Ich werde heute nacht im Traum ... (die gewählte Autorität) treffen. Er (sie) wird mir befehlen, mein Problem ... umgehend zu lösen. Am Morgen werde ich wissen, was ich tun kann oder zu tun habe!«

Auch hier gilt: Gelingt einem das luzide Träumen, kann man dem Unterbewußtsein den Auftrag erteilen oder es bitten, je nach persönlicher Präferenz, den Befehl in einem luziden Traum zu erhalten.

TRAUM-RAT:

Wie beim Traum-Befehl wählt man beim **Traum-Rat** vor dem Einschlafen eine geeignete Autorität in Sachen Ratschläge. Die Suggestionsformel lautet:

> »Ich werde heute nacht im Traum ... (die gewählte Autorität) treffen. Er (sie) wird mir in der Angelegenheit

(Aufgabe, Problem) ... den richtigen Rat (die richtigen Ideen, die richtige Lösung) geben. Am Morgen werde ich mich daran erinnern.«

Hier gilt gleichfalls: Gelingt einem das luzide Träumen, kann man dem Unterbewußtsein den Auftrag erteilen oder es bitten, je nach persönlicher Präferenz, den Rat oder die Lösung(sideen) in einem luziden Traum zu erfahren und anschließend mit Erinnerung daran zu erwachen.

Diese B-Methode verweist noch einmal auf die alten Wurzeln dieser neuen Kreativitätstechniken und schließt den Kreis zwischen gestern und heute. Wir haben sie nämlich aus Berichten über den Äskulap-Kult aus vorchristlicher Zeit entlehnt. Die Heiligtümer des griechischen Gottes Asklepios (deutsch: Äskulap), des Gottes der Heilkunst, in Kos, Knidos, Pergamon und vor allem das Asklepieion in Epidauros waren seit dem 5. Jahrhundert v. Chr. berühmte Wallfahrtsorte für Kranke. Es wird behauptet, daß die Heilerfolge der Asklepiospriester unter anderem darauf beruhten, daß sie den Kranken den Auftrag erteilten, von Asklepios zu träumen und sich im Traum von ihm den richtigen Rat für ihre Gesundung geben zu lassen.

HYPNAGOGE METHODE

Es gibt zwar keine Nichtträumer, aber nicht jeder vermag sich trotz geduldiger Übung an Ergebnisse seiner Traumarbeit oder gar an Träume zu erinnern. In diesen Fällen, aber auch für Traumerinnerer, hat sich unsere **hypnagoge Methode** häufig als große Hilfe erwiesen. Unter hypnagogen Zuständen versteht man traumhafte bis halluzinatorische Eindrücke, die in der Übergangsphase zwischen Wachsein und Schlaf auftreten (im Gegensatz zu hypnopompen Zuständen in der Übergangsphase zwischen Schlaf und Wachsein).

Schritt 1: Suchen Sie einen ungestörten Platz und legen Sie sich rücklings auf ein Bett oder den Boden; beide Arme ausgestreckt neben dem Körper. Legen Sie unter die linke Handwurzel (oder die rechte, siehe Schritt 2) einen harten Gegenstand (z. B. ein mit einem Handtuch umwickeltes Stück Holz).
Zeiten, in denen Sie gerne ein Nickerchen machen, sind besonders geeignet.

Schritt 2: Heben Sie den linken oder rechten Unterarm, so daß er mit dem aufliegenden Oberarm einen rechten Winkel bildet.

Schritt 3: Denken Sie an das zu bewältigende Problem und versuchen Sie, sich das Problem bildhaft vorzustellen.
Eine andere Möglichkeit wäre, sein Unterbewußtsein zu bitten (oder zu beauftragen, wenn Ihnen das mehr liegt), sich mit dem anstehenden Problem zu befassen und eine passive mentale Haltung gegenüber den auftauchenden Bildern und Empfindungen einzunehmen, auch wenn sie in keinem Zusammenhang zu dem Problem zu stehen scheinen.
Nach einer Weile erschlaffen die Muskeln des aufgerichteten Unterarms, der daraufhin auf den harten Gegenstand fällt und Sie dadurch ins volle Wachsein zurückholt.

Schritt 4: Schreiben oder sprechen Sie sofort alles auf, woran Sie sich erinnern.

Schritt 5: Assoziieren Sie so viele Ideen und Bilder wie möglich zu den Erinnerungen und halten Sie diese ebenfalls schriftlich oder auf Band fest.

Schritt 6: Versuchen Sie erst nach einigen Stunden bzw. am nächsten Morgen oder Tag, die gespeicherten Erinnerungen und zugehörigen Assoziationen – auch und insbesondere jene, die mit dem anstehenden Problem in keinerlei Zusammenhang zu stehen scheinen – hinsichtlich möglicher Lösungsansätze zu begutachten und zu befragen.

Diese Auswahl an B-Methoden ist zwar einigermaßen repräsentativ, aber keineswegs umfassend. Für den an weiteren Techniken aus diesem Bereich interessierten (und englisch verstehenden) Leser eine kleine Auswahl zusätzlicher Bücher:

J. Stearn: The Power of Alpha-Thinking (1976)
S. Gawain: Creative Visualization (1979)
J. Wonder & P. Donovan: Whole-Brain Thinking (1985)
M. LeBoeuf: Imagineering (1986)
H. Benson: Your Maximum Mind (1987)
E. E. Miller: Software for the Mind (1987)
B. Ardinger: Seeing Solutions (1989)

Allein letztgenanntes Buch enthält 22 Visualisierungsbilder für intrapersonale Probleme, 13 für interpersonale Probleme und 6 Visualisierungstechniken allgemeiner Art.

Um falschen Hoffnungen vorzubeugen, sei ausdrücklich vermerkt, daß bloßes Lesen der Methoden zur Kreativitätssteigerung niemanden zu einem kreativen und erfolgreichen Problemlöser macht. Dazu ist viel Übung und vor allem vielseitiges Umsetzungslernen im Alltag nötig, auch die Teilnahme an diesbezüglichen Seminaren ist anzuraten. Doch selbst umfangreiches Training und Üben wird nicht jeden zu einem Spitzen-Querdenker und -Problemlöser machen. Das mag und soll etwas abschreckend klingen, weil wir nicht zuletzt in diesem Bereich unsere Fähigkeiten und Fortschritte nur allzu leicht überschätzen.
Zum Trost sei gesagt: Auch wenn nicht jeder von uns höchste

Gipfel der Kreativität zu erklimmen vermag, jeder kleine Schritt in diese Richtung kann unserer psychophysischen Verfassung sowie unserer Kreativität sehr dienlich sein.

Zum Schluß noch ein Blick in die Zukunft.

- Noch ist der vollmundig versprochene Nutzen sogenannter »Mind machines« (wie Synchro-Energizer, Mind-Mirror, Alpha-Stim, Hemi-Sync, Tranquilite, Graham-Potentializer, Hypno-Peripheral Processing u. a. m.) zur Intelligenz-, Kreativitäts-, Erfolgs- und Glückssteigerung (Hutchison 1988) sowie der Einsatz von Suggestions-, Selbsthypnose-, Motivations- und Subliminal-Kassetten nicht wissenschaftlich verifiziert. Erfinder und Benutzer der Geräte sowie der Audio-Kassetten berichten meist von positiven Gefühlen, doch selbst bei genauer Nachfrage bleiben die Antworten in einem sehr diffusen »Sich-besser-und-entspannter-fühlen« hängen. Große kreative Durchbrüche können Benutzer unseres Wissens derzeit noch nicht vorweisen. Den größten Erfolg haben – zumindest bislang – die Erfinder und Vertreiber dieser »Mind machines« zu verzeichnen.
  Trotzdem ist eine wissenschaftliche Untersuchung der Wirkung derartiger Geräte und Kassetten unbedingt sinnvoll und notwendig, weil nur so eine qualifizierte Nutzenbewertung möglich ist.

- Gleiches gilt für die Untersuchung des ›Superlearning‹ und der ›Suggestopädie‹, einer von dem bulgarischen Mediziner Georgi Losanow angeregten Methodengruppe, die speziell eine erheblich effektivere Aufnahme von Lernstoffen verspricht. Die bisherigen Untersuchungen dieser Methoden, trotz inzwischen erheblich reduzierter Erfolgsansprüche, sind nach wie vor sehr widersprüchlich.

- Weitere Erkenntnisse über die Hemisphärenspezialisierung werden voraussichtlich zu neuen, fundierten Techniken führen.

- Auch seitens der explodierenden Computertechnik ist durch die Entwicklung immer leistungsfähigerer Expertensysteme, Datenbanken und Computernetze mit äußerst effizienten Hilfsmitteln zur Lösung bestimmter Probleme zu rechnen.

- Und wer weiß, vielleicht können eines Tages sogar parapsychologische Phänomene zur Kreativitätssteigerung und zur Entwicklung weiterer Problemlösetechniken genutzt werden.

Im Hinblick auf die Zukunft täten wir gut daran, uns an Henry Fords Worte zu erinnern, der einmal gesagt haben soll: »Ich weigere mich glatt, irgend etwas für unmöglich zu halten. Ich glaube nicht, daß es auf der Welt einen Menschen gibt, der genug von einer Sache weiß, um mit Sicherheit ihre Unmöglichkeit oder Möglichkeit zu behaupten.«

8. Konflikte und Kreativität

Die bisherigen Seiten könnten beim Leser den Eindruck erweckt haben, daß Kreativität bei der Bewältigung von Konflikten keine große Rolle spiele.
Betrachtet man die Techniken der Konfliktkommunikation im ersten Teil dieses Buches sowie die verschiedenen Kommunikationstechniken, die in dem Buch ›Softpower – Gewinnen statt Siegen‹ (Bambeck 1989) ausgeführt sind, jedoch im einzelnen, zeigt sich, daß all diese Softpower-Techniken direkt oder indirekt zur Vermeidung oder Reduktion von Konflikten beitragen und **alle eine mehr oder weniger große Kreativitätsleistung erfordern.** Man denke nur an die Entwicklung von Kompensationszielen, an die Jeder-gewinnt-Methode oder andere Softpower-Techniken wie das ›Kritik-ABC‹ (Bambeck/Wolters 1989), die ›Überzeugungs-Technik‹ (Wolters/Bambeck 1990) und nicht zuletzt die Verhandlungstechnik auf der Basis der ›Kritischen Kooperation‹ (Bambeck 1989 b).
Dennoch dürfte der Kreativität für die Bewältigung von Problemen und für die Entdeckung und Nutzung von Chancen eine noch größere Bedeutung zukommen als für die Bewältigung von Konflikten. Was hierbei jedoch unter den Tisch fällt, ist die Tatsache, daß mancher Konfliktfall weit mehr Kreativität zur Lösung benötigt als mancher Problemfall, mehr noch, daß ohne ein hohes Maß an kreativen Ideen eine Lösung, geschweige denn eine optimale Konfliktbewältigung, unmöglich wäre.

Hierzu ein Beispiel:

In unseren Konfliktmanagement-Seminaren erhalten die Teilnehmer die Aufgabe, ein Gehaltsgespräch zu führen, wobei es dem einzelnen freisteht, die Rolle des Vorgesetzten oder des Mitarbeiters zu wählen.

Die ›Vorgesetzten‹ und ›Mitarbeiter‹ werden u. a. dahingehend instruiert, daß der ›Mitarbeiter‹ derzeit tariflich richtig eingestuft ist, seine ausgezeichneten Leistungen ihn jedoch für eine höhere Aufgabe qualifizieren, vorausgesetzt, er nimmt erfolgreich an bestimmten Schulungen teil und erwirbt noch mehr Erfahrung auf seinem Arbeitsgebiet. Der ›Mitarbeiter‹ erhielt eine Leistungsprämie.

Zusätzlich wird den ›Vorgesetzten‹ (ohne Beisein der ›Mitarbeiter‹) u. a. vorgegeben, daß die Übernahme der neuen Position durch den ›Mitarbeiter‹ sowie eine entsprechende tarifliche Höhergruppierung (aus diversen Gründen) frühestens in einem Jahr erfolgen könnte.
Darüber hinaus werden die ›Vorgesetzten‹ **mehrfach und besonders nachdrücklich** gebeten, kreativ zu sein, d. h. möglichst viele (auch ausgefallene und möglicherweise unrealistische) Ideen zur Bewältigung des vorprogrammierten Konflikts (der ›Mitarbeiter‹ möchte die Gehaltserhöhung früher als in einem Jahr) zu entwickeln, um den vielversprechenden ›Mitarbeiter‹ nicht zu demotivieren oder gar zu verlieren.

Die ›Mitarbeiter‹ werden (ohne Beisein der ›Vorgesetzten‹) u. a. instruiert, daß sie eine tarifliche Höhergruppierung in spätestens sechs Monaten anstreben. Der ausgefallene, aber nicht ungewöhnliche Grund hierfür ist das Prestigebedürfnis des zukünftigen Schwiegervaters, der es, aus einfachen Verhältnissen kommend, zum Großunternehmer brachte. Deshalb möchte der ›Mitarbeiter‹ den patriarchalischen Schwiegervater, der den Hochzeitstermin in sechs Monaten festlegte, mit einer Gehaltserhöhung beeindrucken.

Darüber hinaus werden auch die ›Mitarbeiter‹ **mehrfach und besonders nachdrücklich** darauf hingewiesen, kreativ zu sein, d. h. möglichst viele (auch ausgefallene und möglicherweise unrealistische) Ideen zur Bewältigung des vorprogrammierten Konflikts (der ›Vorgesetzte‹ kann oder will eine Gehaltserhöhung in diesem Zeitraum nicht gewähren) zu entwickeln.

Des weiteren haben die ›Mitarbeiter‹ ihren Marktwert getestet und könnten in einer anderen Firma bereits in drei Monaten eine Stelle in der nächsthöheren Tarifgruppe bekommen. Die ›Mitarbeiter‹ fühlen sich jedoch an der bisherigen Arbeitsstelle sehr wohl und würden ungerne gehen.

Trotz der mehrfachen und nachdrücklichen Hinweise für ›Vorgesetzte‹ und ›Mitarbeiter‹ auf eine möglichst kreative Bewältigung dieser Situation ergeben sich **ausschließlich** folgende Gesprächsergebnisse:

- Vom Vorgesetzten wird, nachdem eine Gehaltserhöhung in sechs Monaten nicht möglich ist, das Thema Laufbahnplanung angesprochen. Der Mitarbeiter geht hierauf nicht ein, sondern setzt den Vorgesetzten mit dem Angebot der anderen Firma unter Druck. Der nach wie vor freundliche oder zunehmend verärgerte Vorgesetzte kann eine Gehaltserhöhung in sechs Monaten nicht zusagen. Woraufhin der Mitarbeiter kündigt.
  Die Zufriedenheitsprozente mit dem Gespräch übertreffen beim Mitarbeiter wie beim Vorgesetzten nach der KOKO-Formel höchst selten 50 %.
  Die Summe beider Werte beträgt meist weniger als 100 %.

- Vom Vorgesetzten oder Mitarbeiter wird, nachdem eine Gehaltserhöhung in sechs Monaten nicht möglich ist, das Thema Laufbahnplanung mit den entsprechenden Schulungen eingebracht. Schließlich gibt sich der Mitarbeiter mit der festen Zusage, in einem Jahr eine neue Position

mit höherem Gehalt zu bekommen (bei anhaltender hoher Leistung), zufrieden.
Die maximalen Zufriedenheitsprozente mit diesem Gesprächsverlauf betragen beim Mitarbeiter ca. 75 % und beim Vorgesetzten ca. 90 %.
Die maximale Summe beider Werte liegt bei 165 %.

- Außer dem Thema Laufbahnplanung werden vom Vorgesetzten oder Mitarbeiter ein bis zwei zusätzliche Ideen eingebracht (z. B. sofortige oder baldige Kompetenzerhöhung). Das ZG% erreicht bei dieser Gesprächsversion beim Mitarbeiter wie auch beim Vorgesetzten einen Wert bis zu 100 %, manchmal sogar darüber.
Die Summe beider Werte erreicht bis zu 200 %, hin und wieder auch mehr.

Die zweite und dritte Version des Gesprächs sind die weitaus häufigsten, wobei es viele Vorgesetzte jedoch unterlassen, den eigentlichen Grund für die merkwürdige Fixierung des Mitarbeiters auf den Zeitraum von sechs Monaten zu eruieren. Dennoch könnte man, von den zahlenmäßigen Ergebnisbewertungen her gesehen, scheinbar zufrieden sein, und die Teilnehmer sind es in der Regel auch.

Dabei bleiben in fast allen Gesprächen, die mehrmaligen und besonders nachdrücklichen Hinweise auf die Nutzung der eigenen Kreativität weitgehend wirkungslos, wodurch viele Chancen für ein noch besseres Ergebnis von beiden Seiten (vorausgesetzt der Vorgesetzte erfährt vom Prestigebedürfnis des Schwiegervaters) verschenkt werden!

Wilkes führt in seinem Buch ›Die Kunst, kreativ zu denken‹ 41 Statussymbole und -symbolgruppen auf, eine Liste, die sich ohne Schwierigkeiten vervielfachen ließe (Wilkes 1987, S. 142 f.). Von dieser Liste käme natürlich nur ein kleiner Prozentsatz, im besten Fall 15 % (sechs Ideen), für das vorgestellte Rollenspiel in Frage. Bittet man die Seminarteilnehmer nach dem Rollenspiel, **nur einige Minuten** in Brainstorming-Manier darüber nachzudenken, welche Ideen es außer den im Rollenspiel verwendeten noch gäbe in Hinblick auf das Prestigebedürfnis des Schwiegervaters, so entwickelte eine repräsentative Gruppe von 14 Führungskräften einer Bank folgende beeindruckende Ideenliste:

- Teilnahme an Seminaren
- Informationsaufenthalt in der Zentrale
- Führung des Schwiegervaters durch die Bankzentrale
- Einführung bei den Wirtschaftsjunioren der IHK
- Büroausstattung: Mobiliar, Pflanzen, Bilder, Teppich
- Eigener PC
- Tastentelefon mit Sonderausstattung und Direktleitung
- Besserer Arbeitsplatz
- Einzelzimmer
- Eigene Sekretärin
- Eigenes Besprechungszimmer
- Befreiung von der Gleitzeit
- Dienstwagen
- Eigener Parkplatz
- Dienstwohnung
- Benutzung des Wagens des Vorgesetzten
- Handlungs- und Spezialvollmacht(en)
- Titel
- Position als Leiterstellvertreter
- Provisionen
- Spezielle Vergünstigungen
- Begleitung des Vorgesetzten bei Dienstreise(n)
- Begleitung des Vorgesetzten bei hochkarätigen Kunden
- Teilnahme an Gespräch(en) mit dem Ressortchef (Vorstand)
- Dienstreise ins Ausland
- Fortbildungsmaßnahmen im Ausland
- Incentive-Reise
- Auftreten in Werbemaßnahmen der Bank
- Präsentation bei Veranstaltungen

- Seminarleitung
- Essen mit dem Vorgesetzten
- Großzügiges Hochzeitsgeschenk seitens der Bank
- Repräsentant der Bank bei Jubiläen etc.
- Zugang zu exklusivem/exklusiven Club(s)
- Schriftliche Bestätigung der avisierten Gehaltserhöhung
- Gespräch des Vorgesetzten mit dem Schwiegervater
- Zusätzliche Angebote bei anderen Unternehmen einholen und dem Schwiegervater zeigen

Selbstverständlich sind nicht alle Ideen realisierbar, und nur ein Teil hiervon ist in einem Gehaltsgespräch verwendbar, ohne dem Vorgesetzten das Gefühl einer exzessiv gemolkenen Kuh zu vermitteln und ihn zu verärgern. Tatsache ist aber auch, daß die Vorgesetzten auf Nachfrage bestätigten, daß sie durchaus gewillt gewesen wären, einige dieser Ideen zu erfüllen, **ohne** sich ausgenützt zu fühlen. Wodurch bei einem derartigen Gehaltsgespräch die Summe der ZG-Prozente (prozentuale Zufriedenheit mit dem Gespräch) durch ein wenig mehr Kreativität die vorab für unvorstellbar gehaltene Höhe von 300 %, ja 400 % und darüber hätte erreichen können.

Teil III

PROBLEMMANAGEMENT

von Antje Wolters und J. J. Bambeck

1. Probleme und Konflikte

Wir schrieben es bereits:

> **Das Verhältnis von Konflikten und Problemen stellt sich für uns so dar, daß ein Konflikt zwar stets auch ein Problem ist, aber ein Problem nicht unbedingt ein Konflikt sein muß.**

Oder anders ausgedrückt:

> **Es gibt viele Arten von Problemen, eine davon – wenn auch eine sehr gewichtige – sind Konflikte.**

Es gibt intrapersonale Konflikte (z. B. zwischen dem Wunsch, einen Job im Ausland anzunehmen, und dem Wunsch, die gesicherte Position im Inland nicht aufzugeben) und interpersonale Konflikte (z. B. der eine möchte Klavier spielen, den anderen stört es).
Somit gibt es gemäß unserem Verständnis von Problemen auch intra- sowie interpersonale Probleme.
So ist der intrapersonale Konflikt ›Auslandsjob‹ zwar auch ein intrapersonales Problem, aber die intrapersonalen Probleme ›Wie steigere ich meine Kreativität‹ oder ›Wie ertrage ich das Altern besser‹ müssen keine Konflikte sein.
Gleiches gilt für interpersonale Konflikte und Probleme. Auch aus dieser kategorialen Über- und Unterordnung zwischen Problemen und Konflikten leitet sich eine quantitativ größere Relevanz der Kreativität für den umfassenden Problembereich ab.

Berücksichtigt man zusätzlich, wer das zu lösende Problem hat, ergibt sich eine einfache Problemtypologie:

A Ich habe ein intra- personales Problem	C Der andere hat ein intra- personales Problem
B Ich habe ein inter- personales Problem	D Der andere hat ein inter- personales Problem

2. Hilfen zur Bewältigung von Problemen

Hat man den Problemtyp richtig diagnostiziert, lassen sich aus der folgenden Tabelle die geeigneten Bewältigungsmaßnahmen entnehmen:

A	C
Entspannungstechniken	Zuhörtechniken
Kreativitätsmethoden für Lösungsideen	Kreativitätsmethoden für Lösungsideen
Problemlösetechniken	Problemlösetechniken
Coaching Psychotherapie	Vermittlung von Coaching oder Psychotherapie
B	D
Einsatz genereller Kommunikationstechniken (s. Teil I, Kap. 4)	
Einsatz spezieller Kommunikationstechniken (Teil I und Softpower-Techniken aus Bambeck 1989) inklusive Einsatz von Kreativitätsmethoden Problemlösetechniken	Einsatz spezieller Kommunikationstechniken (Teil I und Softpower-Techniken aus Bambeck 1989) inklusive Einsatz von Kreativitätsmethoden
	PL-Technik vorschlagen
Professionellen Problemlöser einschalten	Professionellen Problemlöser vorschlagen

Die Maßnahmen dieser Tabelle sind in eskalierender Reihe angeordnet, erheben jedoch keinen Anspruch auf Vollständigkeit.
Bis auf die Durchführung und Vermittlung von persönlicher Beratung (Coaching) oder gar Psychotherapie durch eine kompetente Person sind die aufgeführten Maßnahmen ohne fremde Hilfe durchführbar.
Unklar ist vorerst noch, was mit ›Problemlösetechniken‹ gemeint ist. Bevor wir jedoch spezielle Problemmanagement-Methoden, insbesondere unsere PLK (Problemlösekonferenz), vorstellen, möchten wir dem Leser eine Möglichkeit bieten, seinen bevorzugten Denk- und Problemlösestil herauszufinden.

3. Der Problemlöse-Test (PLT)

Es gibt eine ganze Reihe von Tests für unterschiedliche Denk- oder Problemlösestile. Trotz großem Brimborium inklusive geschütztem Copyright (z. B. beim ›InQ‹ von Harrison und Bramson, 1986) taugen die meisten dieser Fragebogen herzlich wenig. Auch Linnewehs Test überzeugte uns nicht (Linneweh, 1984), also ließen wir uns durch die vorgefundenen Ideen zur Entwicklung des PLT anregen.

3.1 Test-Durchführung

Hinter jedem Statement finden Sie zwei Bewertungsstellen (__). Notieren Sie auf der jeweils ersten Bewertungsstelle den für Ihre Person zutreffenden Stärkegrad:

0 = trifft sehr schwach zu (0– 20%)
1 = trifft schwach zu (21– 40%)
2 = trifft mittel zu (41– 60%)
3 = trifft stark zu (61– 80%)
4 = trifft sehr stark zu (81–100%)

---

1. *Ich tue nur so viel, wie nötig ist* __ __

2. *Ich schließe mich gerne Vorschlägen anderer an* __ __

3. *In Diskussionen und Gruppenarbeiten fühle ich mich in der Position des Beobachters am wohlsten* __ __

4. Ich bin kein Mensch, der Dinge gerne problematisiert und sich nur ungern zufrieden gibt ___ ___

5. Mich überzeugt etwas, wenn es aus berufenem Munde kommt ___ ___

6. Neue Aufgaben bewältige ich am besten, wenn sie mir jemand vormacht ___ ___

7. Am meisten beeindrucken mich Menschen, die mit wenig Aufwand viel erreichen ___ ___

8. Ich lese gerne Bücher zur Entspannung und anspruchsloser Unterhaltung ___ ___

9. Neuen Ideen begegne ich mit gesunder Skepsis, bis sie sich als erfolgreich erwiesen haben ___ ___

10. Ich bin ein zufriedener und problemloser Mensch ___ ___

11. Die Welt ist für mich voller Wunder und Geheimnisse ___ ___

12. Mir gefallen insbesondere ausgefallene Ideen und Vorschläge ___ ___

13. Ich bin ein phantasievoller und intuitiv veranlagter Mensch ___ ___

14. In Besprechungen/Diskussionen greife ich gerne Vorschläge anderer auf und ›spinne‹ sie weiter ___ ___

15. Ich reagiere meist spontan und intuitiv ___ ___

16. Mich überzeugt etwas, wenn es meinem inneren Gefühl nicht widerspricht

17. Neue Ideen stimulieren vor allem meine Phantasie

18. Am meisten beeindrucken mich Menschen mit unkonventionellen Ansichten und sicherem Instinkt

19. Über neue Aufgaben lerne ich am meisten, wenn ich mich von meinem Gefühl leiten lasse

20. Ich lese gerne über esoterische Themen wie unerklärliche Phänomene und Geheimwissenschaften

21. Mir gefallen insbesondere Vorschläge, die klar durchdacht sind

22. Durch mein systematisches und rationales Planen gelingt es mir, viele Probleme zu vermeiden

23. Ich weiß, worauf ich hinaus will, und übe auf andere Druck aus

24. In Konferenzen und Besprechungen sind meine Ideen meist besser als die anderer

25. Über neue Aufgaben lerne ich am meisten durch genaues Überlegen ihrer besten Durchführung

26. Ich halte etwas für wahr, wenn es wissenschaftlich belegt ist

27. Am meisten beeindrucken mich Menschen, die zuerst etwas sehr genau durchdenken, bevor sie reden

28. Ich lese am liebsten informative Sachbücher

29. Ich denke stets sehr logisch und analytisch

30. Bei neuen Ideen analysiere ich als erstes, ob sie im Widerspruch zur Realität stehen

31. Ich verfolge Probleme nur dann, wenn sie lösbar sind

32. Mir gefallen insbesondere Vorschläge, die sich kurzfristig realisieren lassen

33. Ich biete ausschließlich realisierbare Vorschläge an, um eine Sache voranzutreiben

34. Ich halte Teamarbeit für zweckmäßig, um extreme Standpunkte auszugleichen

35. Mich überzeugen am stärksten jene Dinge, die sich in der Praxis bewährt haben

36. Über eine neue Aufgabe lerne ich am meisten durch Ausprobieren

37. Am meisten beeindrucken mich Menschen, die Initiative ergreifen und handeln, statt zu reden

38. Ich lese gerne Bücher mit praktischen Anleitungen und Hilfen   —— ——

39. Ich bin vor allem ein praktisch und pragmatisch denkender Mensch   —— ——

40. Neue Ideen prüfe ich primär auf ihre Brauchbarkeit   —— ——

41. Ich liebe es, Widersprüche und Ungereimtheiten zu erkennen und deren Ursachen aufzuspüren   —— ——

42. Mir gefallen vor allem Vorschläge, die aus gemeinsamer Arbeit entstehen   —— ——

43. Ich halte Teamarbeit für ein notwendiges Mittel, um zu besseren Entscheidungen zu gelangen   —— ——

44. Ich konzentriere stets meine ganze Energie immer nur auf ein Vorhaben   —— ——

45. Mich überzeugt etwas vor allem dann, wenn es einer harten, kritischen Diskussion standhält   —— ——

46. Über neue Aufgaben lerne ich am meisten, indem ich viele Meinungen über ihre Durchführung höre   —— ——

47. Am beeindruckendsten finde ich Menschen, die alles in Frage stellen und stets neue Wege suchen   —— ——

48. *Ich lese gerne Bücher aus ganz verschiedenen Bereichen, anspruchsvolle, aber auch unterhaltsame* ___ ___

49. *Ich bin vor allem ein sehr neugieriger und schöpferischer Mensch* ___ ___

50. *Neue Ideen sind mir eine willkommene Gelegenheit, ungewöhnliche Wege zu erkunden* ___ ___

Gehen Sie nun die 50 Statements ein ZWEITES MAL durch und notieren Sie auf der zweiten Bewertungsstelle Ihre Bewertung des Statements. Zum Auffinden der richtigen Bewertung fragen Sie sich, ob Sie den im Statement dargestellten Sachverhalt

positiv = 3
weder positiv noch negativ = 2
oder negativ = 1

finden.

Wenn Sie es beispielsweise negativ bewerten, wenn jemand nur soviel tut wie nötig ist, so notieren Sie beim Statement 1) auf der zweiten Bewertungsstelle eine 1.

Und wenn Sie es positiv finden, daß jemand sich gerne Vorschlägen anderer anschließt, so notieren Sie beim Statement 2) auf der zweiten Bewertungsstelle eine 3.

Test-Auswertung

Addieren Sie die Zahlen der ERSTEN Bewertungsstellen der angegebenen Statement-Nummern und notieren Sie die Summe A1 bis E1:

A1 (Statement-Nr: 1 bis 10)   A1 = _____
B1 (Statement-Nr: 11 bis 20) B1 = _____
C1 (Statement-Nr: 21 bis 30) C1 = _____
D1 (Statement-Nr: 31 bis 40) D1 = _____
E1 (Statement-Nr: 41 bis 50) E1 = _____

Addieren Sie nun die Zahlen der ZWEITEN Bewertungsstellen der angegebenen Statement-Nummern für die Summen A2 bis E2:

A2 (Statement-Nr: 1 bis 10)   A2 = _____
B2 (Statement-Nr: 11 bis 20) B2 = _____
C2 (Statement-Nr: 21 bis 30) C2 = _____
D2 (Statement-Nr: 31 bis 40) D2 = _____
E2 (Statement-Nr: 41 bis 50) E2 = _____

Ihre UNKORRIGIERTEN Endwerte Au bis Eu errechnen Sie folgendermaßen:

Au = A1 × 5   Au = _____
Bu = B1 × 5   Bu = _____
Cu = C1 × 5   Cu = _____
Du = D1 × 5   Du = _____
Eu = E1 × 5   Eu = _____

Die UNKORRIGIERTEN Endwerte Au bis Eu zeigen, wie Sie sich sehen. Diese Werte sind jedoch mehr oder weniger durch Ihr Wunschdenken verfälscht.

Ihre KORRIGIERTEN Endwerte Ak bis Ek finden Sie folgendermaßen:

Ak = (A1 + A2 − 20) × 5   Ak = _____
Bk = (B1 + B2 − 20) × 5   Bk = _____
Ck = (C1 + C2 − 20) × 5   Ck = _____
Dk = (D1 + D2 − 20) × 5   Dk = _____
Ek = (E1 + E2 − 20) × 5   Ek = _____

Die KORRIGIERTEN Endwerte Ak bis Ek zeigen, wie stark die 5 Denk- und Problemlösestile bei Ihnen tatsächlich ausgeprägt sein dürften.

3.2 Fünf Denk- und Problemlösestile

Ihre Testergebnisse lassen sich 5 abgrenzbaren Denk- bzw. Problemlösestilen zuordnen. Diese 5 Stile unterscheiden sich hinsichtlich ihrer DIVERGENTEN und KONVERGENTEN Anteile.

DIVERGENTES DENKEN bedeutet:
> intuitiv, bildhaft, unrealistisch, systemisch, unbewußt, stark emotional

KONVERGENTES DENKEN bedeutet:
> analytisch, logisch, realistisch, linear, bewußt, schwach emotional

---

A = Passiver: Geringer divergenter sowie konvergenter Anteil. Ausweichender, unengagierter, energiesparender, neutraler und denkfauler Denkstil.

B = Phantast: Hoher divergenter und niedriger konvergenter Anteil. Phantasievolles, unkonventionelles, bildhaftes, intuitives, emotionales, vielschichtiges, eher zielloses und nicht realitätskontrolliertes Denken.

C = Logiker: Niedriger divergenter und hoher konvergenter Anteil. Logisches, analytisches, realistisches, zielorientiertes, lineares, emotionskontrolliertes, aber nicht phantasievolles Denken.

D = Praktiker: Mittlerer divergenter sowie konvergenter Anteil. Sowohl intuitives als auch analytisches, emotionales als auch zielgerichtetes Denken, das gangbare Problemlösungen produziert, aber weder Chancen erkennt noch besonders kreativ ist.

E = Kreativer: Hoher divergenter sowie konvergenter Anteil. Durch die hohen, breitgefächerten Fähigkeiten beste Voraussetzungen für hohe Problem- und Chancensensibilität, für schöpferische Phantasie und das kreative Lösen von Problemen.

Wenn Sie abschließend Ihre Werte Au bis Eu sowie Ak bis Ek in das folgende Schaubild übertragen und die Werte Au bis Eu als auch jene für Ak bis Ek miteinander verbinden, sehen Sie auf einen Blick, wie Sie sich hinsichtlich der 5 Denk- bzw. Problemlösestile sehen (Werte Au bis Eu) und wo sie tatsächlich liegen dürften (Werte Ak bis Ek):

WERTE Au/Ak	WERTE Bu/Bk	WERTE Cu/Ck	WERTE Du/Dk	WERTE Eu/Ek	AUS-PRÄGUNG
200	200	200	200	200	————
–	–	–	–	–	
190	190	190	190	190	
–	–	–	–	–	
180	180	180	180	180	SEHR STARK
–	–	–	–	–	
170	170	170	170	170	
–	–	–	–	–	
160	160	160	160	160	————
–	–	–	–	–	
150	150	150	150	150	
–	–	–	–	–	
140	140	140	140	140	STARK
–	–	–	–	–	
130	130	130	130	130	
–	–	–	–	–	
120	120	120	120	120	————
–	–	–	–	–	
110	110	110	110	110	
–	–	–	–	–	
100	100	100	100	100	MITTEL
–	–	–	–	–	
90	90	90	90	90	
–	–	–	–	–	
80	80	80	80	80	————
–	–	–	–	–	
70	70	70	70	70	
–	–	–	–	–	
60	60	60	60	60	SCHWACH
–	–	–	–	–	
50	50	50	50	50	
–	–	–	–	–	
40	40	40	40	40	————
–	–	–	–	–	
30	30	30	30	30	
–	–	–	–	–	
20	20	20	20	20	SEHR SCHWACH
–	–	–	–	–	
10	10	10	10	10	
–	–	–	–	–	
0	0	0	0	0	————
PAS-SIVER	PHAN-TAST	LO-GIKER	PRAK-TIKER	KREA-TIVER	

4. Zur Vorgeschichte der Problemlösungskonferenz (PLK)

Der ›Großvater‹ der **Problemlösungskonferenz**, abgekürzt **PLK**, dürfte der amerikanische Philosoph, Psychologe und Pädagoge John Dewey gewesen sein. Er vertrat bereits zu Anfang unseres Jahrhunderts die These, daß jegliches Wissen und Erkennen auf selbstkorrektiven Prozessen basiere, und daß es keine absolut sicheren Ausgangspunkte unserer Erkenntnis, sogenannte selbstevidente, unbezweifelbare Wahrheiten, gebe, wie die traditionelle Erkenntnistheorie annahm (Dewey 1903).

Sein Konzept einer ›instrumentellen‹ oder ›experimentellen Logik‹ führte ihn dazu, auch die Schritte von menschlichen Problemlösungsprozessen genauer zu untersuchen. Er fand folgende fünf abgrenzbare Phasen – die er schon 1910 beschrieb –, die bis heute – trotz zahlloser Bücher über dieses Thema – ihre Gültigkeit behalten haben (Dewey 1910):

---

1. **Man stößt auf ein Problem**
2. **Man lokalisiert und präzisiert das Problem**
3. **Man sucht nach möglichen Lösungsansätzen**
4. **Man wählt einen Lösungsansatz nach kritischer Prüfung der Ansätze aus**
5. **Man realisiert den ausgewählten Lösungsansatz.**

In den 30er Jahren untersuchte insbesondere der deutsche Psychologe Karl Duncker das menschliche Denken beim

Lösen von Problemen und kam zu einer fast identischen Schrittfolge (Duncker 1935):

1. PROBLEMENTWICKLUNG
2. PROBLEMDEFINITION
3. PRODUKTION VON LÖSUNGSALTERNATIVEN
4. BEWERTUNG DER LÖSUNGSALTERNATIVEN UND AUSWAHL EINER ALTERNATIVE
5. REALISATION

In den 40er und 50er Jahren begann man sich auch für die Frage zu interessieren, ob Gruppen sich beim Lösen von Problemen ähnlich wie Individuen verhalten. Zur Klärung dieser Frage haben vor allem amerikanische Psychologen beigetragen. Auch in ihren Untersuchungen wird Deweys Fünf-Phasen-Modell bestätigt. N. F. R. Maier, der sich vielleicht am intensivsten mit diesem Themenkreis befaßte, beschreibt folgende Schritte beim Problemlösen in Gruppen (Maier/Hoffman 1960a u. 1960b):

1. PROBLEMFORMULIERUNG
2. PRODUKTION VON LÖSUNGSMÖGLICH-KEITEN
3. BEWERTUNG DER LÖSUNGSMÖGLICH-KEITEN
4. ENTSCHEIDUNG FÜR LÖSUNGSWEG
5. VOLLZUG

Diese Phasenmodelle beschreiben jedoch nur, wie sich ein individueller oder sozialer Problemlösungsprozeß in idealtypischer Weise vollzieht. Maier beließ es nicht hierbei, sondern entwickelte auch eine Heuristik, d. h. eine Anleitung, wie man beim Problemlösen in Gruppen vorgehen sollte. Er war unseres Wissens auch der erste, der den Begriff ›Problemlösungskonferenz‹ (›problem-solving conference‹) gebrauchte und dabei folgende Phasen unterschied (Maier 1963):

1. AUFBEREITUNG DES PROBLEMS
2. PRÄSENTATION DES PROBLEMS

3. DISKUSSION DES PROBLEMS
4. BEWERTUNG DER LÖSUNGSMÖGLICH-
   KEITEN UND AUSWAHL DES LÖSUNGSWEGS
5. VOLLZUG
6. ERFOLGSPRÜFUNG

Als letzten möchten wir nochmals Thomas Gordon erwähnen, dessen Ideen in den 50er Jahren noch als reichlich revolutionär galten und die mittlerweile weltweite Verbreitung und Akzeptanz gefunden haben. Zum erfolgreichen Lösen von Problemen in Gruppen gehören seines Erachtens folgende sechs Schritte (Gordon 1986, 1987).

1. DAS PROBLEM WIRD ERKANNT UND DEFINIERT
2. ALTERNATIVE LÖSUNGEN WERDEN ENTWICKELT
3. DIE ALTERNATIVEN LÖSUNGEN WERDEN BEWERTET
4. DIE ENTSCHEIDUNG (ÜBER DIE ›BESTE LÖSUNG‹) WIRD GETROFFEN
5. DIE ENTSCHEIDUNG WIRD AUSGEFÜHRT
6. DER ERFOLG DER LÖSUNG WIRD BEWERTET

In all diesen angeführten (und in zahllosen nicht angeführten) Problemlöse-Modellen, denen eine mehr oder weniger starke ›Vaterschaft‹ (bzw. ›Mutterschaft‹) an unseren PLKs zukommt, klingen unüberhörbare Echos von Deweys Modell, der somit als alleiniger ›Großvater‹ unserer PLK-Modelle gelten kann.

Wie wichtig Verhaltensregeln für die Effizienz von Gruppenaktivitäten sind, lassen schon die klassischen Versuche von D. F. Dashiell erahnen.

Tabelle: Verlust an Zugkraft bei wachsender Gruppengröße
(nach Dashiell 1935)

Personen-zahl	Gesamt-kapazität	Durchschnittliche Individualkapazität	
1	63 kg	63 kg	100 %
2	118 kg	59 kg	~ 93 %
3	160 kg	53 kg	~ 85 %
.	...	..	..
.	...	..	..
8	248 kg	31 kg	~ 49 %

Dashiells Ergebnisse sind selbstverständlich nicht direkt auf die Leistung von Problemlösegruppen zu übertragen; aber es sprechen nicht nur unsere Alltagserfahrungen, sondern auch wissenschaftliche Untersuchungen dafür, daß auch in Problemlösegruppen eine Koordination der Individualleistungen unbedingt erforderlich ist, um die Potenz einer Gruppe zur Entfaltung zu bringen (Tuckman 1967; Franke 1975; Weiten 1989, S. 619 f.), und daß selbst ungeachtet einer guten Koordination ab einer bestimmten Gruppengröße (nach unserer Erfahrung ab sieben Teilnehmern) der Wirkungsgrad einer Problemlösekonferenz mit höheren Teilnehmerzahlen stagniert oder sogar abnimmt.

Bevor wir die ›**PLK im Seminar**‹ und ihre größere Schwester die ›**PLK im Betrieb**‹ sowie verwandte Methoden näher beschreiben, ist es notwendig, die Auswirkungen von Bezugssystemen auf Problemlöseprozesse zu verdeutlichen.

5. Der Einfluß von Bezugssystemen auf das Lösen von Problemen

Über Bezugssysteme, die angeborenen und erworbenen Beschränktheiten unseres Denkens, Fühlens und Handelns, wurde bereits ausgiebig gesprochen (Teil II, Kap. 1 und 2.). Hier geht es nun um die Frage: Wie wirken sich unsere Bezugssysteme auf die einzelnen Phasen des Problemlöseprozesses aus? Schon die bloße Frage läßt ahnen, ja befürchten, daß die Auswirkungen nicht gerade gering sein werden.
In der Tat beginnen die Auswirkungen bereits bei unserer Wahrnehmung und Bewertung von Problemsituationen, sie ziehen sich durch unsere Art, Probleme zu definieren, setzen sich über die Produktion von Lösungsideen bis hin zur Auswahl und Durchführung einer Lösungsstrategie fort und enden erst nach der Erfolgsbeurteilung unserer Bemühungen.

5.1 Der Einfluß von Bezugssystemen auf das Wahrnehmen, Bewerten und Definieren von Problemsituationen

In welcher Weise, ja ob eine Problemsituation überhaupt von uns wahrgenommen wird, wie wir sie bewerten, wie wir sie definieren und was wir als ihre Ursache(n) ansehen, hängt weitgehend von unseren Bezugssystemen ab. Da die meisten von uns jedoch ihre eigene Sichtweise und Bewertung oft (und zumeist unbewußt) als die richtige oder gar einzig mögliche erachten und überzeugt sind, daß ›jeder vernünftige Mensch‹ die Dinge genauso sehen und bewerten würde, sind sie sich der Subjektivität ihrer Einschätzung nicht bewußt. Mehr noch, die Vorstellung der Relativität und Anfechtbar-

keit unserer Wahrnehmungen und Bewertungen scheint etwas Beleidigendes und, tiefer gesehen, etwas Furchterregendes für die meisten von uns an sich zu haben. Eine verständliche Reaktion, wenn man bedenkt, daß durch die Erkenntnis der Relativität menschlicher Bezugssysteme viele unserer Sicherheiten als Scheinsicherheiten entlarvt werden.
So offensichtlich diese Zusammenhänge bei näherer Betrachtung auch erscheinen mögen, die Angst vor Sicherheitsverlust sowie die Ökonomie bezugssystemischer Lebensbewältigung verhindern zumeist diese Erkenntnisse und damit ein Aufbrechen unserer Wahrnehmungs-, Bewertungs- und Handlungsschablonen. Aus den gleichen Gründen sind sich die wenigsten von uns des immensen Einflusses bewußt, den die Art der Problemsicht auf die Entwicklung geeigneter Lösungsideen hat.

Hierzu zwei klassische, anschauliche und nach wie vor aufschlußreiche Beispiele; das eine von N. F. R. Maier, das andere von Karl Duncker:

Maier stellte Versuchspersonen die Aufgabe, zwei von der Decke einer Turnhalle herabhängende Stricke miteinander zu verknüpfen. Die Seile waren so weit voneinander aufgehängt, daß die Versuchsperson nicht gleichzeitig beide Stricke fassen konnte.
Machen wir aus den Stricken schwere Seile oder Taue, so läßt sich eine ganze Reihe möglicher Problemsichten bzw. Problemdefinitionen zusammenstellen, die sich aus dieser Aufgabe ergeben und die jeweils ganz bestimmte Lösungsideen provozieren:

Problemdefinition	provozierte Lösungsidee
Wie kann man den Abstand zwischen den Aufhängungen der Taue verringern?	Prüfen, ob der Aufhängungsmechanismus in diesem Sinne veränderbar ist.
Wie können die Taue verlängert werden?	Taue zu verlängern suchen, z. B. durch Schlips, Hemd etc.
Wie kann ich meine Arme verlängern?	Arme zu verlängern suchen, z. B. durch einen Stock etc.
Wodurch könnte ein Tau in Schräglage bleiben, nachdem man es losgelassen hat?	Herangeholtes Tau z. B. durch einen Stuhl (etc.) in Schräglage fixieren.
Wie könnte man ein Tau veranlassen, mir entgegenzukommen?	Das Tau in Schwingung versetzen.

Die Reihe möglicher Problemsichten könnte zweifellos noch erweitert werden. **Das Entscheidende ist jedoch, daß jede dieser Sichtweisen und Problemdefinitionen bestimmte Lösungsideen nahelegt.**

Im Originalversuch waren die Stricke nur dünne Kordeln, die man nicht ohne Hilfsmittel (Gewicht) in Schwingung versetzen konnte. Maier bot als mögliche Gewichte nur einen elektrischen Schalter und ein elektrisches Relais. Der Clou seines Experiments war, daß er 9 Schülern vor der ›Kordel-Aufgabe‹ eine Aufgabe stellte, bei der sie sich mit dem Schalter beschäftigen mußten (Schalter-Gruppe), 10 Schüler mußten vorab eine Aufgabe mit dem Relais lösen (Relais – Gruppe), und 6 Schüler brauchten vorher keine Aufgaben zu bewältigen (Kontrollgruppe).

Das erstaunliche Ergebnis dieses Experiments zeigt die folgende Tabelle.

Tabelle: Häufigkeit, mit der Schalter und Relais als Gewicht
bei der Kordel-Aufgabe benutzt wurden

Gruppe	Relais-Benutzer	Schalter-Benutzer
Kontrollgruppe	3 (50%)	3 (50%)
Schaltergruppe	7 (78%)	2 (22%)
Relaisgruppe	0 (0%)	10 (100%)

Duncker stellte seinen Versuchspersonen folgende Aufgabe:

> »Gesucht ist ein Verfahren, um einen Menschen von einer inoperablen Magengeschwulst zu befreien, mit Hilfe von Strahlen, die bei genügender Intensität organisches Gewebe zerstören – unter Vermeidung einer Mitzerstörung der umliegenden gesunden Körperpartien.« (Duncker 1935, S. 1).

Diese Aufgabe bot er jedoch in zwei unterschiedlichen Zusatzformulierungen an, die er als ›aktiv‹ bzw. als ›passiv‹ bezeichnete:

Aktiv: Wie könnte man die Strahlen daran hindern, das gesunde Gewebe zu beschädigen?

Passiv: Wie könnte man das gesunde Gewebe davor bewahren, von den Strahlen beschädigt zu werden?

Das bemerkenswerte Ergebnis dieses scheinbar unscheinbaren Unterschieds: Bot er die Aufgabe in der ›aktiven‹ Formulierung, so spielten Lösungsideen zur Beeinflussung der Bestrahlungsintensität in 43 Prozent der Fälle die entscheidende Rolle, aber nur in 14 Prozent bei der ›passiven‹ Problemdefinition.

Ein weiteres Beispiel:
Sieht man das Problem darin, daß sich der Abteilungsleiter Müller gegen Umstrukturierungen sperrt, so werden sich die Lösungsvorschläge vornehmlich mit der Einstellungsände-

rung des Abteilungsleiters beschäftigen. Definiert man das Problem so, daß sich die Abteilung des Herrn Müller gegen Umstrukturierungen sperrt, so wird sich das Augenmerk der Lösungsuchenden primär auf die Veränderung der Mitarbeiter richten.

Wir denken, diese Beispiele genügen, um die einengenden Wirkungen von Bezugssystemen auf unser Wahrnehmen, Bewerten und Definieren von Problemen zu belegen.

Eine detailliertere Kenntnis der Wirkungen von Bezugssystemen wäre eine große Hilfe, geeignete Gegenmaßnahmen zu entwickeln. Der amerikanische Psychologe J. J. Asher schrieb in diesem Zusammenhang von ›Begriffskonstanzen‹, deren Aufbrechen durch Gegenkräfte verhindert wird, in denen er die Wirkung folgender drei Arten von Abwehrmechanismen vermutet (Asher 1963):

1. *Die Tendenz zum problemlosen Feld*
   »Begriffskonstanz führt zu einem problemlosen Feld; die Situation erscheint in Ordnung; man wird unempfindlich gegenüber Kräften, die sie gefährden könnten, d. h. Unzulänglichkeiten zum Vorschein bringen; Mängel werden einfach nicht mehr wahrgenommen.

2. *Die Illusion des unlösbaren Problems*
   Man tut so, als sei das Problem praktisch nicht lösbar, als stellten alle bisherigen Anstrengungen bereits das Höchstmögliche dar. Durch Überhöhung der Zielsetzung (Maximalforderung) wird jede Problemlöseaktivität schon im Keim erstickt. In der Gruppendiskussion macht sich dieser Mechanismus oft durch Beiträge der folgenden Art bemerkbar:
   ›Sehen Sie vielleicht eine bessere Möglichkeit?‹
   ›Das ist doch unmöglich – das geht überhaupt nicht!‹
   ›Wenn es eine bessere Lösung gäbe, dann hätte sie bestimmt schon jemand gefunden!‹

3. *Die Verleugnung des Problems*
Man tut so, als gäbe es überhaupt kein Problem, als sei es eine ›fixe Idee‹, von einem Problem zu sprechen.
Diskussionsbeispiele:
›Bisher ist es doch auch gegangen ...‹
›Alle machen es so, also muß doch etwas dran sein!‹«

Diesen Mechanismen begegnen wir auf Schritt und Tritt, wenn wir nur genauer hinsehen (wollten). Weitere Indikatoren hierfür sind Sätze wie:

> »Das haben wir schon immer so gemacht!«
> »Ein bißchen Streit kommt doch in jeder guten Familie vor.«

Oder ganz direkt:
»Ich hab' gar kein Problem«, sagte eine 17jährige, die aus dem Internat geflogen war, »meine Eltern haben Probleme.« Am Ende der Therapiesitzung hätte sie allerdings noch gerne weitere Episoden über Ansichten und Verhalten ihrer Eltern erzählt, die sie (die Tochter) »total fertig machen«.
Erheblich subtiler wird der Einsatz dieser Abwehrmechanismen und Wahrnehmungsverzerrungen, wenn wir von ›Nachrüstung‹ sprechen, vom ›vernachlässigbaren Restrisiko‹, vom ›umweltfreundlichen Auto‹, von ›umweltfreundlichen Waschmitteln‹ oder gar vom ›finalen Rettungsschuß‹; wenn wir davon überzeugt sind, daß menschliche Geisteskraft auch für die schwierigsten Probleme stets rechtzeitig eine Lösung finden wird, die Liste ließe sich beliebig lang fortsetzen.

Weitere Auswirkungen von Bezugssystemen auf die erste Phase des Problemlösungsprozesses, die wir immer wieder beobachten können, möchten wir drei weiteren Mechanismen zuordnen:

4. *Problemverschiebung*
z. B. »Wie kann man einen ›Querulanten‹ loswerden?«

Anstatt: »Welche Mißstände gibt es in unserer Abteilung, und wie können sie beseitigt werden?«

Franke verweist in diesem Zusammenhang auf die Notwendigkeit, zwischen Problem und Symptom zu trennen: »Ein Symptom zu kurieren bedeutet doch nicht, ein Problem zu lösen, bestenfalls heißt es, eine bestimmte Auswirkung des Problems zu beseitigen, einzugrenzen oder unter Kontrolle zu bringen. Man kann damit nicht ausschließen, daß es unter anderem Vorzeichen wieder auftaucht. Der Mitarbeiter, der seinen Unmut über den Führungsstil des Chefs durch häufiges Fehlen am Arbeitsplatz zum Ausdruck bringt, wird sich vermutlich ein anderes ›Ventil‹ suchen, wenn ihm die Fehlzeiten vom Lohn abgezogen werden.« (Franke 1975, S. 146).

5. *Problemverengung*
   z. B.: »Wie kann man den Vorgesetzten dazu bringen, etwas gegen das Problem X zu unternehmen?«
   Anstatt: »Wie kann das Problem X beseitigt werden?«

In der Transkription einer ›PLK im Seminar‹, die weiter unten folgt, zeigen sich die Auswirkungen einer derartigen Problemverengung besonders deutlich.

6. *Problemverallgemeinerung*
   z. B.: »Wie kann man zwischenmenschliche Beziehungen verbessern?«
   Anstatt: »Wie können wir das Arbeitsklima in unserer Gruppe verbessern?«

   oder: »Wie kann man Suchtkranken helfen?«
   Anstatt: »Wie können wir einem alkoholabhängigen Kollegen helfen?«

5.2 Techniken zur Reduktion der Wirkung von Bezugssystemen bei der Wahrnehmung, Bewertung und Definition von Problemsituationen

Asher beließ es nicht bei seiner Kritik, sondern schlug vier Gegenmaßnahmen vor, um den von ihm genannten Abwehrmechanismen entgegenzuwirken:

1. **Aufstellung einer Problemmatrix**

   Ein problemloses Feld kann in ein Problemfeld verwandelt werden, wenn man eine möglichst erschöpfende Liste von Unzulänglichkeiten bestehender Begriffe (Sachverhalte) zusammenstellt. Je umfangreicher diese Problemliste ausfällt, desto größer ist die Wahrscheinlichkeit, daß mangelhafte Merkmale zum Ausdruck kommen und behandelt werden. Asher veranschaulicht dieses Prinzip am Beispiel des Telefons. Jahraus, jahrein haben Millionen von Menschen das Telefon benutzt, ohne daß ihnen daran aufgefallen ist, wie unzulänglich doch die Wählscheibe funktioniert. Man braucht aber nur einen Moment des Nachdenkens, um darauf zu stoßen, daß diese Funktionsweise eine Reihe von Unzulänglichkeiten enthält:
   - Die langwierige Rücklaufzeit
   - Die nicht eben optimale kreisförmige Anordnung der Ziffern
   - Die fehlende Rückmeldung darüber, welche Zahl schon gewählt worden ist
   - Die fehlende Rückmeldung darüber, ob die richtige Nummer gewählt worden ist
   - Das lästige Drehen der Wählscheibe
   - Die für manche viel zu kleinen Öffnungen auf der Wählscheibe
   usw.

2. **Erzeugung von Mehrdeutigkeiten**
Diese Technik ist der erstgenannten recht ähnlich, sie besteht darin, durch kritische Variation der Betrachtungsweise Mehrdeutigkeiten zu erzeugen, um auf diese Weise Unsicherheit in den Begriff zu bringen. Man kann davon ausgehen, daß mit wachsender Begriffsunsicherheit auch die Wahrscheinlichkeit ansteigt, daß der Begriff aufgegeben und durch einen passenderen ersetzt wird.

3. **Unbestimmte Begriffsbildung**
Je gebräuchlicher ein Begriff ist, je mehr man sich an ihn gewöhnt hat, desto schwieriger ist es, sich seiner Implikationen zu entledigen; selbst jener, die sich längst als überholt erwiesen haben.
Ein Beispiel: In Unkenntnis der eigentlichen Sachverhalte ist der Begriff ›Neurose‹, von dem lateinischen Wort für ›Nerven‹ abgeleitet. Wir sagen daher auch heute noch »jemand ist nervenkrank«, »jemand hat schlechte Nerven«, »jemand hat es mit den Nerven«, »jemand hat einen Nervenzusammenbruch« usw., obwohl all diese Bezeichnungen, inklusive des Fachbegriffs ›Neurose‹ für Verhaltensweisen benützt werden, die in den allermeisten Fällen rein psychischer Natur sind. Umgekehrt sind sogenannte ›Geisteskrankheiten‹ oder ›Psychosen‹ – zumindest in vielen Fällen – nicht geistiger oder psychischer Natur, sondern durch physische Funktionsstörungen verursacht.

4. **Erfinden neuer Begriffe**
»Eingefahrene Begriffe können auch dadurch aufgelöst werden, daß man sie durch neue ersetzt. Solche Alternativen lassen sich dadurch auffinden, daß man phantasievolle Änderungen an alten Begriffen vornimmt oder sich unter Mißachtung der Realitätskontrolle völlig neue Begriffe einfallen läßt ...« (Franke 1975, S. 121)

Jede Problemformulierung beeinflußt Art und Zahl der gefundenen Lösungsansätze. So legen auch unsere ›Problemformulierungen‹, wie Verschiebung, Verengung und Verallgemeinerung von Problemen durch unsere Bezugssysteme, folgende Lösungsansätze nahe:

5. **Problemursache(n) zuerst bei sich suchen**
   Anstatt die Problemursache(n) zuerst und ausschließlich bei anderen zu suchen, sollte man sie zuerst bei sich, dann erst bei anderen suchen.

6. **Problemdefinition(en) sollen auch eigene Lösungsansätze ermöglichen**
   Anstatt Probleme so zu definieren, daß Lösungsversuche ausschließlich anderen überantwortet werden, sollte man sie so definieren, daß auch eigene Lösungsversuche denkbar wären.

7. **Alternativdefinitionen für das Ausgangsproblem formulieren**
   Nicht nur für die Strategien 8. und 9. könnte es sich als hilfreich erweisen, möglichst viele und unterschiedliche Alternativformulierungen für das Ausgangsproblem zu finden, sondern auch für die Entwicklung von Lösungsideen.

8. **Ausgangsproblem spezifisch und nicht zu allgemein formulieren**
   Das Ausgangsproblem sollte spezifisch (z. B. alkoholabhängiger Mitarbeiter) und nicht zu allgemein (Suchtkranke) formuliert werden.

9. **Das Ausgangsproblem parzellieren**
   Das Ausgangsproblem sollte in möglichst viele Teilprobleme oder Teilaspekte aufgespaltet werden.

Auf die häufige Argumentation, daß durch derartige Strategien nur kostbare Zeit verlorengehe, daß ein Problem hierdurch nur künstlich aufgeblasen werde, oder gar in einer Un-

zahl von Teil- und Nebenproblemen untergehe, möchten wir mit folgenden Untersuchungsergebnissen antworten:
Experimente des Psychologen G. A. Steiner haben gezeigt, daß hochkreative Personen oft mehr Zeit mit den Anfangsstadien der Problemformulierung, also mit der breiten Überschau der Alternativen, verbringen. Weniger kreative Naturen sind eher geneigt ›voranzumachen‹.
Die Forscher S. I. Blatt und M. I. Stein kamen in ihren Experimenten zu dem gleichen Schluß, daß kreativere Versuchspersonen mehr Zeit und Fragen auf die Analyse des Problems verwendeten als die weniger kreativen. Sie fanden: »Unsere weniger kreativen Teilnehmer machten den Eindruck, als ob sie dem Problem die Lösung entringen und es beherrschen wollten. Sie gingen auf die Antwort los, noch bevor sie die Struktur des Problems erkannten.« (Raudsepp 1984, S. 137)

5.3 Der Einfluß von Bezugssystemen auf die übrigen Phasen des Problemlösungsprozesses

Nicht genug damit, daß unsere Bezugssysteme indirekt über die Problemsicht und -definition Einfluß auf das Auffinden von Lösungsansätzen nehmen, sie tun dies darüber hinaus auch in direkter Weise, indem unsere Denkschablonen nur bestimmte Lösungsideen ermöglichen oder zulassen. Damit noch immer nicht genug, auch die restlichen Phasen des Problemlösungsprozesses – die Auswahl und Durchführung einer Lösungsidee sowie etwaige Erfolgskontrollen der Durchführung – unterliegen den restriktiven Einflüssen unserer Bezugssysteme.
Beispiele hierzu wollen wir nicht aufführen, da diese Auswirkungen aufgrund unserer bisherigen Ausführungen offensichtlich sein dürften und einige Belege in der detaillierten Darstellung einer PLK enthalten sind.

Als die geeigneteste generelle Dämpfungsmaßnahme für diese Wirkungen auf die Phase der Produktion von Lösungsideen erachten wir die geduldige Übung von Techniken zur Kreativitätssteigerung, d. h. die Entwicklung und den Einsatz der Fähigkeit des lateralen oder Querdenkens.

5.4 Techniken zur Reduktion der Wirkung von Bezugssystemen auf die Bewertung und Auswahl von Lösungsideen

Selbst wenn es gelungen ist, das Problem in optimaler Weise zu formulieren und eine Vielzahl von Lösungsansätzen zu finden, verhindern die Negativwirkungen unserer Bezugssysteme auf das Bewerten der Einfälle und auf die Auswahl der zu realisierenden Lösungsstrategie(n) nur allzu häufig die beste Nutzung der Vorarbeiten. Die Offensichtlichkeit dieser Wirkungen wächst indirekt mit der Größe der Gruppe und direkt mit der Unterschiedlichkeit der Bezugssysteme sowie der Interessen der Teilnehmer. Dies bedeutet jedoch nicht, daß in kleinen Grppen unsere Bezugssysteme nicht wirksam wären. Leider wird dieser Phase des Problemlösungsprozesses von den Erfindern origineller Techniken zur Steigerung unserer Kreativität kaum, wenn überhaupt Beachtung geschenkt. Im klassischen Brainstorming wird nur empfohlen, die Einfälle folgendermaßen zu bewerten:

- a) Ist die Idee sofort auswertbar?
- b) Ist die Idee später auswertbar?
- c) Muß die Idee noch einmal durchdacht werden?
- d) Ist die Idee unbrauchbar?

Selbst bei dem modernen Quickstorming hat sich daran nichts geändert, wie aus folgendem Zitat einer Wirtschaftsjournalistin und Teilnehmerin an einem Quickstorming-Seminar zu entnehmen ist:

»Die Ideen aus der Phase der Ideenproduktion werden in der Phase der »Ideen-Optimierung ... analysiert und selektiert. Auch das geht wesentlich schneller als bei anderen Kreativ-Verfahren. Ausgereifte Ideen werden ausgelagert und für ihre Realisierung präpariert. Die restlichen guten Ideen sind Themen für weitere Quickstormings. Nach der Bearbeitung dieser Themen wird wieder selektiert und optimiert oder ausgelagert. Dem Entscheidungsträger werden die ausgestalteten Resultate nach Workshop-Ende präsentiert.« (Fleck 1984, S. 28)

Die Fehleranfälligkeit dieser vielfältigen Entscheidungen (welche Idee ist später auswertbar, welche muß nochmals durchdacht werden, welche ist [vielleicht nur scheinbar] unbrauchbar, wann ist eine Idee ausgereift, welche der restlichen Ideen sind [scheinbar?] gut oder [scheinbar?] schlecht usw.) und die damit verbundene Inflationierung des Arbeitsergebnisses wird anscheinend von vielen gar nicht erkannt oder verdrängt. Es scheint so, als ginge es nur um den Glamour gesteigerter Kreativität und nicht um die Beseitigung von Problemen. Dabei gilt auch hier der Satz, daß eine Kette nur so stark ist wie ihr schwächstes Glied. Problemlösungsteams und -konferenzen scheitern oft nicht in der Phase der Ideenproduktion, sondern in den unattraktiven Phasen eines Problemlösungsprozesses – der Vorbereitung derartiger Sitzungen, der Bewertung und Auswahl von Lösungsvorschlägen – sowie bei der Realisation von Lösungsstrategien! So wird es kaum verwundern, daß in der Literatur nur wenige Techniken zur Optimierung dieser ›unattraktiven‹ Phasen zu finden sind.

Bereits 1960 veröffentlichte J. G. Mason einen umfangreichen Fragenkatalog zur Bewertung von Lösungsvorschlägen. Ein ähnlicher Katalog wird in der US-Luftwaffe und -Marine benützt (Mason 1960).

C. E. Gregory schlug in Anlehnung an die ›morphologische Methode‹ zur Ideenbewertung und -auswahl die sogenannte 7×7-Technik vor, bei der sämtliche Ideen auf Kärtchen geschrieben werden und mit Hilfe bestimmter Prinzipien bewertet und in einer Matrix von sieben Reihen und sieben Spalten ein- und umgeordnet werden. Am Ende der Prozedur sollte der beste Vorschlag in Spalte 1 an erster Stelle stehen, der zweitbeste in Spalte 2 an erster Stelle und so fort (Gregory 1967).

Wir haben davon abgesehen, die Fragenkataloge und die 7×7-Technik näher zu erläutern, weil es bislang durchaus fraglich ist, ob durch diese Bewertungsmethoden die wirklich guten Ideen auch tatsächlich herausgefiltert werden.

Eine erheblich bessere Gewähr dafür bieten unseres Erachtens folgende Verfahren, die zu einem Großteil auf N. F. R. Maier (1963) zurückgehen. Unbedingte Voraussetzung all dieser Verfahren ist, daß die einzelnen Lösungsideen von jedem Teilnehmer ausreichend verstanden sind.

Scheinbar geht es bei einigen der folgenden Verfahren nur um die Reduktion der Zahl der Vorschläge, während bei anderen die Bewertung von Vorschlägen im Vordergrund zu stehen scheint. Da es jedoch letztlich das Ziel all dieser Verfahren ist, die Auswirkungen unserer Bezugssysteme auf die Auswahl der geeignetsten Lösungsstrategie(n) aus einer Vielzahl von Lösungsideen soweit wie möglich zu verhindern und weil all diese Verfahren letztlich auf Bewertungsprozeduren basieren, möchten wir auf eine Unterteilung der Verfahren in zusätzliche Scheinkategorien verzichten.

1. **Lösungsvorschläge, die nicht von allen Teilnehmern akzeptiert werden, sollen aussortiert, zumindest zurückgestellt werden** (Maier 1963; Gordon 1972, 1979).

   (Für dieses Verfahren spricht, daß man eine Lösung, hinter der man nicht steht, bewußt oder unbewußt sabotiert. Gegen das Verfahren spricht, daß geeignete Vorschläge ad acta gelegt werden. Selbst wenn die Teilnehmer ihre Ablehnung begründen, stellen derartige Begründungen oft nichts anderes als Rationalisierungen bezugssystembedingter Ablehnungen dar.)

2. **Lösungsvorschläge, die aus anderen Situationen abgeleitet wurden, werden aussortiert, zumindest zurückgestellt** (Maier 1963).
(Für dieses Verfahren spricht, daß Problemsituationen meist als viel ähnlicher eingeschätzt werden, als sie tatsächlich sind. Weshalb auch eine direkte Übertragbarkeit von Lösungen nur äußerst selten möglich ist. Gegen das Verfahren spricht, daß diese seltenen Fälle von Übertragbarkeit verlorengehen.)

3. **Jeder Teilnehmer wählt die seiner Meinung nach beste Idee, somit verbleiben maximal so viele Ideen wie Teilnehmer für die Endbewertung.**
(Dieses Verfahren sollte aufgrund seiner hohen Restriktivität nur bei sehr großen Teilnehmerzahlen [15–25] angewandt werden. Bei noch größeren Gruppen besteht die Gefahr, daß zu viele Ideen übrigbleiben.)

4. **Jeder Teilnehmer wählt die seiner Meinung nach zwei (drei oder vier) besten Vorschläge aus.** Für die Endbewertung braucht danach nur jede gewählte Idee festgehalten zu werden, unabhängig davon, ob sie einfach oder mehrfach gewählt wurde.
(Von Nachteil ist für dieses Verfahren, wenn Teilnehmer weniger oder mehr Vorschläge auswählen wollen – was in der Regel der Fall ist.)

5. **Jeder Teilnehmer wählt die seiner Meinung nach besten Vorschläge aus (beliebige Anzahl).**
(Die Erfahrung zeigt, daß nur ganz selten ein Teilnehmer mehr als fünf Vorschläge auswählt und daß rund 90% der Teilnehmer zwei bis vier Vorschläge benennen.)

Sollte die für die Endbewertung verbleibende Ideenzahl bei der Anwendung von 5. oder auch bei 4. den Bereich von ca. zehn bis 15 Vorschlägen deutlich unter- oder überschreiten, so ist im Fall 4. die Auswahlzahl (zwei bis vier) entsprechend zu verändern oder besser noch wie im Fall 5. zu verfahren: Hinter der gewählten Idee wird die Anzahl ihrer Nennungen vermerkt und anschließend eine Rangreihe der Ideen aufgrund ihrer Nennungen aufgestellt. Es steht dann im Belieben der Gruppe, wie viele der geordneten Ideen einer Endbewertung unterzogen werden sollen.

6. **Unter Verfügbarkeit von PCs wären nicht nur derartige Rangbildungen schneller als per Hand durchzuführen, es würden sich auch Möglichkeiten erheblich komplizierterer Reduktionsverfahren ergeben, die per Hand viel zu umständlich wären.** Zum Beispiel könnte jeder Teilnehmer seine ausgewählten Vorschläge in eine Rangreihe bringen oder sie sogar in vielfältiger Weise gewichten.
(Mittels eines unschwer zu erstellenden PC-Programms könnte eine Ideenrangfolge auch aus solchen Rangreihen der Teilnehmer erstellt werden. Zuvor ist jedoch die Frage zu prüfen, ob derartige komplexere Verfahren auch zu entscheidungsrelevanteren Rangfolgen führen würden.)

7. **Bei der Zwei-Spalten-Methode werden die Teilnehmer aufgefordert, zu jeder Idee alle erdenklichen Für- und Wider-Argumente in beliebiger Reihenfolge zu äußern, welche stichwortartig in einer Plus- und einer Minus-Spalte festgehalten werden** (Maier 1963).
(Als zusätzliche Hilfe für die Endauswahl von Lösungsvorschlägen erweist sich oft eine Gewichtung der einzelnen Argumente. Eine einfache Gewichtung könnte durch die bloße Anzahl der Teilnehmer erfolgen, die das betreffende Argument als wichtig erachten. Eine genauere Gewichtung ließe sich anhand von Wertungssummen ablesen. Zum Beispiel könnte jeder Teilnehmer jedes Argument auf

einer Wichtigkeitsskala von 1–3 oder 1–5 einstufen. Die Summe der einzelnen Einstufungen ergibt die Wertungssumme für das betreffende Argument.)

8. **Bewertung der Ideen anhand bestimmter Bewertungs- und Beurteilungskriterien.** Die Bestimmung der Kriterien sowie die Bewertungsregeln sollten bevorzugt durch die Teilnehmer selbst erfolgen (ansonsten unter mehr oder weniger großer Hilfestellung von Experten). Häufige Kriterien: Nutzen – Kosten – Zeit – Sicherheit – Praktikabilität – Einfachheit – Akzeptanz – zusätzliche Einsatzmöglichkeiten u. a. m.
(Anhand von Kriterien, möglichst von Beurteilungskriterien, sowie bestimmter Bewertungs- oder Gewichtungsregeln lassen sich die Ideen unschwer für eine [weitere] Auswahl in eine Rangfolge bringen.)

In Abhängigkeit von der Anzahl der Lösungsideen und dem konkreten Problem ist zu überlegen, welches dieser Verfahren beziehungsweise welche Verfahrenskombination die optimale Prozedur zum Herausfiltern der besten Lösungsstrategie(n) ist. Insbesondere die Verfahren 5. bis 8. sowie deren Kombination sind besonders potent.
Zum Schluß möchten wir noch ein Verfahren erwähnen, daß sich vor allem bei Verteilungsproblemen bewährt hat.

9. **Jeder Teilnehmer wählt die seiner Meinung nach beste Lösung (Idee) aus, unter Hintanstellung eigener Interessen.**
(Dieses von uns als **Salomon-Technik** vorgeschlagene Verfahren ist vor allem dann hilfreich, wenn es den Teilnehmern nicht gelingt, sich auf bestimmte Bewertungs- und Beurteilungskriterien zu einigen, bzw. wenn diese Einigung zu zeitraubend ist. Dies ist meist dann der Fall, wenn ein Verteilungskonflikt vorliegt, wobei sich mehrere [oder alle] Diskussionsteilnehmer für die gleiche Sache [z. B. Posten, Auslandsreise, Arbeitszimmer etc.] interessieren.)

6. Die PLK im Seminar

Diese Form einer Problemlösungskonferenz wurde von mir (Wolters) insbesondere für den Gebrauch in Konflikt- und Problemlöse-Seminaren entwickelt. Die optimale Teilnehmerzahl für diese PLK-Form liegt zwischen fünf und acht Personen.

DIE PLK IM SEMINAR

Das ZIEL dieser PLK ist:
mit Hilfe der Gruppe (Gr) für ein ungelöstes Problem eines Seminarteilnehmers (Tn) Lösungsvorschläge zu sammeln und zu bewerten sowie Lösungsstrategien zu entwickeln, zu realisieren und deren Erfolg zu überprüfen.

A) Vorphase:
Lange vor der Seminareinladung werden die Teilnehmer aufgefordert, zu beobachten und zu notieren, welche Konflikte und Probleme insbesondere in ihrem Arbeitsumfeld auftreten.
In der Einladung werden die Teilnehmer gebeten, ihre diesbezüglichen Aufzeichnungen ins Seminar mitzubringen.

B) PLK-Phasen:
Wahl eines Moderators, dessen Aufgabe es ist, die PLK unter möglichst strikter Einhaltung der folgenden PLK-Phasen zu leiten:

1. Problemdarstellung	(Tn)
2. Verständnisfragen	(Gr an Tn)
3. Lösungsvorschläge	(Gr)
4. Verständnisfragen	(Tn an Gr)
5. Ordnen der Lösungsvorschläge	(Tn und Gr)
6. Pro+Kontra-Diskussion der Vorschläge	(Tn und Gr)
7. Bewertung der Lösungsvorschläge und Entscheidung für Lösungsstrategie(n)	(Tn)
8. Bericht über die Phasen 1. bis 7. in der Gruppe	(Tn)
9. Realisierung der Lösungsstrategie(n)	(Tn)
10. Ergebnis der Seminarleitung mitteilen	(Tn)

Zu 1. Problemdarstellung (Tn):

Der betroffene Teilnehmer (Tn) stellt in wenigen, kurzen Sätzen sein Problem sowie seine bisherigen (ungeeigneten und/oder unzureichenden) Lösungsversuche dar. Überlegungen über zukünftige Lösungsmöglichkeiten sollen vom Betroffenen an dieser Stelle nicht dargestellt werden!

Zu 2. Verständnisfragen (Gr an Tn):

In dieser Phase dürfen die Gruppenmitglieder (Gr) ausschließlich Verständnisfragen an den Betroffenen richten, um das dargestellte Problem genau zu verstehen und um gegebenenfalls eine geeignetere Problemformulierung zu finden. Wobei es vom Problem abhängt, ob eine ›engere‹, ›weitere‹ oder auch ganz andere Sichtweise des Problems als die des Betroffenen womöglich geeigneter für eine PLK sein kann.
Am Ende dieser Phase kann sich somit eine Reformulierung des Problems als notwendig erweisen.

Auf keinen Fall sollen in dieser Phase bereits Lösungsvorschläge formuliert werden!
Bei größeren PLK-Gruppen sollte der Moderator nur maximal zwei Fragen (möglichst offene Fragen) ›am Stück‹ erlauben, um die Konzentration und Motivation der restlichen Teilnehmer nicht zu gefährden.

Zu 3. Lösungsvorschläge (Gr):

Jedes Gruppenmitglied schreibt in dieser Phase seine Lösungsvorschläge auf namentlich gekennzeichnete Kärtchen. Wobei jeder Vorschlag auf ein Extrakärtchen mit möglichst wenigen, dafür großen und gut leserlichen Stichworten geschrieben wird.

Entscheidend für diese Phase ist das ›Brainstorming-Prinzip‹: Quantität geht vor Qualität. Auch und gerade abwegig erscheinende, phantastische und unrealistische Vorschläge sollten unbedingt stimuliert und auf Kärtchen festgehalten werden.

Zu 4. Verständnisfragen (Tn an Gr):

Nachdem der Betroffene alle Kärtchen (Vorschläge) gesammelt hat, begibt er sich zur Pinnwand.

In dieser Phase sind ausschließlich Verständnisfragen seitens des Betroffenen (Tn) an die Gruppenmitglieder (Gr) zum besseren Verständnis der einzelnen Lösungsvorschläge erlaubt.

Sollten sich durch die Verständnisfragen des Betroffenen weitere Lösungsansätze ergeben, so sind diese ebenfalls auf Kärtchen festzuhalten!

Während dieser Phase ist es besonders wichtig sicherzustellen, daß der Betroffene – bevor er ein Kärtchen anpinnt – jeden Vorschlag richtig und in seinen Einzelheiten versteht und davon abgehalten wird, die Lösungsvorschläge schon an dieser Stelle zu bewerten!

Zu 5. Ordnen der Lösungsvorschläge:

In der Realität überlappt sich diese Phase mit der vorhergehenden. Bereits nach der Sammlung und während der Erklärung der Lösungsvorschläge entwickeln sich beim Betroffenen (und bei den Gruppenmitgliedern) Kategorien, nach denen man die einzelnen Vorschläge ordnen könnte. Anhand dieser Überlegungen pinnt der Betroffene die unter 4. kommentierten Vorschläge in den meisten Fällen bereits vorgeordnet an die Pinnwand. Behagt einem (oder mehreren) Gruppenmitglied(ern) das Ordnungsschema nicht, so sollte dennoch im ersten Ordnungsversuch das Schema des Betroffenen respektiert werden, außer er bittet die Gruppenmitglieder um Hilfe!

Zu 6. Pro+Kontra-Diskussion der Lösungsvorschläge

Danach erfolgt die Pro+Kontra-Diskussion, an der sich alle PLK-Teilnehmer (Betroffener, Gruppenmitglieder und Moderator) beteiligen sollten, um die subjektiv empfundenen Vor- und Nachteile der einzelnen Vorschläge detailliert zu besprechen.

Sehr oft ergibt sich aus der Pro+Kontra-Diskussion eine Reihe weiterer Lösungsansätze, die ebenfalls auf Kärtchen festzuhalten und an die Metaplantafel zu pinnen sind!

Eine umfassende Pro+Kontra-Diskussion erfordert viel Zeit. Wenn, aus welchen Gründen auch immer (Zeitmangel, Unlust etc.), ein Verzicht auf eine alle Ideen umfassende Diskussion angezeigt ist, sollten primär jene Lösungsvorschläge diskutiert werden, die dem Betroffenen nicht möglich oder nicht sinnvoll erscheinen (um sicherzustellen, daß keine hilfreichen, aber für den Betroffenen verdeckten Ideen verlorengehen).

Nach dieser Phase endet die Gruppenarbeit.

Zu 7. Bewertung der Lösungsvorschläge und Entscheidung für Lösungsstrategie(n) (Tn):

Die subjektive Endbewertung der vorgeschlagenen und diskutierten Lösungsansätze wird allein vom Betroffenen vorgenommen. Ebenso die Auswahl des am geeignetsten erscheinenden Lösungsvorschlags beziehungsweise der am geeignetsten erscheinenden Lösungsstrategie(n). Den für diese Phase nötigen Zeitraum bestimmt ebenfalls der Betroffene (in der Regel liegt er zwischen einigen Stunden und einem Tag).

Zu 8. Bericht über die Phasen 1. bis 7. im Plenum (Tn):

Nach Abschluß der Phase 7. berichtet der Betroffene der gesamten Gruppe über den Verlauf und das Ergebnis ›seiner‹ PLK. Die Beantwortung folgender sieben Fragen hat sich als sinnvolle Gliederungshilfe für den Bericht erwiesen:
- Wie lautete das Ausgangsproblem?
- Erwies sich eine Reformulierung des Problems als sinnvoll oder gar notwendig; wenn ja, welche?
- In welche Hauptkategorien wurden die Lösungsvorschläge aufgeteilt?
- Wie viele Vorschläge wurden produziert?
- Welche Vorschläge schnitten in der Endbewertung besonders gut ab?
- Für welchen Vorschlag, beziehungsweise, welche Lösungsstrategie(n) habe ich mich entschieden?
- Wie empfand ich die Atmosphäre und die Leitung der PLK?

Zu 9. Realisierung der Lösungsstrategien (Tn):
und

10. Ergebnis der Seminarleitung mitteilen (Tn):

Die restlichen beiden Phasen finden erst nach dem Seminar statt. Nachdem der Betroffene die gewählte Lösungsstrategie in die Tat umgesetzt hat und absehen kann, wieweit sie den gewünschten Erfolg zeitigt, soll er der Seminarleitung den (bisherigen) Erfolg seines Lösungsversuchs mitteilen.

7. Beispiel einer »PLK im Seminar«

Wir haben aus unseren Aufzeichnungen bewußt eine ›unnormale‹ PLK mit einem vergleichsweise harmlosen Problem ausgesucht, da an ihren Fehlern besonders deutlich wird, welch intensiver Übung und nicht geringen Geschicks es bedarf, um die scheinbar so simplen PLK-Regeln in die Praxis umzusetzen. Darüber hinaus liefert sie ein sehr anschauliches Beispiel für die Wirkungen unserer Bezugssysteme in allen PLK-Phasen.

Die fünf PLK-Teilnehmer:

>   MOD   = die Moderatorin
>   G.   = der vom Problem Betroffene ist Herr G.
>   W.   = Wolters
>   T1,T2,T3 = weitere Teilnehmer an der PLK

7.1 Der erste Anlauf

MOD: Herr G., Sie hatten ein Problem, das Sie gerne zur Diskussion stellen wollten, um Hilfestellung zu bekommen, wie man es am besten lösen könnte, oder um irgendwelche Erfahrungen zu sammeln und Anregungen zu finden wegen eines bestimmten Mitarbeiters. Vielleicht könnten Sie Ihr Problem nochmals kurz darstellen.

PLK-Phase 1: Problemdarstellung (Tn)

G.: Das Problem ist nicht aus der eigenen Filiale, sondern aus einer anderen Abteilung mit sechs Leuten. Mitte des letzten Jahres ist ein neuer Mitarbeiter dazugekommen, der einfach einen undefinierbaren Geruch verbreitet. Und das Problem ist, daß sich keiner an den Vorgesetzten wendet und den einmal fragt: »Haben Sie das auch bemerkt?« oder: »Wollen Sie da was unternehmen?« Und die jüngeren Kollegen meinen, die älteren Kollegen, die schon länger da sind, sollten das mal weitergeben

> *(Da Herr G. das Problem viel zu eng definiert und dadurch die Zahl potentieller Lösungsmöglichkeiten für sein Problem drastisch verringert, wäre es Aufgabe der Moderatorin gewesen, dies zu korrigieren. Vielleicht so:*
> *»Herr G., sind Sie damit einverstanden, das Problem weiter zu fassen, etwa so:*
> *Welche Maßnahmen könnten hilfreich sein, um diese unangenehme Situation zu beenden?«*
> *Im folgenden erteilt die Moderatorin in der Reihenfolge der hochgestellten Namensschilder die Redeerlaubnis, was in der Transkription ausgelassen wurde, um die Darstellung des Entwicklungsflusses der PLK nicht unnötig zu ›verdicken‹.)*

PLK-Phase 2: Verständnisfragen (Gr an Tn)

MOD: Wer hat Fragen dazu?

T1: Herr G., Sie sagen, der Mann riecht undefinierbar. Heißt das, er riecht unangenehm?

G.: Ja.

T1: Und er sitzt mit sechs Leuten in einem Raum?

G.: Er sitzt mit zweien in einem Raum, die restlichen zwei sitzen in einem zweiten Raum. Und der Leiter sitzt separat. Aber die, die im zweiten Raum sitzen, empfinden den Geruch auch als störend, wenn er reinkommt, um Aufgaben zu verteilen oder wegen anderer Dinge.

T3: Wie alt ist der Mitarbeiter?

G.: 40 oder 41.

T2: Glauben Sie, der Chef weiß um dieses Problem, ihm stinkt er quasi auch?

G.: Ich nehme es an, wenn es alle anderen empfinden, müßte es der Chef an sich auch bemerkt haben. Und jeder wartet darauf, daß der Chef die Sache dem Mitarbeiter gegenüber anspricht, anstatt sie unter den Teppich zu kehren.

W.: In welchem Verhältnis stehen Sie zu den Mitarbeitern dieser Gruppe oder Abteilung?

G.: Ich sagte es schon. Es ist keine Abteilung unserer Filiale, sondern eine in der Zentrale.

> (Herrn G. war diese Frage offensichtlich unangenehm. Warum eigentlich?)

W.: Inwiefern sind Sie dann mit diesem Problem befaßt?

G.: Na gut, ich kann's ja ruhig sagen. Es ist ein Problem in der Abteilung, wo meine Frau arbeitet.

> (Es ist nicht sinnvoll, Probleme einer anderen Person in eine PLK einzubringen, da man zwar glaubt, auch diese Probleme genau zu kennen, de facto aber viele Details, möglicherweise sehr wichtige, nicht weiß.
> Herr G. hat dieses Problem eingebracht, obwohl ausdrücklich nur eigene Probleme genannt werden sollten. Ein PLK-Abbruch wurde dennoch nicht in Erwägung gezogen, um Herrn G. nicht zu irritieren, um den Sinn der Forderung nach ausschließlich persönlichen PLK-Problemen zu verdeutlichen und weil auch an dieser PLK das richtige Vorgehen demonstriert werden kann.)

W.: Daraus ergeben sich für mich einige weitere Fragen, aber ich kann gerne andere vorlassen.

MOD: Das fände ich gut, damit wir nicht zu lange bei einem Fragenden verbleiben.

T2: Hat diese Gruppe Kundenkontakt?

G.: Nein.

T3: Ist Ihre Frau eine der fünf Mitarbeiter dieser Gruppe ...?

G.: Ja.

T3: ... und sitzt mit ihm im Zimmer?

G.: Sie sitzt im Nebenzimmer.

W.: Welche Maßnahmen wurden bisher ergriffen, von wem auch immer?

G.: Keine.

T2: Ich hab' eine Doppelfrage. Erstens: Wie ist denn der Mitarbeiter so vom Wesen her? Und zweitens: Hat er Freunde, oder ist er eher ein Außenseiter und wird gemieden?

G.: Das ist schon richtig. Er ist eher außen vor. Er ist auch der letzte, der in die Abteilung gekommen ist. Die anderen sind ein wenig solidarisch gegen ihn.

> *(Für die Moderatorin wäre dies eine günstige Gelegenheit gewesen, darauf hinzuweisen, daß die PLK-Teilnehmer möglichst ›offene Fragen‹ stellen sollten, d. h. Fragen, die nicht mit einem bloßen Ja oder Nein beantwortbar sind. Wie man sieht, beantwortet Herr G. nur eine der beiden Fragen, die zuletzt gestellte, die überdies eine ›geschlossene‹ ist.*
> *Es wäre auch Aufgabe der Moderatorin – falls der fragende Teilnehmer nicht selbst nachhakt – Herrn G. auf die unterlassene Antwort zur ersten Frage hinzuweisen.)*

W.: Wie ist die Geschlechterverteilung in der Gruppe?

G.: Der Leiter ist ein Mann, und von den fünf Mitarbeitern sind drei Frauen.

W.: Ist der betreffende Mitarbeiter verheiratet?

G.: Ja.

T1: Nun ist dieser Mitarbeiter bereits ein halbes Jahr in dieser Gruppe, und ich kann mir gar nicht vorstellen, daß da tatsächlich noch nie etwas von jemandem gesagt worden wäre.

G.: Das konkrete Thema, also der Geruch, ist mit Sicherheit bisher von keinem angesprochen worden.

MOD: Ich möchte an dieser Stelle mal kurz unterbrechen und zusammenfassen, was wir bisher von Herrn G. gehört haben: In einer Zentrale-Abteilung, die neben dem Abteilungsleiter fünf Mitarbeiter umfaßt, hat der vor gut sechs Monaten neu hinzugekommene Mitarbeiter, der um die 40 herum alt ist und mit zweien der Mitarbeiter zusammen in einem Raum sitzt, einen undefinierbaren Geruch an sich. Der Chef hat bis jetzt noch nicht reagiert, und auch noch keiner der Mitarbeiter, obwohl sich auch die im Nebenzimmer sitzenden Mitarbeiter zumindest teilweise von dem Geruch belästigt fühlen. Habe ich noch etwas vergessen?

> *(Kurze Zusammenfassungen und Überblicke zum rechten Zeitpunkt seitens des Moderators sind immer hilfreich.)*

G.: Nein.

T3: Mich interessiert noch die Art der Kleidung. Trägt der Kollege Anzug oder Hose, Pullover, und wechselt er häufig die Kleidung oder hat er immer dasselbe an?

G.: Er hat einen Anzug oder eine Kombination an, aber es kann schon sein, daß er zwei Tage das gleiche anhat. Es ist jedoch kein spezifischer Geruch, wie Schweiß oder so, sondern es kann keiner einordnen.

W.: Ihre Frau hat Ihnen von diesem Problem erzählt ...

G.: Ja.

W.: ... und wie haben Sie sich ihr gegenüber verhalten? Was haben Sie ihr gesagt oder geraten?

G.: An sich wartet jeder darauf, daß der Abteilungsleiter das mal bemerkt, und der wäre ja auch an sich der Zuständige, um dieses Thema einmal aufzugreifen.

W.: Für mich ist ...

MOD: Bitte Frau Wolters, es darf höchstens eine Frage nachgeschoben werden. Jetzt ist Herr ... (T1) an der Reihe.

> (»Für mich ist die Frage noch unbeantwortet«, wollte W. sagen. Ein kleines, aber unnötiges Mißverständnis, das der Moderatorin nicht passiert wäre, wenn sie nicht zu früh unterbrochen hätte.)

T1: Ich weiß von meiner Frau, daß Frauen wohl allgemein einen besseren Geruchssinn oder einen empfindlicheren haben als Männer. Aber da bislang noch niemand etwas dagegen unternommen hat, frage ich mich ernsthaft, ob das tatsächlich ein belastendes Problem ist?

G.: Es wird laut Aussage meiner Frau von allen so empfunden.

T3: Wir haben uns bisher nur mit dem Mitarbeiter beschäftigt. Meines Erachtens liegt's auch ein bißchen am Chef. Was ist denn das für ein Typ? Ist das ein Zauderer, oder hat er Angst, was zu sagen?

> (Nochmals: ›Offene Fragen‹ wären hier besser als ›geschlossene‹. Was ist denn das für ein Typ? hätte nicht nur gereicht, sondern die Antwortmöglichkeiten auch weniger eingeschränkt als die nachgeschobene ›geschlossene‹ Frage.)

G.: Ich kenn' ihn und würde sagen, er geht eher einem Konflikt aus dem Weg.

T2: Hab' ich das richtig verstanden: Die Mitarbeiter sprechen schon untereinander über das Problem, nur nicht mit dem Chef und nicht mit dem Betroffenen?

G.: Richtig.

T2: Und wie ist eigentlich die Arbeitsleitung des Mitarbeiters? Ist man da zufrieden, gibt es Anlaß zur Klage?

(Und wieder: Die ›offene Frage‹ hätte gereicht.)

G.: Er ist natürlich noch nicht so versiert wie die anderen Mitarbeiter, da er aus einem ganz anderen Tätigkeitsfeld kommt.

W.: Sie haben offensichtlich schon öfter mit Ihrer Frau über dieses Problem gesprochen ...

G.: Das kam schon häufiger vor.

W.: ... und welche Ratschläge gaben Sie Ihrer Frau?

G.: Ich war der Meinung, daß das dem Chef mal gesagt werden sollte; wobei sie allerdings gemeint hat: »Die anderen Kollegen sind schon 10, 15 Jahre da und sitzen mit ihm im gleichen Raum, die sollten das mal sagen.«

T3: Welches Verhältnis besteht denn zwischen dem Chef und den nicht betroffenen Mitarbeitern? Ich meine die nicht Riechenden.

G.: Ich würd' sagen ein normales, gutes Verhältnis.

T2: Ist in der Filiale oder der näheren Umgebung der Betriebsrat vertreten?

G.: In der Filiale mit Sicherheit nicht.

W.: Ihre Frau kam also schon mehrmals mit diesem Problem zu Ihnen, und Sie haben ihr geraten, sich an den Vorgesetzten zu wenden, was aber offensichtlich bislang nicht geschehen ist. Habe ich das richtig verstanden?

G.: An sich steht schon seit längerem ein Beurteilungsgespräch an, und ich hab' ihr gesagt: »Dräng' halt mal langsam auf den Termin, und dann bring' die Sache mal beim Vorgesetzten an.«

W.: Und Sie haben mit Ihrer Frau auch besprochen, dieses Problem im Seminar einzubringen.

G.: Richtig.

T2: Könnte es sein, daß der Mitarbeiter vielleicht krank ist und deshalb einen undefinierbaren Geruch verbreitet?

G.: Er hat zwar keine Fehlzeiten wegen Krankheit, aber im Grund weiß das keiner.

T1: Ich kann eigentlich nicht so recht verstehen, warum sich niemand traut, den Mitarbeiter mal in diplomatischer Weise anzusprechen. Warum wird das nicht gemacht, das interessiert mich?

G.: Ich kann mir vorstellen, das ist mit Sicherheit ein heikler Bereich.

T1: Okay. Für vier Wochen würd' ich sagen. Aber nun ist es gut ein halbes Jahr.

G.: Das ist ja eigentlich eine Thematik für den Chef. Warum sollten da die Mitarbeiter in die Bresche springen.

T1: Weil sie betroffen sind.

(Keine weiteren Wortmeldungen mehr)

MOD: Sonst noch Fragen zum Verständnis?

T3: Ich hätte vielleicht doch noch eine Frage: Hat der neue Mitarbeiter überhaupt mitbekommen, daß dieses Thema die anderen belastet?

G.: Würd' ich annehmen.

T3: Wissen Sie aber nicht.

G.: Weiß ich nicht.

MOD: Da niemand mehr weitere Verständnisfragen hat, darf ich nochmals kurz zusammenfassen: Bei dem Mitarbeiter hat sich noch niemand beschwert, so daß er eigentlich gar nicht weiß, daß die anderen ihn als unangenehm empfinden beziehungsweise, daß er zum Außenseiter wird. Der Chef wurde bislang noch nicht eingeschaltet. Den einzigen Vorschlag, den Sie, Herr G., Ihrer Frau gemacht haben, ist, daß sie beim anstehenden Beurteilungsgespräch das Problem ansprechen soll, obwohl dies Ihrer Meinung nach Aufgabe eines der älteren Mitarbeiter wäre.

G.: Vielleicht noch eins. Durch das etwas distanzierte Verhalten der übrigen Mitarbeiter müßte der Betroffene eigentlich schon gespürt haben, daß irgendwo Dissonanzen bestehen.

T1: Aber er muß deshalb nicht unbedingt wissen, worauf die zurückzuführen sind.

G.: Das ist richtig.

PLK-Phase 3: Lösungsvorschläge (Gr)

MOD: Dann darf ich Sie bitten, Ihre Lösungsvorschläge gut leserlich auf Karten zu schreiben. Und bitte benützen Sie pro Lösungsvorschlag möglichst nur eine Karte!
Herr G., Sie sammeln dann am besten die Karten ein, sortieren sie grob vor und pinnen sie dann an die Pinnwand.

> *(Die Aufforderung seitens der Moderatorin auch scheinbar unsinnige, weit hergeholte, unrealistische oder ganz und gar phantastische Lösungsvorschläge aufzuschreiben, wäre an dieser Stelle unbedingt erforderlich gewesen.*

> *Auch der Hinweis, daß jeder Teilnehmer seine Vorschläge mit seinem Namen versehen soll, wurde vergessen.)*

Vielleicht hat der Leser Lust, selbst zu überlegen, welche Lösungsvorschläge ihm einfallen. So könnten Sie am besten beurteilen, wie die PLK in diesem Fall quantitativ und qualitativ im Vergleich zu Ihren Vorschlägen abschneidet.

> *(Nachdem Herr G. alle Karten vorsortiert und angepinnt hat)*

PLK-Phase 4: Verständnisfragen (Tn an Gr)

MOD: Herr G., lesen Sie nun bitte die Lösungsvorschläge einzeln vor, und stellen Sie Fragen, falls Ihnen der eine oder andere Vorschlag unklar sein sollte!

G.: Der erste Vorschlag BETRIEBSRAT EINSCHALTEN, das möchte ich persönlich nicht befürworten, weil man das Thema nur weiterträgt und breiter tritt, als es angemessen wäre.

> *(Hier hätte die Moderatorin unbedingt eingreifen müssen. Die Bewertung der Lösungsvorschläge soll der Betroffene stets erst in der sechsten PLK-Phase vornehmen, damit nicht brauchbare Ideen vorzeitig ausgeschieden und übersehen werden.*
> *Überdies ist es für die übrigen PLK-Teilnehmer frustrierend und demotivierend, wenn ihre Vorschläge so behandelt werden. Des weiteren glaubt der Betroffene ohnehin viel zu oft zu Unrecht, einen Lösungsvorschlag zur Gänze verstanden zu haben.*
> *Alles gewichtige Gründe für den Moderator, daß der Betroffene in dieser PLK-Phase ausschließlich Ver-*

> *ständnisfragen stellen darf. Am besten sollte er sich jede Karte genau erklären lassen, auch wenn der Vorschlag noch so klar erscheint!*
> *Ansonsten passiert sehr häufig genau das, was nun passiert.)*

G.: ... ZUM GEBURTSTAG DUFTWASSER SCHENKEN, das ist wohl humorvoll gemeint ...

T3: So seh' ich das nicht unbedingt. Ich dachte da an einen dezenten anonymen Hinweis.

T2: Finde ich gut.

G.: Anonym wäre vielleicht gar nicht so schlecht.

T3: Das steht dann einfach auf dem Tisch. Der Betroffene weiß nicht, von wem es kommt, und kann so niemandem böse sein.

T2: So ein ›Geschenk‹ kann ja auch von der ganzen Gruppe kommen und nicht von einem einzelnen.

> *(Durch die Vermengung der PLK-Phasen 4, 5 und 6 kommt es zu ungesteuerten Pro- und Kontra-Reaktionen, die ein optimales Austauschen und späteres Abwägen von Pro- und Kontra-Argumenten be- oder gar verhindern!)*

G.: Na gut, man kann's erst mal stehen lassen, aber wie's beim Mitarbeiter ankommt, ist fraglich.
EINEN MITARBEITER AUSWÄHLEN, DER MIT DEM ›RIECHER‹ SPRICHT. Aus den Informationen, die ich hab', ist es eben das Problem, einen zu finden, der sich da vorwagt.
DEN MITARBEITER DIREKT ANSPRECHEN. KEINE VERSCHIEBUNG DER AKTIVITÄTEN. Das ist ziemlich artverwandt.
EIN MITARBEITER SOLL DEN CHEF ANSPRECHEN. WUNSCH DER GRUPPE. Das würde ich persönlich auch für das beste halten. Wobei ich allerdings der Meinung bin, daß

die Personen, die mit ihm im Zimmer sind, mehr Initiative entwickeln müßten als die weniger Betroffenen. Und noch mal dasselbe in grün:
DIE MITARBEITER SOLLTEN DIE ANGELEGENHEIT MIT DEM VORGESETZTEN BESPRECHEN.

T1: Mir scheinen das ja lauter Zauderer zu sein. Es traut sich ja niemand, den Chef anzusprechen, geschweige denn den Stinker. Aber wenn ein Mitarbeiter dem Chef sagt, daß es der Wunsch der Gruppe ist, mit dem Stinker zu sprechen, dann seh' ich da eigentlich kein Problem.

G.: Also den Gedanken mit der Gruppeneinbindung finde ich positiv.
DEN CHEF NUR IM NOTFALL EINSCHALTEN. DIE MITARBEITER SOLLEN DAS PROBLEM SELBST LÖSEN. Es geht aber wieder darum, wer ergreift die Initiative.
DEN MITARBEITER DIREKT ANSPRECHEN VON KOLLEGEN. Diesen Vorschlag hatten wir eigentlich schon.
EHEFRAU SOLL MIT DEM MITARBEITER SPRECHEN; DABEI KRITIK-ABC ANWENDEN:
A) STÖRUNG ALS ICH-AUSSAGE FORMULIEREN
B) BRÜCKE BAUEN (z. B. Ursache könnte eine Krankheit sein)
C) HILFSANGEBOT ZUR ÄNDERUNG DER SITUATION
ERST BEI MISSERFOLG WEITERE MASSNAHMEN ERGREIFEN (z. B. Gespräch mit dem Vorgesetzten).
Diese Karten waren von Frau Dr. Wolters. Sicherlich auch ein Denkanstoß.
DEN MITARBEITER SACHLICH AUF MISSSTAND HINWEISEN; IHN GLEICHZEITIG STÄRKER IN DIE GRUPPE EINBINDEN. Na ja – ich kann jetzt allerdings nicht bewerten, wieweit das praktikabel ist.
ALLGEMEIN VERSUCHEN, MIT DEM MITARBEITER NÄHER IN KONTAKT ZU KOMMEN ...

T2: Ich meine da vor allem einen mehr persönlichen Kontakt ...

G.: Na gut, ihn halt mehr einbinden.

T2: ... damit man auch mal Gelegenheit hat, eine dezente oder auch indirekte Bemerkung fallenzulassen.

G.: Sicherlich 'ne Idee.

T1: Frage an den Moderator: Kann man sich auch noch einzelne Punkte näher erklären lassen?

G.: Bitte.

T1: Frau Wolters, Ihre zweite Karte ›Kritik-ABC‹, könnten Sie die Punke A, B und C noch ein wenig näher erläutern?

W.: A steht für ›Ansprechen des Kritikpunktes‹. Die Kritik sollte als Ich-Botschaft formuliert werden, z. B. »Ich habe da ein Problem ...«, und nicht als Du-Botschaft: »Sie sind ...« oder »Sie sollten ...«.

B bedeutet ›Brücke bauen‹ und dient als Kritikpuffer. Man könnte zum Beispiel fragen, ob die Ursache des Geruchs möglicherweise eine Krankheit ist oder sein könnte.

C steht für ›Konsequenz‹ oder die Erarbeitung eines geeigneten Kompromisses zur zukünftigen Vermeidung der Ursache für das Kritikgespräch.
(Das Kritik-ABC ist ausführlicher dargestellt in Bambeck/Wolters 1990 oder in Bambeck 1989)

T2: Und wer sollte das Gespräch führen?

W.: Ich meine die Frau von Herrn G., weil es, wenn das Gespräch gelingt, ein Erfolgserlebnis für sie ist und weil ich vermute, daß es für den Mitarbeiter wahrscheinlich angenehmer ist, von einem Kollegen oder einer Kollegin auf seinen Geruch hingewiesen zu werden als vom Vorgesetzten. Dies war jedenfalls meine erste Idee.

T2: Auch auf die Gefahr hin, daß die Frau und der Mitarbeiter einen Konflikt bekommen?

T1: Den Konflikt haben sie ohnehin; dann ist er nur offengelegt. Ein unterschwelliger Konflikt besteht ja längst.

G.: MIT HERRN X SPRECHEN. Diese Karte ist auch von Ihnen?

W.: Ja. Herr X ist Innenleiter in der gleichen Filiale, in der auch Sie sind. Er hatte ein ähnliches Problem mit einem Mitarbeiter, wenn ich mich recht erinnere. Vielleicht wäre es eine gute Idee, mal mit ihm zu sprechen und ihn zu fragen, ob und wie er das Problem lösen konnte.

G.: Obwohl es in diesem Fall ja so gewesen wäre, daß er als Vorgesetzter mit dem Betroffenen gesprochen hat.

W.: Was nicht bedeutet, daß seine Erfahrungen für Sie nicht nützlich sein könnten.

G.: Das ist natürlich richtig. Ich glaube, ich hab' keine Karte ausgelassen, und möchte mich bei Ihnen allen bedanken. Was ich schon erwartet habe, hat sich allerdings bestätigt, daß es wohl kein Patentrezept für so ein Problem gibt.
Frau Dr. Wolters, ich hätte allerdings noch eine Frage: Sehen Sie ein Problem darin, ob einem so etwas ein Mann oder eine Frau sagt?

W.: Von wem würden Sie es lieber gesagt bekommen?

G.: Natürlich von einem Mann.

T1: Es könnte sein, daß ich eine Frau vorziehe. Das ist erstaunlich; aber ich könnte mir vorstellen, daß eine Frau nicht nur vom Geruchssinn her empfindlicher ist, sondern es einem auch einfühlsamer beibringen würde.

T3: Bei mir käme es darauf an, wie der andere zu mir steht. Ich muß ihn als Partner akzeptieren und achten können, das wäre für mich wichtig, weniger ob es ein Mann oder eine Frau wäre.

MOD: Es käme meines Erachtens darauf an, welches Verhältnis ein Mann Frauen gegenüber hat; ob der vielleicht einen Mann mehr akzeptieren würde, weil der es ihm auf eine mehr kumpelhafte Art sagen könnte. Wenn es eine Frau wäre, glaube ich, wäre es besser, eine Frau sagt es einem.

T2: Bei einer Frau wäre es mir vielleicht etwas peinlicher; weil hier doch auch ein bißchen die männliche Eitelkeit mitspielen würde.

W.: Ich vermute ebenfalls, daß in diesem Fall mehr Männer einen Mann als Gesprächspartner vorziehen. Letztlich hängt es jedoch vom Einzelfall und einer Reihe von Faktoren ab, vor allem wohl von der Beziehung, welche die Gesprächspartner miteinander haben.

G.: Okay. Vielen Dank. Mal sehen, was dabei rauskommt.

MOD: Ich hoffe, Herr G., Sie haben nun einige Denkanstöße bekommen, die Sie sich nochmals in aller Ruhe durch den Kopf gehen lassen sollten, um sie zu bewerten. Sie können sich hierzu die Kärtchen mitnehmen. Zum Schluß möchte ich mich noch bei allen für die rege Mitarbeit bedanken. Danke. Das war's.

7.2 Zwischenbilanz

Die Lösungsvorschläge im Überblick:

T1: DEN MITARBEITER DIREKT ANSPRECHEN. KEINE VERSCHIEBUNG DER AKTIVITÄTEN

T2: BETRIEBSRAT EINSCHALTEN
EIN MITARBEITER SOLL DEN CHEF ANSPRECHEN. WUNSCH DER GRUPPE
ALLGEMEIN VERSUCHEN, MIT DEM MITARBEITER NÄHER IN KONTAKT ZU KOMMEN

T3: ZUM GEBURTSTAG DUFTWASSER SCHENKEN

EINEN MITARBEITER AUSWÄHLEN, DER MIT DEM ›RIECHER‹ SPRICHT
DEN CHEF NUR IM NOTFALL EINSCHALTEN; DIE MITARBEITER SOLLEN DAS PROBLEM SELBST LÖSEN
DEN MITARBEITER SACHLICH AUF MISSSTAND HINWEISEN, IHN GLEICHZEITIG STÄRKER IN DIE GRUPPE EINBINDEN

W.: EHEFRAU SOLL MIT DEM MITARBEITER SPRECHEN; DABEI KRITIK-ABC ANWENDEN ...
ERST BEI MISSERFOLG WEITERE MASSNAHMEN ERGREIFEN (Z. B. GESPRÄCH MIT DEM VORGESETZTEN)
MIT HERRN X SPRECHEN

MOD: DEN MITARBEITER DIREKT ANSPRECHEN VON KOLLEGEN
DIE MITARBEITER SOLLEN DIE ANGELEGENHEIT MIT DEM VORGESETZTEN BESPRECHEN

W.: Lassen Sie uns nun den PLK-Verlauf analysieren. Zuerst die Frage an unsere Moderatorin: Wie zufrieden sind Sie mit Ihrer Moderation?

MOD: Ich meine, das Thema war relativ einfach, da braucht es keine großen Erklärungen. Wenn einer riecht, dann riecht er. Das ist ein klarer Fakt, der keiner großen Differenzierung bedarf. Die Phase der Verständnisfragen ist daher ziemlich kurz und unproblematisch, und auch bei den Lösungsvorschlägen gibt es hier eigentlich nicht so viele Möglichkeiten. Entweder man spricht mit ihm oder man spricht nicht.

W.: Und wie haben Sie sich in Ihrer Rolle als Moderatorin gefunden?

MOD: Da war nicht viel zu tun, weil die Gruppe ja sehr kooperativ war, und keiner aus der Rolle gefallen ist.

W.: Und wie haben die anderen die PLK empfunden?

T1: Ich fand, diese Problemkonferenz war die bislang einfachste, was zweifellos an der einfacheren Problematik lag.

W.: Und die Moderation?

T1: Sie hat ihre Sache sehr gut gemacht. Es gab wenig Diskussionspunkte. Ich fand ihre Gesprächssteuerung unauffällig und sehr wirkungsvoll.

T3: Ich fand auch, sie hat sich sehr geschickt verhalten. Besonders gut fand ich das Zusammenfassen. Allerdings zum Schluß war keine rechte Linie mehr drin, da fand ich sie zu passiv. Ich wußte eigentlich nicht recht, sollten wir etwas zu unseren Vorschlägen sagen oder nur der Kollege G.

T2: Also ich finde, unsere Moderatorin hat die Sache gut gemacht. Nur eine Anmerkung: Sie hätten sich Ihre Sache durch die Wahl einer günstigeren Sitzposition leichter machen können und die Reihenfolge der Wortmeldungen dadurch besser überblickt.

> *(Die Moderatorin saß in der Mitte einer U-förmigen Sitzordnung. Von einem der U-Enden aus hätte sie einen besseren Überblick gehabt.)*

Sitzordnung	
tatsächliche	günstigere
G MOD T2 T1 W T3 ——————— Pinnwand	T2 T3 T1 W MOD G ——————— Pinnwand

G.: Ich hab's auch als gut empfunden. Was Sie (gemeint ist T2) angesprochen haben: Ich hab' den Punkt 4 (Verständnisfragen

Tn an Gr) eigentlich so verstanden, daß man nur hinterfragen soll, wenn irgendwo nicht klar ist, was mit dem Kärtchen gemeint ist.

W.: Sie haben, soweit ich mich erinnere, nur eine Frage gestellt beziehungsweise nur angedeutet, und zwar zu der Karte ...

G.: MIT HERRN X SPRECHEN. Bei den restlichen Karten war ja klar, was gemeint war.

W.: Scheinbar ist alles ganz gut gelaufen, weil es ein »sehr einfaches Problem war, weil alle konzentriert mitgemacht haben und die Moderatorin ihre Sache gut gemacht hat«. Wenn wir von den beiden Kleinigkeiten: ungünstige Sitzposition der Moderatorin und Bemängelung der PLK-Phasen 4 und 5 durch einen von Ihnen einmal absehen. So habe ich Sie jedenfalls verstanden.

MOD: Aber Sie sind anderer Meinung?

W.: Ich habe das Gefühl, daß wir alle das Gefühl haben, daß wir uns diese PLK hätten sparen können. Aber jeder ist zu taktvoll, es auszusprechen. Ein einfaches Problem, bei dem die Lösungsmöglichkeiten auf der Hand lagen, weshalb auch nicht zu erwarten war, daß die PLK neue Möglichkeiten aufzeigen könnte und Herrn G. wirklich weiterhelfen würde. Worüber Herr G. nicht besonders enttäuscht erscheint, da auch er offensichtlich mit diesem Ergebnis gerechnet hat und in seiner vorgefaßten Meinung bestärkt wurde, daß letztlich der Vorgesetzte das Problem zu lösen hätte. Sehe ich das richtig?

G.: Eigentlich schon.

W.: Ich habe noch ein zweites Gefühl, daß wir diese PLK verschenkt haben, daß wir ihre inhärenten Möglichkeiten zum größten Teil ungenutzt ließen. Insbesondere drei Gründe scheinen dafür auf den ersten Blick verantwortlich:

1. Das Problem schien uns allen ziemlich einfach, um nicht zu sagen unproblematisch! Das Problem war für uns kein Problem!
2. Auch die Moderatorin betrachtete das Problem als Nicht-Problem, zumindest als ein Problem mit naheliegender, einfacher Lösung.
3. Herr G. hatte von Anfang an eine ganz bestimmte Lösung für seine Frau im Kopf.

Ein Lehrstück über die Wirkung von Bezugssystemen. Durch die Punkte 2. und 3. blieb die Potenz der PLK-Phasen 4 (Verständnisfragen des Betroffenen an die Gruppe), 5 (Ordnen der Lösungsvorschläge) sowie 6 (Pro+Kontra-Diskussion) ungenutzt. Herrn G. – und sicherlich nicht nur ihm – schienen die gemachten Vorschläge völlig klar zu sein, deshalb stellte er so gut wie keine Verständnisfragen; obwohl ich ziemlich sicher bin, daß keiner von uns alle gemachten Vorschläge richtig und umfassend verstanden hat. Da Herrn G. die Vorschläge klar schienen, bewertete er sie auch sogleich – möglicherweise um der Gruppe Zeit zu ersparen – und sonderte fast all jene Vorschläge aus, die nicht in sein Konzept, sprich in seinen vorgefaßten Lösungsweg, paßten. Und unsere Moderatorin, die die Dinge wohl ähnlich wie Herr G. und die übrigen – außer Herr ... (T2) – sah, ließ die Gruppe einfach gewähren.

T3: Das war schon bei meiner ersten Karte so: ZUM GEBURTSTAG DUFTWASSER SCHENKEN, da meinte Herr G., daß ich das humorvoll und nicht ernst gemeint hätte, obwohl ich es völlig ernst gemeint hatte.

W.: Oder die Karte: BETRIEBSRAT EINSCHALTEN. Anscheinend völlig klar, was gemeint ist. In Wirklichkeit weiß nur der Ideenproduzent, was mit diesem Vorschlag wirklich gemeint war! Von wem ist dieser Vorschlag?

T2: Ich kann dazu gerne was sagen. Herr G. hat von vornherein gesagt »Kommt überhaupt nicht in Frage«, und niemand von der Gruppe, weder die Moderatorin noch sonst jemand, zeigte Anstalten, darüber diskutieren zu wollen, also dachte ich mir, das ist wohl kein so guter Vorschlag.

W.: Und was meinten Sie mit Ihrem Vorschlag?

T2: BETRIEBSRAT EINSCHALTEN ist nur ein Schlagwort. Ich hab' da an mehrere Möglichkeiten gedacht. Es könnte eine Frau vom Betriebsrat mal mit ihm sprechen, oder es könnte ein anonymes Hausrundschreiben vom Betriebsrat zu diesem Thema sein. Der Betriebsrat könnte auch mal ein ganz allgemein gehaltenes Gespräch mit dem Mitarbeiter führen und dabei das Problem indirekt ansprechen.

T1: Könnte das auch heißen, den Betriebsrat mal zu fragen, ob er vielleicht Erfahrung in der Handhabung eines solchen Problems hat?

T2: Klar. Der Betriebsrat ist sicher froh, wenn er mal angesprochen wird.

W.: Dies wollte ich zeigen. Durch die Vermengung der PLK-Phasen 4 bis 7 ist eine Vielzahl von Sichtweisen und weiteren Lösungsansätzen, die in unseren Karten enthalten sind oder erst aus der Diskussion über sie erwachsen, unter den Tisch gefallen. Gerade wenn ein Problem unproblematisch erscheint, ist diese Gefahr besonders hoch. Das soll nicht heißen, daß auch nur eine dieser Ideen Herrn G., genauer gesagt seiner Frau, letztlich zu einem weiteren oder gar besseren Lösungsweg verholfen hätte, aber es ist auch nicht ausgeschlossen.

T2: So einfach erschien mir das Problem gar nicht.

W.: Sie haben recht, ich muß mich genauer ausdrücken. Das Problem schien nur einfach, was die Darstellung und vielleicht auch was die Lösung angeht. Aber es scheint für Frau G. durchaus kein einfaches Problem zu sein. Und es scheint viel mehr Lösungsansätze zu geben, als jeder von uns bis vor wenigen Minuten gesehen hat.

T3: Es gäbe tatsächlich fast zu jeder Karte noch etwas zu hinterfragen.
Zum Beispiel die Karte: MITARBEITER DIREKT ANSPRECHEN VON KOLLEGEN. Welcher Mitarbeiter? Wie soll er etwas tun und bei welcher Gelegenheit?
Oder die Karte: BETRIEBSRAT EINSCHALTEN, da hatte ich ehrlich gesagt nur eine Idee: Jemand geht zum Betriebsrat und bittet ihn, mal mit dem Mitarbeiter zu sprechen. Dabei sind in dieser Karte viel mehr Ideen enthalten.

W.: Ich denke, gerade durch unsere ›verschenkte‹ PLK wird besonders deutlich, wie wichtig es ist, die scheinbar so einfachen PLK-Phasen in ihrer Reihenfolge genau einzuhalten und präzise zu realisieren. Hierin sowie in der richtigen zeitlichen Begrenzung der einzelnen Phasen liegt die scheinbar so einfache, aber in Wirklichkeit schwierige Hauptaufgabe des Moderators.
Ich sehe, wir hätten eigentlich noch genügend Zeit. – Was halten Sie von dem ausgefallenen Vorschlag, hier nicht Schluß zu machen, sondern herauszufinden, welche Möglichkeiten wir bei dieser ›unnormalen PLK‹ vielleicht tatsächlich verschenkt haben. Vielleicht kommt doch noch die eine oder andere hilfreiche Idee für Herrn G. bzw. seine Frau zum Vorschein.
(Alle stimmen dem Vorschlag zu.)
Ich bitte unsere Moderation, wieder zu übernehmen.

7.3 Der zweite Anlauf

PLK-Phase 4: Verständnisfragen (Tn an Gr)

MOD: Wir drehen die Zeit zurück, als wären wir jetzt erst bei der Phase 4, den Verständnisfragen des Betroffenen zu den angepinnten Lösungsvorschlägen. Bitte Herr G.

G.: EINEN MITARBEITER AUSWÄHLEN, DER MIT DEM ›RIECHER‹ SPRICHT!

T3: Die Karte stammt von mir. Sie haben erzählt, daß die Mitarbeiter schon über das Problem gemeinsam gesprochen haben. Ich dachte nun, daß Ihre Frau ein weiteres gemeinsames Gespräch der Mitarbeiter ohne den ›Riecher‹ initiieren sollte, und zwar schon bald, mit dem Ziel, sich zu einigen, wer mit dem ›Riecher‹ sprechen sollte. Wobei ich meine, daß auch dieses Gespräch unter vier Augen sehr bald geführt werden sollte.

MOD: Ich möchte vorschlagen, daß, falls jemand noch Zusatzideen zu einem der Vorschläge hat, er sie hier einbringt.

W.: Ich hätte folgende Zusatzideen, daß man zuerst einmal prüft, ob einer freiwillig die Aufgabe übernehmen würde, bevor man andere Entscheidungsverfahren bedenkt. Zweitens, daß man in der Gruppe auch bespricht, in welcher Form es dem ›Stinker‹ gesagt werden sollte.

> *(Da die Moderatorin die Zusatzvorschläge nicht in irgendeiner Form festhält, schreibt W. diese wie auch die später eingebrachten Vorschläge auf separate Kärtchen und pinnt sie an.)*

G.: DEN MITARBEITER DIREKT ANSPRECHEN, KEINE VERSCHIEBUNG DER AKTIVITÄTEN. Mir ist nicht klar, wer den Mitarbeiter direkt ansprechen soll?

T1: Ich meinte, daß die Mitarbeiter das Problem selbst lösen und sich nicht an den Vorgesetzten oder sonst jemanden wenden sollten. Des weiteren stellte ich mir vor, daß der von dem Problem am stärksten Betroffene mit dem ›Stinker‹ reden sollte.

G.: Und wie findet man den heraus?

T1: Durch ein Gespräch unter den Betroffenen. Dies scheint mir auch deshalb sehr wichtig, damit nicht nachher einer kommt und sagt, daß es nicht nötig gewesen wäre, mit dem Mann zu reden.

T3: Die beiden, die am meisten betroffen sind, scheinen doch wohl die zu sein, die mit ihm in einem Zimmer sitzen.

W.: Hinzu kommt, daß es dem ›Stinker‹ möglicherweise angenehmer ist, wenn es ihm einer aus dem Zimmer sagt. Ansonsten könnte er vermuten, daß sich keiner seiner Zimmerkollegen getraut hat. Aber all diese Punkte und sicherlich noch weitere könnten Gegenstand des Gruppengesprächs sein, um eine optimale und vor allem gemeinsame Entscheidung zu treffen, wer mit dem Mann am besten spricht.

G.: EIN MITARBEITER SOLL DEN CHEF ANSPRECHEN, WUNSCH DER GRUPPE.

T2: Da möchte ich noch was dazu sagen ...

G.: Das ist wieder das gleiche ...

MOD: Herr G., Herr ... (T2) wollte etwas zu seiner Karte sagen. Vielleicht ist es tatsächlich das gleiche wie auf einer anderen Karte, vielleicht aber auch nicht.

G.: Sie haben recht. Entschuldigung Herr ... (T2). Ich meinte nur, daß auch in diesem Fall die Gruppe gemeinsam entscheiden muß ...

T2: Nicht unbedingt. Ein Mitarbeiter, zum Beispiel Ihre Frau, sollte zum Chef sagen, damit sie nicht als Petzer gilt, daß es der Wunsch der ganzen Gruppe ist, weil die ganze Gruppe sich mehr oder weniger belästigt fühlt. Obwohl Sie, Herr G., anderer Meinung sind, halte ich es nicht für ausgeschlossen, daß der Chef den Geruch noch gar nicht bemerkt hat, oder aber ihn stört er erheblich weniger. Und wenn er wüßte, wie die Gruppe denkt, würde er vielleicht sofort selbst mit dem ›Stinker‹ reden.

G.: Das ist sicher ein Aspekt.
Dann die nächste Karte: DIE MITARBEITER SOLLTEN DIE ANGELEGENHEIT MIT DEM VORGESETZTEN BESPRECHEN. Das hatten wir schon; es ist das gleiche ...

MOD: Es ist nicht das gleiche. Ich meinte, daß die ganze Gruppe zusammen mit dem Gruppenleiter, allerdings ohne demjenigen welchen, das Problem diskutieren sollte. Womit nicht gemeint ist, daß der Chef entscheidet, wer es dem Betreffenden sagt, sondern vielleicht ist der Leiter diesem Problem schon einmal an anderer Stelle begegnet und hat bereits Erfahrung, wie man so eine Sache am besten anpacken kann. Aber wenn er auch keine Erfahrung mit so einem Problem hat, fände ich es eine gute Sache, wenn er bei dem Gespräch mit dabei ist und Mitverantwortung für die Gruppenentscheidung zur Behebung des Problems trägt. Wer dann letztlich mit dem Mann redet, ist eine andere Entscheidung.

G.: Ach so war das gemeint, ich verstehe.
DEN CHEF NUR IM NOTFALL EINSCHALTEN. DIE MITARBEITER SOLLEN DAS PROBLEM SELBST LÖSEN.

T3: Wenn die Mitarbeiter das Problem nicht lösen können, wenn es nicht klappt, einen auszuwählen, der mit dem ›Riecher‹ spricht – diese Karte war auch von mir –, dann erst den Chef einschalten. Es könnte auch sein, daß einer mit dem Betreffenden redet, aber es passiert nichts. Der Chef sollte aber wirklich nur im Notfall eingeschaltet werden.

G.: Verstanden.
DEN MITARBEITER DIREKT ANSPRECHEN VON KOLLEGEN.

MOD: Das ist die einzige Möglichkeit, wenn man den Chef nicht mit einbeziehen will. Es hängt auch davon ab, wie homogen die Gruppe ist, ob die sich gut untereinander verstehen oder nicht. Mein Vorschlag funktioniert nur, wenn ein gutes Verhältnis in der Gruppe herrscht.

G.: Dann die Vorschläge von Frau Dr. Wolters ...

W.: Ich habe hierzu ja schon einiges gesagt und denke, daß klar ist, was ich meinte.

G.: DEN MITARBEITER SACHLICH AUF MISSSTAND HINWEISEN, IHN GLEICHZEITIG STÄRKER IN DIE GRUPPE EINBINDEN. Von wem ist die Karte?

T3: Von mir. Zusätzlich zu der mehrfach angeregten Aussprache mit dem Mitarbeiter meine ich, daß man ihn aufgrund dieses Problems zum Außenseiter gemacht hat. Ich meine, das kann in einer Gruppe von nur fünf Leuten und einem Leiter nicht angehen, die gehören doch zusammen, und deshalb sollte man sich mehr um den Mitarbeiter kümmern und ihn mehr einbeziehen. Das fängt in der Kaffeepause an und kann über eine persönliche Einladung zum Bier weitergehen.

G.: Das müßte eigentlich möglich sein.
ALLGEMEIN VERSUCHEN, MIT DEM MITARBEITER NÄHER IN KONTAKT ZU KOMMEN. Das scheint an das gerade Gesagte direkt anzuschließen. Sie sehen, ich sage nicht, es wäre das gleiche.
(Heiterkeit)

T2: Ist es auch nicht.
(Verstärkte Heiterkeit)
Ich dachte eher an die umgekehrte Reihenfolge. Also erst mit dem Betreffenden näher in Kontakt zu kommen, um auch besser ausloten zu können, wie sagt man es ihm am besten, wer sagt es ihm. Ich finde, das ist einfacher zu entscheiden, wenn man ihn besser kennt.

W.: Ich sehe hier auch die Möglichkeit der Verknüpfung einiger Vorschläge. Wer auch immer mit dem Betreffenden reden wird, könnte ihn zum Essen einladen und mit ihm über das Problem in dieser entspannten, positiven persönlichen Atmosphäre sprechen.

G.: Auch überlegenswert.
ZUM GEBURTSTAG DUFTWASSER SCHENKEN.

T3: Oder ein Raumspray. Eine weitere Möglichkeit wäre – es sind ja auch entfernter liegende Ideen erlaubt –, daß beide

Zimmergenossen einmal ordentlich Knoblauch essen und ihn kräftig anhauchen. Als Alternativen zum Reden, wenn sich niemand was zu sagen traut.

W.: Ich halte fest: GEGENANSTINKEN.

T1: Das bringt mich auf den Gedanken, einen regelrechten Stufenplan zu entwickeln. Wobei die einzelnen Eskalationsstufen schrittweise zur Anwendung kommen, bis der gewünschte Erfolg eintritt.

G.: Und wie sollten die einzelnen Stufen aussehen?

T1: Zum Beispiel:
Erste Stufe: Mal in der ...-Press (hauseigene Zeitschrift) ganz allgemein über so ein Problem schreiben. Vielleicht fällt schon der Groschen, wenn er den Artikel liest.
Zweite Stufe: Knoblauch essen und gegenandüfteln.
Dritte Stufe: Raumspray hinstellen.
Vierte Stufe: Zum Geburtstag Duftwasser schenken.
Oder wenn eines Tages alle mit Nasenklemmen kämen.
Vielleicht hat einer sogar eine alte Gasmaske.
(Allgemeines Gelächter)
Fünfte Stufe: Über das Problem so sprechen, z. B. hinter einer Stellwand, daß der Mitarbeiter das Gespräch mitbekommt.

W.: Man könnte auch die Ideen, die nur Kritik am anderen beinhalten, mit Selbstkritik verbinden. Ich denke da an die Geschichte mit dem Raumspray oder Duftwasser. Man könnte ein Kärtchen dazulegen, auf dem steht: »Ein etwas einfallsloser Hinweis auf ein Problem, das uns zu schaffen macht.«
Oder: »Weil wir zu feige sind, ein Problem direkt anzusprechen.«

G.: Dann die letzte Karte: BETRIEBSRAT EINSCHALTEN.

T2: Ich meine das als letzte Konsequenz; wenn all die anderen Maßnahmen nicht zum Erfolg führen sollten, wäre dies immerhin noch eine weitere Möglichkeit.

G.: Sie dachten da an einen allgemeinen Hausrundbrief über so ein Problem ...

T2: Und erst mal zu fragen, ob der Betriebsrat mit so einem Problem schon mal befaßt war und Rat weiß. Daß der Betriebsrat eingeschaltet würde, um direkt mit dem Mitarbeiter zu reden, darin würde ich die allerletzte Möglichkeit sehen.

T3: Es könnte ja auch ein Zeichen dafür sein, daß der Mitarbeiter krank ist.

W.: Es wäre vielleicht keine schlechte Idee, wenn sich jemand, vielleicht Ihre Frau, Herr G., beim Hausarzt oder beim Betriebsarzt erkundigt, durch welche Krankheiten es zu unangenehmen Ausdünstungen kommen kann und welche Maßnahmen der Betroffene dagegen unternehmen kann. Dieses Wissen könnte ein hilfreicher Gesprächsaufhänger sein und als Kritikpuffer verwendet werden.

T3: Find' ich auch gut.

MOD: Wir sind mit den Kärtchen durch. Gibt es noch weitere Anregungen? –

T3: Unrealistische sind ja auch erlaubt?

MOD: Sogar erwünscht.

T3: Man könnte dem Mitarbeiter ja ein Einzelzimmer geben. Oder wer sich belästigt fühlt, kann sich auch einen anderen Arbeitsplatz suchen.

T1: Mir fällt gerade ein, daß man eventuell auch die Klimatisierung so verstärken könnte, daß man den Geruch gar nicht mehr wahrnimmt. Vielleicht würde schon ein Ventilator reichen.

T2: Ich wüßte noch eine Anregung, die ich zwar nicht befürworten würde, die aber immerhin eine Möglichkeit wäre: Ihn diesbezüglich anonym anzurufen, und zwar von jemandem, dessen Stimme er nicht kennt.

W.: Oder ihm einen anonymen Brief zuschicken. Auch könnten Ihre Frau und die übrigen Mitarbeiter die Ausdünstungen durch starke Parfümdüfte oder durch stark duftende Pflanzen übertönen. Oder man könnte versuchen, sich gegen die Gerüche zu desensibilisieren beziehungsweise desensibilisieren zu lassen.

MOD: – Gibt es noch weitere Anregungen? – Keine mehr? – Gut. Nun würden die Phasen 5 und 6 (Ordnen/Pro+Kontra) folgen.
Wahrscheinlich ergibt sich durch die weiteren Vorschläge die eine oder andere Änderung in der Ordnung der Vorschläge; und mit Sicherheit würde eine detaillierte Pro+Kontra-Diskussion noch weitere Klärung bringen. Da uns die Zeit jedoch knapp wird, möchte ich Herrn G. fragen, ob er glaubt, anhand der bisherigen Vorschläge und einiger bereits geäußerter Pro- und Kontra-Argumente, die ich bewußt nicht unterbrochen habe, auch ohne ausführliche Phase 6 eine sinnvolle Bewertung der Vorschläge vornehmen zu können?

G.: Ich muß zugeben, daß dies nach unserem ersten Anlauf wohl kaum möglich gewesen wäre, aber ich denke, daß ich nun dazu in der Lage bin.

MOD: Mit meinem Dank für die sehr konstruktive Mitarbeit der Gruppe möchte ich hiermit die PLK beenden.

G.: Auch von meiner Seite herzlichen Dank an alle.

7.4 Endbilanz

W.: Wie haben Sie unseren zweiten Anlauf empfunden?

T2: Ich hab's so empfunden, daß jeder von uns beim ersten Anlauf das Ganze erheblich unterschätzt hat. Das so einfach darzustellende Problem ist doch viel komplizierter, zumindest was die Lösungsmöglichkeiten betrifft. Und ich bin der Meinung, im zweiten Arbeitsgang ist überraschend viel herausgekommen.

T1: Was im Prinzip schon in den ursprünglichen Vorschlägen enthalten war, was wir aber nicht in der Lage waren zutage zu fördern, was wir einfach ungenutzt gelassen hätten.

T3: Ich fand auch erstaunlich, auf was wir alles gekommen sind, das könnte meines Erachtens ein einzelner niemals leisten.

G.: Es stimmt schon, daß das Problem als sehr einfach empfunden wird, aber sicherlich nur solange es einen nicht persönlich betrifft. Und man denkt auch, daß man so ein Problem ganz leicht abhandeln und lösen kann. Und es stimmt auch, daß man anfangs ganz fest in eine bestimmte Lösung verbohrt ist.

T3: Das war genau unser Problem. Zuerst hat wohl jeder nur an eine ganz bestimmte Lösung gedacht und sie bevorzugt. Dabei sollte man wirklich – das hab' ich jetzt erst richtig begriffen – überhaupt nichts bevorzugen. Man sollte sich zuerst einmal alle gemachten Vorschläge genauestens ansehen und so lange hinterfragen, bis man wirklich genau weiß, was mit jeder einzelnen Karte gemeint ist. Unter Umständen bevorzugt man am Schluß dann ganz was anderes.

T1: Und unsere Moderatorin war im zweiten Durchgang Spitze.

MOD: Mir ist klargeworden, wieviel man übersieht und wie

viele Möglichkeiten nicht zuletzt durch mein Verhalten im ersten Versuch unter den Tisch gefallen sind. Und wie sehr man gerade als Moderator darauf achten muß, unsere Denkbahnen nicht nur auf eingefahrenen Schienen laufen zu lassen, sonst übersieht man allzu leicht die Weichen, durch die unser Denken auch in eine ganz andere Richtung hätte laufen können.

W.: Am Montag prophezeite ich Ihnen, daß viele am Freitag der PLKs überdrüssig sein würden. Heute ist Donnerstag, und ich habe den Eindruck, meine Vorhersage ist bereits eingetroffen. Doch erst durch diese doppelgemoppelte PLK wurde vielleicht zum erstenmal einigen deutlich, welche Potenz in einer PLK stecken kann, genauer gesagt: in einer Gruppe, und welch häufiger Übung es bedarf – das war bereits die vierte PLK –, damit diese Potenz zum Tragen kommt.

Es wurde vielleicht auch deutlich, wie wichtig die Einhaltung der einzelnen PLK-Phasen ist, genauer gesagt: wie wichtig es ist, die Funktion und das Ziel der einzelnen PLK-Phasen genau zu kennen, um sie auch optimal realisieren zu können. Verfügt man über dieses Wissen und beherrscht man die Realisierung, dann kann es durchaus sinnvoll sein, sich im Einzelfall nicht sklavisch an das vorgegebene PLK-Schema zu halten, sondern es flexibel zu handhaben oder gar kreativ abzuwandeln, sei es um seine Potenz zu steigern oder um die PLK-Dauer – ohne Potenzverlust – zu verkürzen.

Und was unsere Moderatorin betrifft: Auch ich fand, daß sie ihre Sache im zweiten Durchlauf ausgezeichnet gemacht hat. Nur ein kleines, aber wichtiges Detail: Damit die neuen Ideen nicht verlorengehen, sollte der Moderator unbedingt dafür sorgen, daß sie festgehalten werden.

Die weiteren 25(!) Vorschläge aus dem zweiten Anlauf:

T1: ALLGEMEINER ARTIKEL IN DER ... PRESS
KLIMATISIERUNG ÄNDERN (EVENTUELL REICHT VENTILATOR)
MIT NASENKLEMMEN KOMMEN
MIT GASMASKE KOMMEN

T2: BETRIEBSRAT FRAGEN, OB ERFAHRUNG MIT DIESEM PROBLEM
ALLGEMEINER HAUSRUNDBRIEF ZUM PROBLEM DURCH BETRIEBSRAT
EIN BETRIEBSRAT SPRICHT MIT DEM MITARBEITER
ANONYMER TELEFONANRUF

T3: RAUMSPRAY HINSTELLEN
GEGENANSTINKEN
EINZELZIMMER FÜR DEN MITARBEITER
ÜBER DAS PROBLEM SO REDEN (Z. B. HINTER STELLWAND), DASS DER MITARBEITER MITHÖREN KANN
SICH ANDEREN ARBEITSPLATZ SUCHEN

W.: IN MITARBEITERGRUPPE PRÜFEN, OB JEMAND DAS ANSPRECHEN FREIWILLIG ÜBERNIMMT
Falls ja
GEMEINSAM KLÄREN, WIE DER/DIE FREIWILLIGE DAS PROBLEM ANSPRECHEN SOLL
MITARBEITER ZUM ESSEN EINLADEN UND MIT IHM SPRECHEN
RAUMSPRAY
DUFTWASSER MIT KÄRTCHEN: ›EIN ETWAS EINFALLSLOSER HINWEIS AUF EIN PROBLEM, DAS UNS ZU SCHAFFEN MACHT‹
DUFTWASSER MIT KÄRTCHEN: ›WEIL WIR ZU FEIGE SIND, EIN PROBLEM SELBST ANZUSPRECHEN‹

BEIM ARZT INFORMATIONEN ÜBER KRANK-
HAFTE URSACHEN VON AUSDÜNSTUNGEN
UND MÖGLICHE ABHILFEN EINHOLEN
ANONYMER BRIEF
GERUCH MIT STARKEN PARFÜMDÜFTEN
ÜBERTÖNEN
GERUCH MIT STARK DUFTENDEN PFLANZEN
ÜBERTÖNEN
SICH GEGEN GERUCH SELBST DESENSIBILISIE-
REN
SICH GEGEN GERUCH DESENSIBILISIEREN LAS-
SEN

PLK-Phase 7: Bewerten (Tn)

(Die Bewertung erfolgt im Plenum, damit auch jene, die an der PLK nicht teilgenommen haben, erfahren, wie die PLK gelaufen ist und welche Lösungsansätze sich für den, der das Problem eingebracht hat, ergeben haben.)

G.: Es ging bei unserer PLK um folgendes Problem:
EIN MITARBEITER RIECHT UNDEFINIERBAR. ER ÖFF-
NET WOHL AUCH DESHALB IM WINTER DIE FENSTER
OHNE RÜCKSICHT AUF DIE KOLLEGEN.
Unsere Moderatorin Frau X leitete die PLK bis zu den Lösungsvorschlägen sehr gut, dann hab' ich jedoch, anstatt nur
Verständnisfragen zu stellen, die einzelnen Vorschläge auch
gleich bewertet, was nicht unterbunden wurde. Wir waren
mit der ganzen PLK verhältnismäßig schnell fertig und entschieden uns auf Anraten von Frau Dr. Wolters für einen
zweiten Durchgang, weil beim ersten doch nicht alles – vor
allem in der Endphase – optimal gelaufen war. Beim zweiten
Durchlauf habe ich dann nur hinterfragt, was mit den Vorschlägen, die auf den ersten Blick ganz klar aussahen, wirklich gemeint war. Durch diesen zweiten Durchlauf haben

sich die Lösungsansätze für mich teilweise ganz anders dargestellt und erheblich erweitert, so daß für alle deutlich wurde, welche Vielzahl von guten Ideen im ersten Lauf unter den Tisch gefallen ist. Obwohl außer mir nur fünf Personen an der PLK teilgenommen haben, wurden im ersten Durchgang zwölf und im zweiten Durchgang noch weitere 25 Vorschläge produziert. Eine so große Zahl habe ich, ehrlich gesagt, weder erwartet noch für möglich gehalten ...

(Anschließend gibt Herr G. einen Überblick über die Lösungsvorschläge, die er auch seiner Frau vortragen will, damit sie entscheiden kann, ob sich für sie aus den Vorschlägen eine brauchbare Strategie entnehmen oder entwickeln läßt.)

7.5 Statistische Daten zur PLK im Seminar

Es ist primär vom Problem und sekundär von der Gruppengröße abhängig, wie viele Lösungsvorschläge in einer PLK produziert werden. In der Regel sammeln sich zwischen 30 und 60 Vorschläge an.

Aus den rund 10% unaufgefordert erhaltenen und den rund 90% angeforderten Mitteilungen von 302 Seminarteilnehmern über den Realisierungserfolg ihrer ausgewählten Lösungsstrategie(n) ergibt sich die folgende Statistik. Wobei das ›Problemlösungs%‹ besagt, zu wieviel Prozent das Problem aus der Sicht des Betroffenen (inzwischen) gelöst werden konnte:

Tabelle: Problemlösungs% von 302 Seminarteilnehmern

PROBLEMLÖSUNGS%	PERSONEN		PROZENT
0	(18)	18	6 %
20	(4)	22	7 %
25	(6)	28	9 %
30	(12)	40	13 %
45	(5)	45	15 %
50	(34)	79	26 %
55	(7)	86	28 %
60	(17)	103	34 %
65	(11)	114	38 %
70	(8)	122	40 %
75	(11)	133	44 %
80	(19)	152	50 %
85	(11)	163	54 %
90	(24)	187	62 %
95	(9)	196	65 %
100	(106)	302	100 %

Aus der Tabelle ist ersichtlich, daß 50 % der Seminarteilnehmer ihr Problem zu 80 und mehr Prozent lösen konnten. Und über ein Drittel (35 %) der Seminarteilnehmer konnte ihr Problem sogar vollständig lösen.

Diese Zahlen sehen zwar beeindruckend aus, aber was sie wirklich wert sind, verrät erst ein Vergleich mit den Problemlösungsprozenten von Führungskräften, die zwar an einem Führungstraining, aber nicht an dem Seminar zur Konflikt- und Problembewältigung teilnahmen:

Tabelle: Vergleich der Problemlösungsprozente von Führungskräften mit und ohne Teilnahme an dem Seminar zur Konflikt- und Problembewältigung (KPB)

PROBLEMLÖSUNGS%	PERSONEN OHNE KPB		PERSONEN MIT KPB	
bis 20	(23)	20%	(22)	7%
bis 40	(10)	29%	(18)	13%
bis 60	(17)	44%	(63)	34%
bis 80	(23)	65%	(49)	50%
bis 90	(11)	74%	(35)	62%
bis 100	(29)	100%	(115)	100%

Da jedes Problem auf einer Skala zwischen 1 (sehr wenig belastend) und 5 (sehr stark belastend) gewichtet wurde und die Gewichtungsdurchschnitte bei beiden Stichproben in etwa gleich sind (ohne KPB: 3,66; mit KPB: 3,62) können die Ergebnisse beider Personengruppen verglichen werden. Der Vergleich zeigt höhere Problemlösungsprozente bei den KPB-Teilnehmern und dokumentiert eine signifikante und deutliche Steigerung der Problemlösungsfähigkeit dieser Personengruppe (Chi-Quadrat = 10.38. Dieser Wert ist bei einseitiger Prüfung für $p = .05$ signifikant).

8. Die PLK als Führungsinstrument

Dieser PLK-Form möchten wir einige Bemerkungen von Thomas Gordon vorausschicken, von dessen Einsichten und Anregungen sie viel profitiert hat:

> »Aus meiner Erfahrung als Unternehmensberater weiß ich, daß die meisten Führer den Schatz an Wissen, Ideen und Einfallsreichtum erheblich unterschätzen, der ungenutzt in den Köpfen ihrer Gruppenmitglieder schlummert. Auch als Leiter meiner eigenen Organisation erfahre ich fast täglich die ›Weisheit der Gruppe‹ ... Zur Lösung heikler oder komplexer Probleme greife ich fast immer auf den Verstand und die Erfahrung eines oder mehrerer Mitglieder meiner Organisation zurück ... Mit der hohen Meinung, die ich mir von der Weisheit kollektiven Denkens gebildet habe, stehe ich nicht allein. Im Rückblick auf zahlreiche Projekte, in denen es um die Entwicklung riesiger Leistungstransformatoren ging, schrieb K. K. Paluev *(bereits 1941!)*, der damals Forschungs- und Entwicklungsingenieur bei der General Electric Company war, folgende Sätze zum ›kollektiven Genius‹ von Gruppen: ›Diese Leistungen hätten nicht vollbracht werden können, wenn nicht die Fähigkeit des Unternehmens gewesen wäre, seine vielfältigen Fähigkeiten für alle Arten von Problemen zusammenzufassen, denen es sich gegenübersah ... Da man nicht genügend Menschen einstellen kann, die ›vollkommene Genies‹ sind, müssen das industrielle Management und alle Mitarbeiter sich mit der Tatsache zufriedengeben, daß sie genauso wie ihre Kollegen eben nicht vollkommen sind.‹

Als Aufsichtsratsvorsitzender der Harwood Manufacturing Corporation kam Alfred Marrow *(1968)* bei der Frage nach der Notwendigkeit zur Zusammenarbeit in Unternehmen zu folgendem Schluß: ›Früher waren die einfachen Mitarbeiter und die leitenden Angestellten des Unternehmens hinsichtlich ihrer Ausbildung durch einen breiten und tiefen Graben getrennt. Dies trifft nicht mehr in solchem Maße zu, und der Graben wird in den kommenden Jahren weiter zugeschüttet werden ... Es ist heute durchaus üblich, daß Angestellte über größere technische Fähigkeiten verfügen als ihre Vorgesetzten ... Für den einsichtigen Unternehmensleiter erweist sich heute die Zusammenarbeit als vordringlichste Aufgabe – dies gilt insbesondere für den Stab seiner leitenden Mitarbeiter. Er muß diesen Stab zu einem leistungsfähigen Team von Männern *(und wo bleiben die Frauen?)* formen, die sich für das Unternehmen einsetzen, dabei kooperativ und doch auf ihre je eigene Weise verfahren, statt dem „Jeder für sich" zu huldigen.‹

Selten wird heute noch angezweifelt, daß ein Führer auf die kreativen Kräfte der Gruppenmitglieder zurückgreifen sollte, um die anstehenden Probleme zu lösen. Die meisten erfolgreichen Führer tun genau das, entweder formell oder informell (etwa in Mitarbeitermeetings). Die entscheidenden Fragen lauten vielmehr: wann die Gruppenmitglieder zu beteiligen sind, wer auszuwählen ist, welche Probleme diesen Schritt erfordern, wie und von wem die endgültigen Entscheidungen getroffen werden und wie man mit Konflikten fertig wird." (Gordon 1979, S. 47 f.)

Obwohl vor mehr als zehn Jahren geschrieben, ist auch die folgende Stelle heute genauso gültig wie damals:

»Ich werde häufig gefragt, was ich für die wichtigste Voraussetzung von Führungseffektivität halte. Darauf

pflege ich zu antworten: ›Regelmäßig angesetzte Meetings Ihres Managementteams zur Problemlösung und Entscheidungsfindung.‹ Wobei ich davon ausgehe, daß die betreffenden Führer wissen, wie solche Meetings nutzbringend durchgeführt werden.
... Auch auf die Gefahr hin, schulmeisterlich zu erscheinen, möchte ich hinzufügen, daß in den meisten Lehrbüchern und Artikeln, die sich mit der Frage des Managements beschäftigen, die einmütige Überzeugung der Fachleute vorherrscht, die Effektivität des Führers hänge davon ab, wieweit er sich bestimmte zentrale Begriffe zu eigen gemacht habe, wie zum Beispiel ›Teamarbeit‹, ›Management by participation‹, ›Zwei-Weg-Kommunikation‹, ›gegenseitige Bedürfnisbefriedigung‹, ›Gruppenzusammenhalt‹, ›gerechter sozialer Austausch‹, ›Theorie Y‹ (eine Führungstheorie von Douglas McGregor, die sich vor allem auf den Begriff der Zusammenarbeit und der Teilhabe stützt), und jenen Ansatz von Argyris und Schon, den sie ›Modell II‹ genannt haben (ein demokratischer Ansatz, der davon ausgeht, daß Führer ihre Macht mit jedem teilen sollten, der die nötige Kompetenz vorzuweisen hat, und daß eine maximale Beteiligung der Gruppenmitglieder anzustreben sei). *(In dieser imposanten Aufzählung fehlt nur noch das Schlagwort ›kooperativer Führungsstil‹.)*
Diese Vorstellungen bleiben leere Abstraktionen und können bestenfalls in betriebswirtschaftlichen Seminaren dem intellektuellen Zeitvertreib von Professoren und Studenten dienen, wenn die Führer in den Organisationen nicht dazu gebracht werden können, Managementmeetings einzuführen, und wenn man ihnen nicht beibringt, wie solche Meetings zu handhaben sind.« (Gordon 1979, S. 131 f., kursive Einschübe von uns)

Gordon weist darauf hin, daß eingespielte Problemlösegruppen – insbesondere wenn sie klein sind – mit einem Minimum an Spielregeln funktionieren, und er propagiert deshalb auch das Ziel, die Anzahl der Spielregeln für die Gruppenmeetings auf ein Mindestmaß zu reduzieren. Diese Ansicht erfordert u. E. jedoch folgende Präzisierung: Genaugenommen funktioniert auch und gerade eine eingespielte Gruppe nur, weil sich ihre Mitglieder unaufgefordert sehr strikt an bestimmte Spielregeln halten. Mit anderen Worten: Bei eingespielten Problemlösegruppen halten sich die Gruppenmitglieder unaufgefordert an jene Verhaltensregeln, für deren Einhaltung bei ungeübten Gruppen ein Moderator sorgen muß.

Damit bleibt die alte Frage: Welche Verhaltensregeln sind notwendig oder hilfreich zur Steigerung der Effizienz einer Problemlösegruppe?

Für die Seminarsituation haben wir die Frage bereits beantwortet. Im folgenden möchten wir Anregungen für die Situation im Betrieb geben.

DIE PLK IM BETRIEB

1. **Vorbereitungen**
2. **Verständnisfragen zu den Problemen**
3. **Problemdefinition(en)**
4. **Lösungsvorschläge**
5. **Verständnisfragen zu den Lösungsvorschlägen**
6. **Ordnen der Lösungsvorschläge**
7. **Pro+Kontra-Diskussion der Lösungsvorschläge**
8. **Bewertung der Lösungsvorschläge und Auswahl der Lösungsstrategie(n)**

9. **Realisierung der Lösungsstrategie(n)**

10. **Ergebnisprüfung jedes Lösungsversuchs und Rückmeldung der Ergebnisse an die PLK-Teilnehmer**

Zu 1. Vorbereitung(en):

A) **Wer soll an der PLK teilnehmen?**
Möchte man eine PLK im Betrieb zum erstenmal durchführen, so ist vorab zu klären, wer an der PLK teilnehmen soll. Wo immer möglich, sollten alle Mitarbeiter einer Gruppe oder Abteilung inklusive des Gruppen- oder Abteilungsleiters an der PLK teilnehmen.
Mit anderen Worten:
Teilnehmer der PLK sind der (die) Vorgesetzte(n) und die ihm/ihr (ihnen) direkt unterstellten Mitarbeiter.
Entscheidungshilfen:
- Handelt es sich um mehr als zwölf PLK-Teilnehmer, sollten Wege gesucht werden, PLKs in Untergruppen durchzuführen!
- Mitarbeitern mit Stabsfunktionen (z. B. Sekretärinnen, Direktionsassistenten, Rechtsberater etc.) sollte – falls sie es wünschen und falls nicht gravierende Gründe gegen ihre Teilnahme sprechen – die Möglichkeit geboten werden, an den PLKs teilzunehmen.

B) **Vorbereitung der PLK-Teilnehmer auf die PLK:**

Bei der Erstankündigung einer PLK sollte der Vorgesetzte folgende Fragen beantworten bzw. mit seinen Mitarbeitern diskutieren:
- WAS ist eine PLK?
- WESHALB soll eine PLK durchgeführt werden?
- WER nimmt WARUM an der PLK teil?

- WELCHE Vorbereitung(en) sollen die einzelnen PLK-Teilnehmer für die PLK treffen (z. B. Schwachstellen sowie bisherige unzureichende und/oder ungeeignete Lösungsversuche formulieren)?
- WANN und WO findet die PLK statt?
- WIE LANGE soll die PLK dauern (flexible Zeitbegrenzung!)?

C) **Beginn der PLK:**

1. Als erstes wird geklärt, wer das PLK-Protokoll führt. Was das Protokoll enthalten soll, sollte die ganze Gruppe entscheiden. Folgende Punkte sollte jedoch jedes PLK-Protokoll enthalten:
   - PLK-Datum
   - PLK-Teilnehmer
   - Welche(s) Problem(e) wurde(n) behandelt? Welche Entscheidungen wurden getroffen: WER hat WAS (bis) WANN zu erledigen?

2. Der Vorgesetzte erläutert anschließend (nochmals) kurz den Zweck der PLK und sammelt dann die etwaigen Vorbereitungen der Mitarbeiter ein (beziehungsweise er statuiert das oder die Problem(e) selbst, oder er läßt die Mitarbeiter ihre Probleme zu einem bestimmten Thema formulieren, etc.).

3. Nur bei der ersten PLK ist es notwendig, daß der Vorgesetzte die Moderation übernimmt – falls nur er mit dem Ablauf einer PLK und den Negativwirkungen unserer Bezugssysteme vertraut ist –, ansonsten ist es in der Regel von Vorteil, wenn ein Mitarbeiter zum Moderator gewählt wird und der Vorgesetzte während der PLK die Rolle eines unbevorzugten Gruppenmitgliedes einnimmt.

Zu 2. Verständnisfragen zu den Problemen:

In dieser Phase hat der Moderator strikt darauf zu achten, daß nur Verständnisfragen zu dem thematisierten Problem (z. B.: Wie können wir mehr Geschäft machen?) gestellt werden.
Falls es sich um ein Problembündel handelt, (z. B.: Wie können wir die Anzahl neuer Kunden erhöhen? Wie können wir unser Telefonverhalten verbessern? Wie können wir unsere gegenseitige Information intensivieren? etc.), sollten die einzelnen (Unter-)Probleme nicht durcheinander, sondern nacheinander abgehandelt und verstanden werden.

Die zweite, ebenso wichtige und besonders anspruchsvolle Aufgabe des Moderators besteht darin, eingefahrene Denkschemata (Bezugssysteme) der Gruppenmitglieder aufzubrechen, zumindest in Frage zu stellen, um sinnvolle Reformulierungen und Aufspaltungen der Ausgangsprobleme zu ermöglichen.

Zu 3. Problemdefinition(en):

In dieser Phase werden die endgültige(n) Problemdefinition(en) fixiert, die von den ursprünglichen Formulierungen abweichen können, aber nicht müssen.

Zu 4. Lösungsvorschläge:

Zu Beginn dieser Phase sollte der Moderator mehr oder weniger ausführlich (in Abhängigkeit von der Geübtheit der PLK-Teilnehmer) auf die Prozedur und die Grundprinzipien der gewählten Methode oder Methodenkombination zur Produktion von Lösungsvorschlägen (s. Teil II) eingehen.
Es empfiehlt sich, daß der Moderator nur jene Methoden anwendet, die er auf einem Seminar oder als PLK-

Teilnehmer ausreichend kennengelernt hat, so daß er sich bei deren Anwendung sicher fühlt.

Des weiteren empfiehlt es sich, zuerst mit einfachen Versionen des Brainstorming (Regel 1: Quantität geht vor Qualität! Regel 2: Ungewöhnliche, ausgefallene, phantastische, utopische Vorschläge sind nicht nur erlaubt, sondern erwünscht!) Erfahrungen zu sammeln, bevor man – und nur wenn es sinnvoll erscheint – zu komplexeren Versionen, Methoden und Methodenkombinationen übergeht.

Alle produzierten Lösungsvorschläge werden festgehalten und sichtbar präsentiert (auf Pinnwand, Flipchart, [Magnet-]Tafel o. ä.).

Zu 5. Verständnisfragen zu den Lösungsvorschlägen:

Jeder Lösungsvorschlag wird von seinem Produzenten vorgelesen, wobei der Moderator weiterführende Erklärungen oder gar Bewertungen unbedingt unterbinden sollte. Anschließend dürfen und sollen so lange Verständnisfragen gestellt werden, bis jeder Teilnehmer den Vorschlag verstanden hat.

Nochmals: Es geht in dieser Phase ausschließlich darum, jeden einzelnen Vorschlag inhaltlich zu erfragen und darzustellen, um ihn zu verstehen. Jegliche Bewertung von Vorschlägen ist in dieser Phase fehl am Platz!

Zu 6. Ordnen der Lösungsvorschläge:

In der Regel erweist sich ein Kategorisieren der Lösungsvorschläge nach der Phase 5 als unproblematisch und hilfreich für die Phase 7. Der Moderator soll dafür Sorge tragen, daß sich möglichst alle PLK-Teilnehmer an der Formulierung geeigneter Kategorien sowie dem Zuordnen der einzelnen Vorschläge beteiligen.

Zu 7. Pro+Kontra-Diskussion der Lösungsvorschläge:

Der Moderator hat besonders in dieser Phase für ein Klima gegenseitiger Wertschätzung zu sorgen (Beachtung der ›Wertschätzungsgebote‹ [s. Bambeck 1988]) und auf ›konstruktive‹ Kritikformulierungen (s. Bambeck/Wolters 1990) bei dem Diskussionsverlauf zu achten.

Zusätzliche Lösungsideen, die direkt oder auch nur en passant geäußert werden, gilt es festzuhalten und in die bereits vorhandenen Vorschläge einzuordnen.

Zu 8. Bewertung der Lösungsvorschläge und Auswahl der Lösungsstrategie(n):

Insbesondere bei einer Vielzahl von Vorschlägen, bei der sich aufgrund der Pro+Kontra-Diskussion nur selten ein bestimmter Vorschlag aus der Masse der übrigen hervorhebt, ist der Einsatz von Bewertungs- und Auswahlverfahren (s. Kap. 5.4) unseres Erachtens unumgänglich, um die geeignetste(n) Lösungsstrategie(n) auszuwählen, um Zeit zu sparen und um ein gutes Gruppenklima zu erhalten.

Bei der Entscheidung über die zu realisierende(n) Lösungsstrategie(n) ist auch zu klären und festzuhalten:

- wer was wann zu tun hat
- anhand welcher Kriterien der Lösungsfortschritt zu messen ist
- wann und in welcher Form eine Rückmeldung an die übrigen PLK-Teilnehmer zu erfolgen hat

Zu 9. Realisierung der Lösungsstrategie(n):

und

10. Ergebnisprüfung jedes Lösungsversuchs und Rückmeldung der Ergebnisse an die PLK-Teilnehmer:

Für den Vorgesetzten (die vorgesetzte Stelle) sind bei langfristigen Lösungsstrategien Zwischenmeldungen über Fortschritte und Probleme bei der Realisation unbedingt erforderlich:
- um gegebenenfalls den eingeschlagenen Weg so früh wie möglich als ungeeignet oder unzureichend zu erkennen und geeignete Maßnahmen (z. B. eine weitere PLK) treffen zu können;
- um bei Fortschritten Freude und Anerkennung zu zeigen.

Nach Ablauf des vereinbarten Zeitraums erhalten alle PLK-Teilnehmer eine Rückmeldung über die inzwischen erzielten (oder auch nicht erzielten) Fortschritte bei der Problemlösung.

Selbstverständlich kann es sinnvoll, ja notwendig sein, mehr oder weniger von diesem PLK-Schema abzuweichen; entscheidend ist, daß die PLK-Durchführung in möglichst zweckdienlicher Weise erfolgt.

Zum Beispiel kann im Bedarfsfall auch eine Parzellierung einer PLK in Form von Meetings vorgenommen werden, die nur der Problemdefinition oder nur der Bewertung erarbeiteter Vorschläge oder nur der Entscheidung über die zu realisierende(n) Lösungsstrategie(n) dienen.

9. Bericht über eine »PLK im Betrieb«

Da es glaubwürdiger und überzeugender ist, wenn Teilnehmer über ihre PLK-Erfahrungen berichten, dürfen wir an dieser Stelle eine Gruppenleiterin der Bayerischen Hypo-Bank zu Wort kommen lassen, die uns den folgenden Bericht zuschickte:

> *Voll neuer Ideen und guter Vorsätze, die auf dem Seminar gewonnenen Erkenntnisse in die Praxis umzusetzen, schlug ich auf der nächsten Abteilungsbesprechung vor, eine PLK mit meinen neun Mitarbeitern (fünf Frauen, vier Männer) darüber abzuhalten, wie die Ertragskraft unserer Abteilung gesteigert werden könne.*
> *Ich bat jede(n) Kollegen(in), sich bis zu unserem nächsten Treffen in zwei Wochen Gedanken darüber zu machen, wie er bzw. sie dazu beitragen möchte, unser Geschäft weiter auszubauen. Besonders interessierte mich dabei, welche Vorschläge von unseren jungen Mitarbeitern, die erst ca. ein Jahr bei uns arbeiteten, kommen würden und wie sie sich unsere Zukunft vorstellten.*
> *Wann immer es bei uns Probleme und Konflikte gab, hatte ich versucht, diese in Einzelgesprächen mit den Betroffenen zu lösen bzw. meine Ziele darzustellen.*
> *Eine Abteilungssitzung dieser Art war für uns alle neu; doch der Gedanke, jeden so zu motivieren, daß er selbst Spaß an der Verwirklichung gemeinsam erarbeiteter Ziele habe, gefiel mir sehr gut. Außerdem hoffte ich, auch von unseren ›Jüngsten‹ Denkanstöße darüber zu erhalten, was wir ›alten Hasen‹ dazu beitragen*

könnten, ihren Start zu erleichtern bzw. ihre Ausbildung zu unterstützen.
Um 16 Uhr begannen wir unsere PLK.
Nach ungefähr 15 Minuten hatten wir so viele Kärtchen an unserer Pinnwand, daß wir mit Tesafilm an den angrenzenden Schränken weiterklebten.
Wir ordneten die insgesamt 57 Vorschläge und fanden drei Schwerpunkte:
– Ausbildung und Information,
– Eigeninitiative,
– Wege zur Erschließung neuer Kunden bzw. Ausbau bestehender Verbindungen.
Jeder Vorschlag wurde diskutiert und hinterfragt. Für die sich dabei herauskristallisierenden geeignetsten Vorschläge wurden, soweit möglich, gleich feste Termine und Zuständigkeiten vereinbart.
Zu vorgerückter Stunde (ca. 17.30 Uhr) wurde der ›Verbesserungsvorschlag‹, aus unserer ›Apotheke‹ zwei Flaschen Champagner zu servieren, als sehr konstruktiv empfunden. In bester Stimmung und mit dem Gefühl, einen guten Schritt weitergekommen zu sein, die Gruppe voll hinter mir zu haben und den Teamgeist gestärkt zu haben, bedankte ich mich um 18.15 Uhr für das gezeigte Interesse und die rege Mitarbeit. Zweieinhalb Stunden hatte die Besprechung gedauert, und ich war begeistert, wie viele wertvolle Fakten gerade von den ›Stillen im Lande‹ eingebracht worden waren.
Aber nicht nur ich, sondern auch meine Mitstreiter waren von der Art der PLK sehr angetan und über das Ergebnis erstaunt. – Erfolgserlebnisse auf allen Seiten!
Ich habe mir vorgenommen, so eine Besprechung in spätestens einem Jahr zu wiederholen, um zu überprüfen, welche der ausgewählten Lösungsvorschläge als erledigt ausgesondert werden können bzw. wo wir neu einhaken müssen.«

Derartige erste positive Reaktionen sind durchaus üblich. Wir baten deshalb die Gruppenleiterin, uns auch über den Erfolg oder Mißerfolg der realisierten Lösungsvorschläge zu gegebener Zeit zu berichten. Zu unserer Überraschung erhielten wir vier Monate später folgenden zweiten Bericht:

»*Schon nach vier Monaten, also sehr viel früher als beabsichtigt, entschloß ich mich zur Abhaltung einer neuen PLK.*
Was war in der Zwischenzeit geschehen?
Bei genauer Durchsicht der damaligen Vorschläge fielen mir noch zwei zusätzliche Schwerpunkte auf, nämlich
– Verbesserung der Filialberatung und
– Verbesserung des Telefonverhaltens,
die ich nochmals überprüfen wollte.
Um 16.45 Uhr begannen wir (sechs Männer, vier Frauen) mit der PLK. Ich sprach zuerst unsere im Dezember erarbeiteten fünf Zielsetzungen an.
Zu unserer Freude stellten wir fest, daß drei davon als weitgehend erreicht bezeichnet werden konnten bzw. sich in die gewünschte Richtung bewegten. Das Thema ›Ausbildung‹ konnten wir insoweit abhaken, als wir nun die Auszubildenden baten, die bei ihnen auftretenden Fragen zu sammeln und uns in zwei- bis dreiwöchigem Abstand zur gemeinsamen Beantwortung vorzulegen.
Die Punkte ›Verbesserung der Filialberatung‹ und ›Eigeninitiative‹ konnten wegen Personalmangels noch nicht in die gewünschte Form gebracht werden und wurden als noch nicht realisierte Verbesserungsvorschläge in die neue PLK übernommen. Wir waren uns einig, daß der nächste (bereits genehmigte) Personalzugang auf diesen Gebieten eingesetzt werden müsse.
Nach diesem Resümee der vorangegangenen PLK bat ich meine Vertretung, die zwischenzeitlich ebenfalls

das Seminar Konflikt- und Problembewältigung besucht hatte, die weitere Moderation zu übernehmen. Ich wollte mich etwas zurückziehen, um die Gruppe ihre Wunschvorstellungen weitestgehend alleine erarbeiten zu lassen.

Es kamen ca. 30 Vorschläge in fünf Richtungen:
– Reduzierung der Verwaltungstätigkeit zugunsten von Eigenhandel
– Besorgung und Auswertung volkswirtschaftlicher Daten, für unseren Bedarf zugeschnitten
– Geschäftsreisen
– Verbesserung des Informationsgehaltes der wöchentlichen halbstündigen Abteilungsbesprechung
– Art der Erteilung von Arbeitsanweisungen innerhalb der Gruppe

Der letzte Punkt nahm zeitlich den größten Raum ein, da hier einige Mitarbeiter untereinander in letzter Zeit bei der Hektik des Geschäftes offenbar nicht den richtigen Ton zueinander gefunden hatten. Da ich immer größten Wert darauf legte, Kritik gleich zu äußern, war ich sehr froh, daß diese Unstimmigkeiten früh zur Sprache kamen.
Bevor sich Aggressionen daraus entwickeln, wurden die Betroffenen zu einem gemeinsamen Bier vergattert, um sich in Zukunft besser zu verstehen. Die Kosten dafür wollte ich gerne übernehmen.
Bei den anderen Punkten wurden, soweit möglich, gleich bestimmte Mitarbeiter namentlich mit den Aufgaben betraut.

Unser Treffen endete nach eindreiviertel Stunden um 18.30 Uhr, zwar nicht so lustig wie das letzte Mal, doch an den Ergebnissen gemessen sehr befriedigend.

Ich habe mir vorgenommen, diese Art der Abteilungsbesprechung aus folgenden Gründen in unregelmäßigen Abständen ein- bis zweimal jährlich unbedingt zu wiederholen:

1. *Gründliche Bedarfsermittlung ist für die Durchführung einer Aufgabe unerläßlich.*
2. *In zehn Köpfen stecken mit Sicherheit mehr Ideen als in einem. Warum sollte man diese Kapazitäten nicht voll ausschöpfen?*
3. *Ergebnisse können sehr viel schneller und reibungsloser erzielt werden, wenn die Gruppe die Ziele selbst erarbeitet hat.*
4. *Offene Aussprachen und gemeinsame Bemühungen sind m. E. Grundvoraussetzung für ein gutes Betriebsklima und kreatives Arbeiten.*
5. *Erfolgserlebnisse, wenn von einer PLK zur anderen einige Verbesserungsvorschläge als realisiert betrachtet werden können.*

PS:
Zwei Tage nach unserer PLK kam ein junger Kollege, der erst seit einer Woche in unserer Gruppe arbeitet, zu mir und sagte, daß er zwar noch nichts aktiv habe beitragen können, er meine Art der Abteilungsbesprechung jedoch wirklich prima fände und gerade seiner alten Abteilung davon erzählt habe.
Ich bedankte mich für seine Anerkennung und erzählte ihm, daß ich die PLK auf dem Seminar ›Konflikt- und Problembewältigung‹ kennengelernt habe.
Sein Kommentar:
Da möchte ich auch hin!«

Man könnte anhand dieser Berichte eine ganze Reihe von Punkten anmerken, die der Effizienz der PLKs zweifellos abträglich waren. Doch genau diese Kritik wollen wir unterlassen, nicht nur weil solche Berichte uns große Freude bereiten, sondern weil sie etwas Wichtiges zeigen:

Es ist nicht notwendig, eine PLK perfekt durchzuführen, um positive Erlebnisse und Ergebnisse für sich und seine Mitarbeiter zu verbuchen.

Diese PLKs waren erfolgreich, sehr erfolgreich sogar aus der Sicht der Betroffenen, dies ist das Entscheidende, und nicht, um wie viele Zentimeter man die bestmöglichen Ergebnisse verfehlt hat!

Konferenzen, behauptet ein Aperçu, seien Treffen, in die viele reingehen und wenig rauskommt. Die PLK kann dafür sorgen, daß dem nicht so sein muß.

10. Makro-Methoden des kreativen Problemmanagements

10.1 Die Z.A.K.-Methode

Diese Methode ist sowohl individuell als auch in Problemlösegruppen anwendbar. Sie stammt von Edward de Bono und trägt im Original die Bezeichnung ›TEC‹; wobei
T für ›Target‹ und ›Task‹ (Ziel, Aufgabe),
E für ›Expand‹ und ›Explore‹ (ausweiten, untersuchen) und
C für ›Contract‹ und ›Conclude‹ (einengen, entscheiden)
steht (de Bono 1986).

Unsere etwas modifizierte Form dieser Technik nannten wir **Z.A.K.-Methode,** nicht zuletzt deshalb, um die Assoziation mit zack, zack, mit Schnelligkeit, zu assoziieren:

> Z = Ziel
> A = Ausweitung
> K = Konsequenzen

Ziel:

> Zuerst gilt es, den gewünschten Denkfokus zu fixieren, das Ziel, das ›Worum es gehen soll‹ zu präzisieren. Dies geschieht zweckmäßigerweise, indem man anhand des vorliegenden Problems ein Generalziel und anschließend das zu behandelnde Spezialziel formuliert.

Generalziel →	Mögliches Spezialziel
Ertrag soll erhöht werden!	Soll das Werbeimage verändert werden und/oder das Angestelltenverhalten?
Problemursache(n) finden!	Handelt es sich um ein technisches und/oder um menschliches Versagen?
Die Produktpalette soll aktualisiert werden!	Welche Altprodukte sollen gestrichen werden? Welche Neuprodukte sollen hinzukommen?

Bereits bei den Zielbestimmungen kann der Einsatz einzelner Kreativitätstechniken hilfreich sein.

Ausweitung:

In der zweiten Phase geht es darum, unsere durch Bezugssysteme kanalisierten Denkaktivitäten auszuweiten, von Kurzschlußdenken auf Querdenken umzuschalten. Der Einsatz geeigneter A-Techniken ist angezeigt.

Konsequenzen:

In der dritten Phase gilt es, die am geeignetsten erscheinende Idee auszuwählen – ggf. unter Einsatz von Auswahlverfahren – und die zu realisierenden Maßnahmen zu fixieren.
Es könnte sich lohnen, darüber hinaus nochmals das Gesamtergebnis (aller Ideen) zu betrachten sowie den Ablauf der Z.A.K.-Methode (zeitlicher Verlauf, welche Kreativitätstechniken wurden wie eingesetzt etc.) hinsichtlich der Effizienz zu analysieren.

Ein Beispiel:

Generalziel:	Verbesserung im Bereich Telefonieren
Spezialziele:	Telefondesign Neue Arten von Telefonservice Verbesserung einzelner Teile Reduktion von Unterbrechungen durch Telefon
Ausgewähltes Spezialziel:	Wie lassen sich Telefonunterbrechungen reduzieren?

Ausweitung:	Ideenproduktion unter Anwendung einer oder mehrerer geeigneter A-Techniken.
	Ideen: Anrufbeantworter
	      Geheimnummern für wichtige Anrufe(r)
	      Klingelzeichen vereinbaren
	      Sekretärin
	      PC-Mail-Box installieren
	      PC-Anrufinfo: Wer – wann – weshalb
	      etc.

Konsequenzen:	Auswahl der am geeignetsten erscheinenden Idee, eventuell unter Einsatz eines Auswahlverfahrens. z. B.: Ein Telefondrucker, der bei jedem Anruf ausdruckt, wer wann anrief, sowie die Dringlichkeit, die der Anrufer dem Drucker per Zahlencode mitteilen kann, angibt.

De Bono veranschlagt für die ganze Prozedur in der Individualform nur fünf Minuten. Hierzu ist anzumerken, daß ein gewisser Zeitdruck zwar generell vorteilhaft erscheint, die Zeitdauer der einzelnen Phasen jedoch in Abhängigkeit von der Art des ausgewählten Spezialziels sowie anderen Variablen (z. B. Gruppengröße, Geübtheit der Teilnehmer etc.) unbedingt flexibel zu handhaben ist.

10.2 Die P.I.S.C.O.-Methode

Diese Methode, die große Ähnlichkeit mit üblichen Problemlöseverfahren aufweist und eine erweiterte Z.A.K.-Methode darstellt, findet sich ebenfalls bei de Bono, der es jedoch unterläßt, ihre Vorläufer zu erwähnen (de Bono 1986).

Vergleichen wir die Elemente der **P.I.S.C.O.-Methode** mit der Z.A.K.-Methode und herkömmlichen Problemlöseverfahren, werden Ähnlichkeiten offensichtlich:

P.I.S.C.O.-Methode	Gängige PL-Verfahren	Z.A.K.-Methode
P urpose (Zweck)	Analyse der Problemsituation inklusive	Generalziel, Spezialziel
I nput (Eingangsinformationen)	geeigneter Problemdefinition	Ausweitung
S olutions (Lösungsideen)	Produktion von Lösungsideen	Kons-
C hoice (Auswahl)	Auswahl der geeignetsten Idee	se-
O peration (Aktion)	Realisiation der ausgewählten Idee	quenzen

Der wohl wesentlichste Unterschied der P.I.S.C.O.-Methode zu herkömmlichen Verfahren besteht darin, daß bereits in der Input-Phase – ähnlich wie bei der Ausweitungsphase der Z.A.K.-Methode – größter Wert auf laterales Denken gelegt wird, größerer jedenfalls als bei älteren Verfahren und bei der PLK.

Interessant ist auch de Bonos Vorschlag der Kombination von Z.A.K.- und P.I.S.C.O.-Methode:

>>Die beiden Konzepte können kombiniert werden. Z.A.K. ist das allgemeinere Konzept – P.I.S.C.O. erweitert die Phasen und kann sich als nützlicher erweisen, falls es gilt, ein aktuelles Problem oder einen aktuellen Sachverhalt zu bedenken. Es gibt kein spezielles Zeitlimit für die einzelnen Phasen – nur ein Bewußtsein der Phase, in der man sich befindet. Während der P.I.S.C.O-Prozedur kann jederzeit ein Bereich identifiziert werden, der größeres Nachdenken erfordert, auf den sich die Z.A.K.-Methode gesondert und direkt anwenden läßt.
Für allgemeine Zwecke sowie für das Training der Denkfähigkeit reicht das Z.A.K.-Konzept aus, und eine Anwendung der elaborierten P.I.S.C.O-Methode ist unnötig.<< (de Bono 1986, S. 158 f., Übersetzung von uns)

10.3 Die V.I.E.R.-Methode

Wie bereits erwähnt, läßt sich unser 3D-Modell des kreativen Denkens mit den vier Wallas-Phasen des kreativen Prozesses zur sogenannten **V.I.E.R.-Methode** verbinden, einer sehr flexiblen, nach individuellen Fähigkeiten und Bedürfnissen gestaltbaren Makro-Methode (vgl. Teil II, 7.3)

Die Vorbereitungsphase: Während der V-Phase werden meist Methoden des vertikalen Denkens im Vordergrund stehen, aber auch der Einsatz von Entspannungstechniken könnte in dieser Phase sinnvoll und hilfreich sein.

Die Inkubationsphase: Während der I-Phase können in Abhängigkeit von
– dem zu lösenden Problem,
– den persönlichen Vorlieben und
– den persönlichen Fähigkeiten
die anzuwendenden A- und/oder B-Techniken aus den entsprechenden Technikpaletten ausgewählt und zusammengestellt werden.

Die Erleuchtungsphase: In der E-Phase, in der nicht immer Erleuchtungen und schöpferische Durchbrüche gelingen oder gefordert sind, geht es um das Finden geeigneter Lösungsideen.
Der Übergang zwischen I- und E-Phase ist meist fließend, weshalb für die E-Phase ähnliches wie für die I-Phase gilt.
Andererseits ist gerade beim Einsatz von B-Techniken in der I-Phase zusätzliche Unterstützung der E-Phase weder erforderlich noch sinnvoll, mit Ausnahme von Entspannungstechniken oder hypnagogen Methoden (s. Teil II, 7.7) die allerdings nur zur Herstellung entspannter psychophysischer Zustände mit den entsprechenden Gehirnströmen (bevorzugt Alpha-Wellen) einzusetzen sind.

Die Realisationsphase: In der R-Phase dominieren wieder Methoden des vertikalen

Denkens: Wurden mehrere miteinander konkurrierende realisierbare Lösungsideen gefunden, gilt es zunächst, mit Hilfe eines geeigneten Auswahlverfahrens (Teil III, 5.4) die zu realisierende Idee auszuwählen.

Abschließend wird die ausgewählte Idee realisiert und der Erfolg der Realisation überprüft.

11. Das Große-Problem-Management

Zum Schluß noch ein Vorbehalt zu jenen wachsenden Bemühungen, die wir als das ›**Große-Problem-Management**‹ etikettieren wollen, wie beispielsweise die Entwicklung einer neuen Unternehmensstrategie, oder gar umfassender politischer Reformen, wie sie derzeit im Ostblock in dramatischer Weise stattfindet, oder internationaler Langfristprogramme zur Bewältigung globaler Probleme.

Derartige Programme erfordern selbstverständlich erheblich komplexere Strategien des Problemmanagements, als sie in diesem Buch enthalten sind.

Die zunehmende Sensibilisierung für die Notwendigkeit des ›Großen-Problem-Managements‹ an den Universitäten, in Vorstandsetagen und Regierungskreisen äußert sich auch in einem wachsenden Publikationsoutput zu diesem Themenbereich. Um nur ein paar neuere Titel in diesem Zusammenhang zu nennen:

    Total Quality Management (Oess 1989)
    Unternehmenskultur in der Praxis (Wever 1989)
    Das ganzheitliche Unternehmen (Mann 1988)
    Anleitung zum vernetzten Denken und Handeln
      (Ulrich/Probst 1988)
    Leitmotiv vernetztes Denken (Vester 1988)
    Das neue Denken (Capra 1988)
    Soziale Systeme (Luhmann 1987)

Schon diese wenigen Titel weisen deutlich auf die Schlüsselbegriffe des ›Großen-Problem-Managements‹ hin:

   – Totalität
   – Ganzheitlichkeit

- Vernetzung
- Neues Denken
- Systeme

So erfreulich diese zunehmende Sensibilisierung für die Komplexität der Wirkmechanismen und Zusammenhänge in kleineren und größeren Realitätsbereichen ist, und so anerkennenswert die vielfältigen theoretischen und praktischen Bemühungen zur Bewältigung großer und größter Probleme sind, können wir uns des Eindrucks nicht erwehren, daß die Möglichkeiten menschlicher Problemlösungskapazitäten von den meisten Autoren viel zu optimistisch eingeschätzt werden.

Kein Mensch weiß, was menschlicher Geist zu leisten imstande ist und sein wird, dennoch dürften Bücher wie:

> Der Diskurs des radikalen Konstruktivismus (Schmidt 1987)
> Evolution und Erkenntnis (Riedl 1987)
> Der Baum der Erkenntnis (Maturana/Varela 1987)
> Die Evolution des Denkens (Lorenz/Wuketits 1984)

eine realistischere Einschätzung menschlicher Erkenntnis und Handlungsmöglichkeiten erlauben als ein ungerechtfertigter Optimismus.

Damit kein Mißverständnis entsteht:
Wir finden die wachsenden theoretischen wie praktischen Anstrengungen im Bereich des ›Großen-Problem-Managements‹ notwendig und sinnvoll, vermissen nur häufig eine realistischere Einschätzung menschlicher Problemlösekapazitäten.

Da unsere diesbezügliche Meinung, die wir bereits an anderer Stelle geäußert haben, die passenden Schlußworte für dieses Kapitel und dieses Buch enthält, sei uns gestattet, uns selbst zu zitieren (Bambeck/Wolters 1989, S. 30 f.):

Die Forderung »nach ganzheitlicheren Ansätzen und Bemühungen in der Wirtschaft, wie auch in der Politik, der Forschung und Lehre sowie im Privatleben, scheint sinnvoll, notwendig und erfüllbar; vorausgesetzt, wir bleiben uns der grundsätzlichen Unerreichbarkeit von tatsächlicher Ganzheitlichkeit, absoluter Sicherheit und Wahrheit stets bewußt. Karl R. Popper vertritt diese These seit mehr als 50 Jahren (Popper 1934).

Was not tut, ist eine Popularisierung unserer Beschränktheiten, ist eine ›Abklärung‹, wie der Österreicher Rupert Riedl sie seit Jahren im Gegensatz zur überheblichen Aufklärung betreibt und fordert (Riedl 1987). Je mehr wir uns unserer Borniertheiten bewußt werden, desto weniger borniert sind wir und desto größere Möglichkeiten stehen uns offen, unsere Beschränktheiten wenigstens teilweise zu kompensieren. All dies hat der Psychologe Wilhelm Revers in einem einzigen, trefflichen Satz ausgedrückt.

›Wer die Grenzen seiner Möglichkeiten verkennt, erreicht weniger, als ihm seine Begrenztheit erlauben würde!‹«

ANSCHRIFT DER VERFASSER:
Institut für Verhaltensmodifikation
Dr. J. J. Bambeck, Dr. A. Wolters
Jakob-Klar-Str. 9
8000 München 40
Tel. 089/27 16 563

Literaturverzeichnis

Aaronson, K.: Selling on the Fast Track. New York 1989
Antons, K.: Praxis der Gruppendynamik. Göttingen, Toronto, Zürich 1976
Ardinger, B.: Seeing Solutions, New York 1989
Arnold, W; Eysenck, H. J.; Meili, R.: Lexikon der Psychologie. Freiburg, Basel, Wien, 1987
Aschenbach, G. (in: Kempf, W. u. Aschenbach, G. [Hrsg.]): Konflikt und Konfliktbewältigung. Bern, Stuttgart, Wien 1981
Asher, J. J.: Towards a Neo-Field Theory of Problem Solving. J. Gener. Psychol. 68 (1963), S. 3–8
Aznar, G.: La Créativité dans l'Entreprise. Organisation pratique et technique d'animatation. Paris 1971
Bambeck, J. J.: Seminar. Wiesbaden 1988
Bambeck, J. J.: Softpower – Gewinnen statt Siegen. München 1989
Bambeck, J. J.: Was dem Eigennutz förderlicher ist. Gablers Magazin 7, 1989 b
Bambeck, J. J.: Unfallverhütung und Biorhythmenlehre. Sichere Arbeit; Internat. Fachmagazin f. Arbeitsschutz und Arbeitsmedizin, 1990
Bambeck, J. J.: Bietet die Biorhythmenlehre eine Hilfe zur Partnerwahl? (Unveröffentlicht)
Bambeck, J. J.: Biorhythmenlehre und Schulnoten. (Unveröffentlicht)
Bambeck, J. J.; Wolters A.: Grenzen und Illusionen beachten. Gablers Magazin 5, 1989
Bambeck, J. J.; Wolters A.: Die Kunst zu überzeugen. Gablers Magazin 2, 1990
Bambeck, J. J; Wolters A.: Das Kritik-ABC. Gablers Magazin 4, 1990
Benesch, H.: Wörterbuch zur Klinischen Psychologie. München 1981
Benson, H.: The Relaxation Response. New York 1975
Benson, H.: Beyond the Relaxation Response. New York 1985
Benson, H.: Your Maxinium Mind. New York 1987
Berkel, K.: Konflikttraining. Arbeitshefte zur Führungspsychologie, Nr. 15. Heidelberg 1985
Birkenbihl, V. F.: Kommunikationstraining. Landsberg 1987
Bono, E. de: Laterales Denken. Hamburg 1971
Bono, E. de: De Bono's Thinking Course. New York 1986

Braem, H.: Brainfloating. München 1986
Campbell, D. T.: Evolutionary Epistemology. In: Schlipp, P. A. (Hrsg.): The Philosophy of Karl R. Popper. La Salle 1966
Capra, F.: Das neue Denken. Bern, München, Wien 1987
Cohen, H.: You Can Negotiate Anything. New York 1980
Conklin, R.: How to Get People to do Things. New York 1979
Dashiell, J. F.: Experimental Studies of the Influence of Social Situations on the Behavior of Individual Human Adults. In: Murchison (Hrsg.): Handbook of Social Psychology, Worcester, Mass. 1935
Davis, G. A.; Houtman, S. E.: Thinking Creatively: A Guide of Training Imagination. Wisconsin 1968
Dawson, R.: You Can Get Anything You Want. New York 1986
Der große Brockhaus; Kompaktausgabe. Wiesbaden 1983
Dewey, J.: Studies in Logical Theory. Chicago 1903
Dewey, J.: How We Think. Boston 1910
Duncker, K.: Zur Psychologie des produktiven Denkens. Berlin 1935
Facaoaru, C.: Kreativität in Wissenschaft und Technik. Bern, Stuttgart, Toronto 1985
Faraday, A.: Die positive Kraft der Träume. München 1984
Fisher, R.; Ury, W.: Getting to Yes – Negotiating Agreement Without Giving in. Boston 1981
Fleck, H.: Quickstorming dreimal so schnell wie Brainstorming. Congress & Seminar 12 (1984), S. 26–29
Franke, H.: Das Lösen von Problemen in Gruppen. München 1975
Gawain, S.: Creative Visualization. Toronto, New York 1979
Gauquelin, M.: Die Wahrheit der Astrologie. Freiburg 1987
Ghiselin, B.: The Creative Process. Berkeley 1952
Goldberg, J.: The Intuitive Edge. New York 1983
Gordon, Th.: Familienkonferenz. Die Lösung von Konflikten zwischen Eltern und Kind. Hamburg 1986
Gordon, Th.: Lehrer-Schüler-Konferenz. Wie man Konflikte in der Schule löst. Hamburg 1987
Gordon, Th.: Managerkonferenz. Effektives Führungstraining. Hamburg 1987
Gordon, W. J. J.: Synectics. New York 1961
Gregory, C. E.: The Management of Intelligence. New York 1967
Harman, W. Rheingold, H.: Die Kunst, kreativ zu sein. Bern, München, Wien 1987
Harrison, A. F.; Bramson, R. M.: The Art of Thinking. New York 1986
Huber, G. K. M.: Streß und Konflikte bewältigen. München 1977

Hutchinson, M.: Mega Brain. New York 1988
LaBerge, S.: Lucid Dreaming. New York 1985
Landau, E.: Psychologie der Kreativität. München, Basel 1974
LeBoeuf, M.: Imagineering. New York 1980
Lewin, K.: Die psychologische Situation bei Lohn und Strafe. Leipzig 1931
Linneweh, K.: Kreatives Denken. Rheinzabern 1984
Lorenz, K. u. Wuketits, F. M. (Hrsg.): Die Evolution des Denkens. München, Zürich 1984
Luhmann, N.: Soziale Systeme. Frankfurt 1987
Maier, N. F. R. u. Hoffman, L. R.: Using Trained »Developmental« Discussion Leaders to Improve Further the Quality of Group Decisions. J. Appl. Psychol. 44, 1960 a, S. 247–251
Maier, N. F. R. u. Hoffman, L. R.: Quality of First and Second Solutions in Group Problem Solving. J. Appl. Psychol. 44, 1960 b, S. 278–283
Maier, N. F. R.: Problem-Solving Discussions and Conferences: Leadership Methods and Skills. New York 1963
Mann, R.: Das ganzheitliche Unternehmen. Bern, München, Wien, 1988
Maslow, A. H.: The Further Reaches of Human Nature. New York 1971
Mason, J. G.: How to Be a More Creative Executive. New York 1960
Maturana, H. R.; Varela, F. J.: Der Baum der Erkenntnis. Bern, München, Wien 1987
Michaelis, H.: Handbuch der Kernenergie. München 1982
Miller, E. E.: Software for the Mind. Berkeley 1987
Miller, N. E.: Handbook of Experimental Psychology. New York 1951
Myers, F.: Human Personality and Its Survival of Bodily Death. New York 1903
Oberlin, U. P.: Erfolg durch Kreativität. Genf 1986
Oess, A.: Total Quality Management. Wiesbaden 1989
Osborn, A. F.: Applied Imagination. New York 1953
Pikas, A.: Rationale Konfliktlösung. Heidelberg 1974
Popper, K. R.: Logik der Forschung. Wien 1934
Popper, K. R.: Objektive Erkenntnis. Hamburg 1973
Raudsepp, E.: So steigern Sie Ihre Kreativität. München 1984
Rapoport, A.: Fights, Games and Debates. Ann Arbor 1960
Restak, R. M.: Geheimnisse des menschlichen Gehirns. Landsberg a. Lech 1988
Riedl, R.: Biologie der Erkenntnis. Hamburg, Berlin 1980
Riedl, R.: Evolution und Erkenntnis. Zürich 1987

Rüttinger, B.: Konflikt und Konfliktlösen. München 1977
Schmidt, S. J. (Hrsg.): Der Diskurs des radikalen Konstruktivismus. Frankfurt 1987
Schulz v. Thun, F.: Miteinander reden. Störungen und Klärung. Hamburg 1987
Schwäbisch, L. u. Siems, M.: anleitung zum sozialen lernen für paare, gruppen und erzieher. Reinbek b. Hamburg 1974
Shorr, J.: Imagery – Its many Dimensions and Applications. New York, London 1982
Sikora, J.: Die neuen Kreativitäts-Techniken. Mehr Erfolg durch schöpferisches Denken. München 1972
Silva, J.; Miele P.: The Silva Mind Control Method. New York 1977
Silva, J.; Stone, R. B.: The Silva Mind Control Method for Business. New York 1986
Stearn, J.: The Power of ALPHA-Thinking. New York 1976
Stroebel, C. F.: QR. The Quieting Reflex. New York 1983
Tuckman, B. W.: Group Composition and Group Performance of Structured and Unstructured Tasks. J. of Exp. Psychol. 3 (1967), S. 25–40
Ulrich, H.; Probst, G.: Anleitung zum vernetzten Denken und Handeln. Bern, Stuttgart 1988
Vester, F.: Leitmotiv vernetztes Denken. München 1988
Vollmer, G.: Mesokosmos und objektive Erkenntnis – über Probleme, die von der evolutionären Erkenntnistheorie gelöst werden. In: Lorenz, K. u. Wuketits, F. M. (Hrsg.): Die Evolution des Denkens. München, Zürich 1984
Waitley, D.: The Psychology of Winning. New York 1979
Waitley, D.: The Winner's Edge. New York 1980
Waitley, D.: The Double Win. New York 1986
Waitley, D.: Being the Best. New York 1987
Wallas, G.: The Art of Thought. New York 1926
Watzlawick, P. et al.: Menschliche Kommunikation. Bern, Stuttgart, Wien 1969
Watzlawick, P.: Wie wirklich ist die Wirklichkeit. München 1986
Weiten, W.: Psychology-Themes and Variations. Pacific Grove 1989
Wever, U.: Unternehmenskultur in der Praxis. Bern, Stuttgart 1989
Willingham, R.: Integrity Selling. New York 1987
Wilson, L.; Wilson, H.: Changing the Game – The New Way to Sell. New York 1987
Wonder, J.; Donovan, P.: Whole-Brain Thinking. New York 1985
Zwicky, F.: Entdecken, Erfinden, Forschen im morphologischen Weltbild. München, Zürich 1971

Erstaunliche Möglichkeiten bewußte und unbewußte Mentalkräfte zu nutzen

JOERN J. BAMBECK
ANTJE WOLTERS

BRAIN POWER

Erstaunliche Möglichkeiten
bewußte und unbewußte
Mentalkräfte zu nutzen

Wirtschaftsverlag Langen Müller/Herbig

Wirtschaftsverlag

Der Autor zeigt, wie man seine bewußten und unbewußten Denk- und Mentalkräfte aktivieren und fördern kann, wie man leichter lernt, mehr behält und das seelische Gleichgewicht stabil hält.